교과서에서 못배운, 세계에서 두 번째로 긴 왕조

단군조선의 역사

이명우 지음

단군 숭배 의식(여수 오림동 고인돌)

도서
출판 **운룡역사문화도서관**

머리말

 우리나라 역사 교과서에는 우리 민족 최초의 나라로 고조선(古朝鮮)을 기술하고 있다. 고조선은 하늘에서 내려온 환웅(桓雄)의 아들 단군왕검(檀君王儉)이 서기전 2333년에 나라 이름을 조선(朝鮮)이라 하고 아사달(阿斯達)에 도읍하여 나라를 다스렸다고 한다.
 우리 민족 최초의 국가인 고조선과 그 이전부터 전해 내려온 민족의 5000년 역사를 기록한 여러 종류의 사서(史書)가 삼국시대와 고려 및 조선시대까지 남아 있었는데 3차에 걸친 외세의 침략과 내부의 정치 사정으로 거의 다 멸실되고 현존하는 것이 별로 없어 고조선의 역사를 바로 알기가 어렵게 되었다.
 이런 이유로 중·고등학교 역사 교과서에서도 고조선의 역사를 고조선의 건국을 『삼국유사』의 건국 설화에 기초하여 환웅과 단군왕검의 역사적 사실을 매우 애매모호하게 서술하고 위만조선시대에 한나라의 침략으로 고조선이 멸망한 것으로 서술되었으며 이어서 한나라가 한반도 내에 한사군 설치로 이어지는 한 페이지 전후로 정도로 간략하게 서술하고 있는 실정이다.

현재 역사 교과서에 고조선의 역사적 내용이 거의 없다시피 한 것의 주요 원인은 고구려 때부터 내려온 고조선의 사서가 타국의 외침과 정치적 이유 및 일제의 식민 지배에 의한 고대 사서의 망실 때문이다.

제1차 고대 사서의 망실 시기는 고구려가 당나라에 의해 멸망한 때이다. 이때 당나라가 고구려가 갖고 있던 고조선의 사서 등 고전 문헌을 다 수거하여 불살라 버린 것 때문에 고구려의 뿌리인 배달국과 고조선, 부여 등의 역사 기록이 모두 망실되었다.

당시 고구려에는 건국 초기부터 한자를 사용한 것으로 짐작되며, 한문교육이 국가적으로 공인 시행하게 된 것은 소수림왕 2년(372년)에 태학을 설치하고 태학박사들이 경학과 문학을 가르쳤다. 고구려는 태학박사들을 동원하여 고구려의 뿌리인 고조선시대부터 고구려 초에 이르는 약 2300여 년 간의 역사 기록한 『유기(留記)』 100권을 편찬하였다.

보장왕 27년(668년) 나당(羅唐) 연합군에 의하여 고구려가 멸망하자 『유기』, 『신집』, 『신지비사』 등 사서와 중요 문헌들이 소실되어 전해지는 것이 없게 되었다.

백제도 근구수왕 원년(375년)에 박사 고흥이 고조선부터 내려오는 국사 『서기(書記)』를 저술하였다고 하며, 『단군기』·『해동고기』·『삼한고기』 등이 있었다고 하는데 나당 연합군에 멸망하고 사서의 책명만 전해지고 있다. 신라도 지흥왕 6년(545년) 7월에 대아찬거불구가 왕명으로 『국사(國史)』를 편찬하였다고 한다.

신라에는 고조선부터 내려오는 역사서로서 『삼성기』·『신라고사』·『화랑세기』·『백제신선』·『한산기』·『제왕연대력』·『부도지』 등이 있었다. 발해는 『단기고사』·『조대기(발해어)』가 있었고, 고려 때는 『조대기(한문복간)』·『삼국사기』·『삼국유사』·『삼성기』·『제왕운기』·『고조선비사』·『단군세기』·『진역유기』·『북부여기』·『삼성밀기』 등의 고조선 관련 역사서가 조선 초까지 전해 내려왔다.

제2차로 잔존 고대 사서의 망실 시기는 조선 세조 때로서 조선초기 사대주의 훈구학파 대신들이 세조에게 고조선 관련 서적의 수거를 건의하였고 이에 따라 왕명에 의하여 1457년 대대적으로 관가와 민간에 있던 고대 사서를 수거를 하였고, 이 책들을 간직하여 보는 사람들을 처벌하도록 하였다.

그 이유는 고조선이 중국보다 우월한 문화와 영토를 가졌고, 중국이 자기 나라 최초 국가라고 하는 하(夏)와 상(商)나라가 동이족의 나라로 고조선의 제후국이었다는 것이 백성들에게 알려지면 곤란하고 지금 조선이 명나라 제후국이라는 정치적 동기 때문이었다.

이때의 수거령으로 조선초기 때까지 있었던 고조선 역사서인 『고조선 비사』·『대변설』·『조대기』·『주남일사기』·『지공기』·『표훈삼성밀기』·『삼성기』·『표훈천사』 등이 멸실되었다.

1469년 예종 때는 이 수서령을 어긴 자는 참형(斬刑: 지금의 사형)에 처하도록 하였다. 이러한 가혹한 수거령 때문에 고대 사서가 대부분 관청에 수거 되거나 멸실되었다. 이러한 예종의 수거령은 3개월 후 성종이 즉위한 후 폐지하였다.

제3차로 그나마 조선 말기까지 남아 있던 고대 사서의 망실은 1910년 8월 29일 한국병합 조약을 맺음으로써 조선총독부가 경성에 설립되고 총독이 조선을 통치하게 됨으로써 시작되었다.

조선총독부는 1910년 11월부터 1911년 12월까지 1년 2개월 동안 일본 헌병과 경찰을 동원하여 대한제국 규장각과 전국 관공서 및 지방의 향교, 서원, 서당과 권문세가의 고택을 급습하여 그곳에 보관된 단군 관련 사서와 도가(道家)서적 및 중요 문헌 등을 탈취하였다. 이때 수거된 문헌 서적이 약 51종 20만 권으로 일부 중요 서적은 총독부에 이관하고 나머지는 소각하였다.

또한, 총독부는 1916년부터 1937년까지 '조선사편수회사업'을 하였는데 조선사편수회 보고자료에 의하면 15년간 조선반도와 만주 및 대마도에서 수집한 조선 역사서가 총 4,950권이고 그 외에 사진 4,510매, 문권·화상·고지도·편액이 453점에 달했다고 기록되어 있다.[1] 일제강점기에 조선총독부와 조선사편수회에 의하여 그나마 남아 있었던 우리나라 고대의 사서가 거의 절멸하여 고조선의 역사를 서술한 사서는 『삼국유사』·『제왕운기』·『규원사화』 등 몇 종류만 남아 있게 되었다. 따라서 일제강점기 이후 국내외 역사 연구가들이 고조선의 역사를 연구하거나 논문과 책을 저술하는 데 많은

---

1) 이명우·최현호 저, 『1909년 환단고기』, 도서출판 북포럼, 2020년, pp.13-21

어려움을 겪게 되었다.

일제강점기 때 임태보의 『조선통사』나 조선사편수회가 편찬한 『조선사』 등에 의해 왜곡된 우리나라 역사를 해방 후 그대로 수용하여 만들어진 현행 중·고등학교 역사 교과서인 『한국사』에는 고조선을 역사 내용이 없이 신화적 성격의 부족국가로 묘사하면서 겨우 1~2페이지에 그치고 있다.

현존하는 고조선의 역사서인 『환단고기』, 『규원사화』, 『단기고사』에는 고조선의 역사가 비교적 자세히 기술되어 있으나 강단사학계에서는 위서로 간주하고 있다. 이러한 강단사학계의 잘못된 역사 인식으로 만들어진 현행 교육부 검정 중·고등학교용 『한국사』를 보면 고조선의 역사 내용이 아주 부실하여 우리나라 최초의 국가인 고조선의 실체를 젊은이들이 알 수가 없게 되어 민족적 자긍심도 떨어지고 미래의 대한민국의 발전에 저해 요인이 되고 있다.

『삼국유사』에 처음 기재된 '고조선(古朝鮮)'이 오래된 조선이란 의미라서 본 저자는 '고조선'이란 국가 명칭이 원래 단군왕검이 건국한 '조선'을 의미함으로 '단군조선'이라 명칭하는 것이 타당하다고 판단되어 이 책에서는 '고조선'을 '단군조선'이라 표기한다.

따라서 이 책의 서두에 기술하고 있는 '단군조선의 역사'는 본인의 연구 논문인 『환단고기와 기타 문헌에 나타난 고조선 역사의 공통적인 내용 비교분석 연구』[2]에서 발췌된 통사 형식의 고조선 역사

---

2) 이명우 논문, 「환단고기와 기타 문헌에 나타난 고조선 역사의 공통적인 내용

입니다.

　상기 논문은 『환단고기』, 『규원사화』, 『단기고사』에 있는 역사 내용과 『삼국유사』, 『삼국사기』외 조선시대의 『조선왕조실록』 등의 국내 역사서와 논문 및 중국의 『관자』, 『수경지』, 『사기』 등 옛 역사서에서 교차 검증하여 상호 일치하는 고조선의 정치, 외교, 산업, 기술, 풍습에 관련된 내용과 만주와 한반도 등에 있는 고분과 고인돌 등에서 발굴된 고조선의 유물에서 밝혀진 고조선의 문화와 산업 기술에 대해 연구하여 금년 6월에 발표한 것입니다.

　일제강점기부터 1945년 해방 이후에 단군조선의 역사서로 남아 있는 것은 계연수 선생이 고성 이씨 가문이 조선시대에 몰래 소장하여 전래된 『삼성기』, 『단군세기』, 『북부여기』, 『태백일사』를 합본하여 1911년에 편찬한 『환단고기』를 1979년 이유립 선생이 재편한 『환단고기』가 있다.

　또한 1922년 대한민국임시정부가 역사 교과서로 발간한 『배달족역사』와 『신단실기』, 1937년 정진홍 씨가 편찬한 『단군교부흥경략』에 들어 있는 「단군세기」가 있고, 1949년에 발간된 『단기고사』와 최근에 본인이 발굴한 1909년에 발간한 것으로 추정되는 『등사본 환단고기』가 있다.

　현재 남아 있는 위의 단군조선과 관련된 역사서 중에서 『단기고사』는 1949년 이후 번역서가 몇 개 출판된 것이 있으나 번역문이

비교분석」, 2024년 6월 20일, 대한사랑 학술대회 발표

지금 시대에 잘 통용되지 않은 고어체 용어로 되어 있어 일반인들이 이해하기 어려운 부분들이 있고 과거 출판된 책들이 절판되어 구하기 어려운 실정이다.

이에 따라 『단기고사』를 현대인들이 읽기 쉽게 재번역하고, 일반인들이 잘 모르고 있는 1909년 추정 『등사본 환단고기』와 『배달족역사』 및 『단군교부흥경략』에 들어 있는 「단군세기」를 재번역한 4권의 책을 합본하여 『단군조선실기』로 출판하였다.

『단군조선실기』를 편찬한 목적은 『등사본 환단고기』, 『단기고사』와 『배달족역사』 및 『단군교부흥경략』에 들어 있는 「단군세기」가 고조선의 역사를 연구하고 이해하는 데 매우 중요한 사서라는 판단하에 역사학자나 일반인들에게 우리나라 상고사를 연구하는 데 도움을 주고자 한다. 또한 이 책으로 인하여 우리나라 국민들에게 단군조선의 역사적 실체를 알리고 더 나아가 상고사를 연구하는 학자들에 의하여 왜곡되거나 부정확한 역사 내용을 바로잡아 역사 발전에 기여할 것을 기대한다.

2024년 9월

아차산 운룡도서관에서
이 명 우

범례

『환단고기(桓檀古記)』

1. 『환단고기』는 1911년 계연수 선생에 의하여 안함로의 『삼성기전 상편』, 원동중의 『삼성기전 하편』, 이암의 『단군세기』, 범장의 『북부여기』, 이맥이 저술한 『태백일사』를 합본하여 편찬하여 출간한 역사서이다.

계연수의 제자 이유립이 보관하여 갖고 있던 원본 『환단고기』를 1949 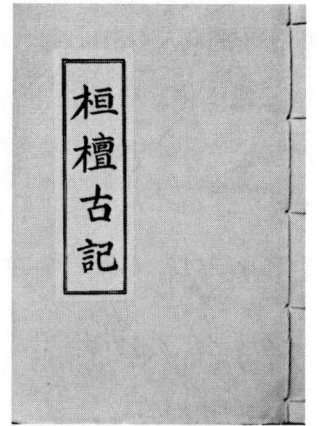 년 제자 오형기에게 정서시킨 것을 조병윤이 1979년에 '광오이해사' 출판사를 통하여 한문 원문의 필사본 『환단고기』를 출판하였고 그 후 번역본이 다수 출간됨으로써 세상에 알려지게 되었다.

2. 이 책에 실린 『환단고기』는 편저자인 본인이 2021년 학계에

발표한 《『환단고기』가 위서가 아님을 입증하는 사료의 고찰》이란 논문을 작성하던 중에 새롭게 발굴된 1909년에 편집되어 일제강점기에 출간된 것으로 추정하는 『등사본 환단고기』 원문의 어려운 한문 용어들을 쉽게 읽을 수 있도록 번역한 것이다.

3. 이 『등사본 환단고기』는 1979년에 '광오이해사'에서 출판된 『환단고기』와 다른 점은 「삼성열기」, 「단군세기」, 「북부여기 상, 하」만 수록되어 있다. 이는 《『환단고기』가 위서가 아님을 입증하는 사료의 고찰》에서 밝힌 바와 같이 1909년 당시 『환단고기』는 「삼성열기」, 「단군세기」, 「북부여기 상, 하」만 이기 선생이 감수한 것을 1911년 제자 계연수 선생이 『태백일사』를 넣어 합본한 것으로 추정하였다.

4. 1979년 광오이해사 출판 『환단고기』 「삼성기전 상」과 『등사본 환단고기』 「삼성열기」의 원문을 비교해 볼 때 문장의 일부분이 다른 부분이 있다. 『환단고기』 「삼성기전 상」은 『등사본 환단고기』 「삼성열기」의 원문 내용을 약 10% 정도 중요 부분을 수정, 추가 또는 일부 삭제되었으나 원문의 90%는 같은 내용이다. 「단군세기」, 「북부여기 상, 하」에도 중요 부분을 수정, 추가 또는 일부 삭제되어 있다.

5. 『등사본 환단고기』는 한문 문장에 한글 현토가 달려 있고 「삼성열기」를 보면 문장 끝에 "李沂註曰(이기가 보충 설명하여 말하는데).…"이란 주해(註解)가 기재되어 있어 기존의 1979년 『환단고기』

와 다르고 이유립이 아닌 제삼자의 소장본 『환단고기』를 보고 『등사본 환단고기』를 만드 것이라 생각된다. 어쩌면 『등사본 환단고기』가 1911년 계연수에 의하여 편저된 『환단고기』의 초본일 수도 있다고 추론하였다. 따라서 『등사본 환단고기』의 존재는 기존의 『환단고기』가 일부 강단사학계에서 주장하는 위서가 아니고 1911년 계연수에 의하여 편저된 것이 사실임을 입증하는 증거라 할 수 있다.

6. 따라서 『환단고기』는 우리나라가 과거에 망실 된 고대사를 복원하는데 중요한 역할을 할 중요한 역사서라고 판단되며, 강단사학계나 재야사학계에서 역사를 전공한 전문가들이 위서론과 진서론의 투쟁을 종식하고 다함께 『환단고기』를 연구하여 우리나라 고대사에 왜곡되거나 부정확한 역사 내용이 있다면 이를 올바르게 바로잡아 역사 발전에 기여하기를 바란다.

『단기고사 (檀奇古史)』

1. 본 『단기고사』는 아래의 번역본 『단기고사』를 참조하였다.

    1) 『檀奇古史』, 단기 4282년 (1949년), 원저 발해국 대야발, 교열 이시영, 편·번 겸 발행 김해암·이화사, 문화인쇄사

    2) 『단기고사(檀奇古史)』, 단기 4292년(1959년), 원저 발해국 왕제 대야발, 번역겸 발행인 정해백, 주식회사 충북신보사

    3) 『華史遺稿』, 「제3권 독립운동서·부록 1」, 『檀奇古史』 (259~394p), 2011년, 발행인 화사이관구선생기념사업회, 경인문화사

2. 현존하는 『단기고사』 번역본에 기술된 일부 철학과 사상, 과학기술 용어 및 기구와 물품 이름 등이 단군조선시대가 아니고 18세기 이후에 만들어진 용어와 물품으로 볼 수 있다. 이런 학문 용어와 물품 이름 때문에 일부 강단 사학자들이 『단기고사』 자체를 조선말이나 일제강점기에 만든 위서라고 판단하고 있다. 그러나 이런 지엽적인 문제 때문에 『단기고사』 자체를 완전 위서로 보는 것은 잘못된 역사 인식이라 생각한다.

편자의 견해로는 발해때부터 전해내려온 『단기고사』 한문 원본

을 조선말 또는 일제강점기에 이 책을 소지하여 출간하고자 노력했던 이관구, 김두화, 김해암, 이화사 중에 한 사람이 이것을 번역하는 과정에 잘못된 판단하에 『단기고사』를 더욱 빛내고자 임의로 근대적 용어와 물품을 끼어 넣은 것이 아니가 생각한다.

3. 우리는 현존하는 역사적 문헌이나 유물들이 편저자나 유물 소장자들의 잘못된 판단하에 기록 삭제 및 첨삭을 가함으로써 많은 역사가 왜곡되고, 유물 소장자가 관리의 잘못으로 유물의 진정한 가치를 망쳐놓는 실수를 저지르는 것을 알 수 있다.

예를 들면 중국의 사마천의 『사기』나 김부식의 『삼국사기』도 많은 역사왜곡과 오류가 있음을 후대 학자들이 많이 지적하고 있다. 최근에 본인이 발굴하여 발표한 1909년 『환단고기』와 1979년 발표된 계연수 선생의 『환단고기』를 비교하면 약 10%의 내용이 임의로 가감되어 있음을 발견하였다.

4. 따라서 『단기고사』를 읽고 해석하는 데는 역사의 맥락을 집고 이해하고 해석하는 것이 중요하기 때문에 근대적 용어와 물품 이름을 너무 의식해서 위서로 생각하는 것은 숲속의 여러 가지 나무와 생물체를 보고 생태계를 파악해야지 썩은 고목 몇 개 또는 죽은 동물의 사체를 보고 이 숲이 죽었다고 단정하는 오류를 범해서는 안 될 것이다.

5. 우리 민족의 최초 국가인 단군조선의 귀중한 역사서인 한문

『단기고사』및 1949년 이후 출판된『단기고사』번역본에 지금 알 수 없는 과거의 편저자가 삽입한 근대적인 철학과 사상에 대한 용어와 물품명이 들어 있는 문장은 가급적 본문에서는 걷어내었다.

또한 과거 한글로 번역된『단기고사』에 수록된 단어와 문장 및 고사성어들이 현재 젊은 세대의 사람들이 읽고 이해하기 어려운 부분들이 많이 있어 이를 현대적 용어와 문장 구성으로 재번역하여 기술하였다.

『배달족 역사(倍達族歷史)』

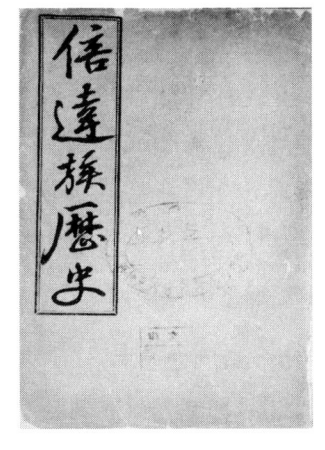

『배달족역사』는 대한민국임시정부가 1922년 우리 민족의 역사교육을 목적으로 중국 상해에서 출간한 역사교과서이다.

임시정부의 역사관을 대변하는『배달족역사』는 단군조선 – 삼한 – 고구려·백제·신라·발해 – 고려 – 조선 – 대한제국으로 이어지는 역사의 흐름을 역사적 사건을 기준으로 구성하였다.

특히 우리나라 상고사를 고려에서 조선시대를 거쳐 대한제국시기에 편찬된 여러 사서를 인용하여 환인 – 환웅 – 단군으로 이어지는 역사를 서술하여 우리민족이 하느님인 환인천제의 자손임을 명백히 하고 있으며 환웅의 신시(神市)시대의역사를 기재하고 있다.

또한「배달시대」에서 환웅의 아들 단군왕검이 임진년(서기전 2333년)에 최초의 국가인 조선을 건국하고, 최초의 수도와 이전된 수도를 명시하며 홍수를 대비한 치수사업과 강화도에 삼랑성을 쌓은 역사적 사건 및 2대 단군과 여러 군장들의 치적과 문화 등을 상세히 기록하고 있다.

『배달족역사』에서 기자가 동래하여 단군조선의 제후국으로 존재한 것과 위만의 왕권 탈취 및 중국과의 여러 사건 등을 기술하고 있으나 이 역사적 사실을 단군조선의 맥을 잇는 부여의 세력권내 있는 작은 국가의 사건으로 서술한 것은 신채호와 여러 독립운동가들이 주장한 단군-부여-고구려로 이어지는 역사의 정통론을 따른 것으로 본다.

임시정부의 역사관은 한마디로 표현하면 대한제국 주변의 열강들과 어깨를 나란히 할 수 있는 민족적 역량이 5천 년의 역사로 증명되고 이러한 우리나라 고대사에서 단군조선의 역사를 문헌에 근거하여 상세히 기술함으로써 국민들이 단군의 건국정신을 깨달아 배달민족의 자긍심을 갖도록 하고 이러한 사상적 근거에 기반하여 독립운동에 박차를 가하고 광복후 선진국으로 도약할 수 있는 정치적 기반을 만들려고 하는 역사관을 나타내고 있다고 할 수 있다.

『단군교부흥경략』「단군세기」

『단군교부흥경략』은 일제강점기에 단군교를 포교할 목적으로 단군교의 대강·전말 등을 기록하여 간행한 교리서로서 1937년 정진홍이 편집·간행하였다. 이 책에 있는 「단군세기」에는 단군이 상원갑자(上元甲子) 10월 3일에 강세(降世)해 125년 무진(戊辰)에 임금이 되고, 217년 경자(庚子) 3월 15일에 어천(御天)해 재위 93년 동안 나라를 다스린 것으로 소개하였다.

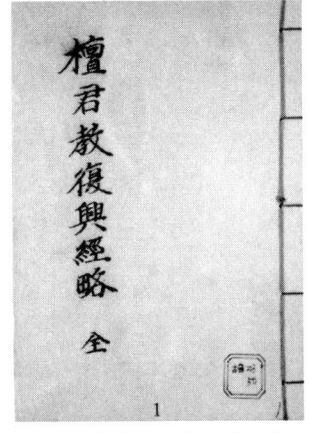

이어 단군에서부터 47세 고열가왕검(古列加王儉)에 이르기까지 각 왕검의 명칭과 재위연수 등을 기록하고 있다. 이에 대한 참고 문헌으로『단단실기(檀檀實記)』,『규원사화』,『삼한사』,『고구려사』,『백제사』,『신라사』등의 사서를 인용하였다고 기재되어 있다.

목차

Part.1 단군조선의 역사 ·················· 21
　1. 우리 한민족의 형성 ················· 23
　2. 단군조선의 역사적 의의 ············· 24
　3. 단군왕검의 탄생과 단군조선의 개국 ······ 26
　4. 단군조선의 치세와 외교 ············· 27
　5. 단군조선의 산업과 기술 ············· 34
　6. 단군조선의 사상, 문화, 예술, 풍속 ······ 36

Part.2 환단고기 ······················· 41
　1. 삼성열기(三聖列記) ················ 43
　2. 단군세기(檀君世紀) ················ 48
　3. 북부여기 상(北夫餘記 上) ··········· 106
　4. 북부여기 하(北夫餘記 下) ··········· 111

Part.3 단기고사 ······················ 127
　제1편 태고사(太古史) ················ 129
　제2편 상고사(上古史) ················ 181
　제3편 상고사(上古史) ················ 212

Part.4 배달족 역사 ··················· 261
　제1장 신시시대 ····················· 263
　제2장 배달시대 ····················· 265
　제3장 부여시대 ····················· 271
　제4장 상고문화 ····················· 276

Part.5 단군세기(檀君世紀) ············· 281

Part.6 고조선 역사의 비교분석 연구 ············· 295
 Ⅰ. 서론 ············· 297
 Ⅱ. 고조선을 최초로 기록한 각종 문헌의 내용 ············· 299
 Ⅲ. 국내외 역사서에 있는 고조선 역사 비교 검토 ······ 307
 Ⅳ. 문헌과 발굴 유물에 의한 고조선의 기술과 산업 ······ 360
 Ⅴ. 문헌과 전래된 고조선의 사상, 문화, 예술, 풍속 ······ 370
 Ⅵ. 각종 문헌에서 검증된 주요 고조선 역사 내용 ········ 387
 Ⅶ. 결론 ············· 396

Part.7 부록
 1. 1909년 등사본 『환단고기』 ············· 405
 2. 1949년 『단기고사』 ············· 410
 3. 1959년 『단기고사』 ············· 420
 4. 2011년 『화사유고』 제3권 「단기고사」 ············· 429
 5. 1922년 『배달족역사』 ············· 436
 6. 1937년 『단군세기』 ············· 447

Part.1
단군조선의 역사

단군왕검(조선사료연찬회)

1. 우리 한민족의 형성

우리나라 민족을 한(韓)민족이라 부르며 중국의 한(漢)과 다른 종족으로 고유한 역사와 문화를 갖고 있다. 우리 민족은 인류사적으로 볼 때 100만 년 전 구석기시대부터 발해연안 및 만주와 한반도에서 사냥과 채집을 하며 살아온 민족이다.

100만 년 전 구석기시대의 유적으로는 발해연안인 하북성 니하만 지구의 동곡타와 소장량 유적과 1966년에 발견된 평양시 검은모루동굴 유적 그리고 1980년 충북 단양의 금굴이 70만 년 전 유적이고 경기도 연천군 전곡리 유적이 50만 년 전의 것이 있다. 이런 구석기시대 유적에서 주거지 형태와 다양한 석기 및 생활 도구들이 발굴되었다.

약 1만 년 전부터 시작된 신석기시대에 농경과 목축의 발달로 인류가 한곳에 정착생활을 시작하면서 씨족과 부족 단위로 마을이 형성되었고, 청동기시대에 이르러 중국의 산서성, 하북성, 하남성과 만주와 한반도에 동이족(東夷族) 부족사회가 형성되었다.

우리 한민족도 동이족의 한갈래이다. 중국 하북성·내몽골·요녕성 일대에 광범위하게 거주한 동이족이 서기전 8000년부터 시작된 홍산문화와 서기전 2200~1500년에 이르는 하가점 하층문화를 만들었다. 국내의 역사학자인 신용하 교수 등은 한반도·만주·연해주에 신석기시대의 한강문화, 대동강문화에 요하문화(중국에서는 통칭 요하문명이라 한다)를 포함하여 유라시아

대륙 극동에 서기전 3000~2400년 무렵에 서양 인류 문명사와 다른 독립된 고조선문명권이 형성되었다고 한다.[1]

  단군조선은 우리 한민족의 고유한 문명권이 형성된 지역에서 건국된 동아시아 최초의 나라이다.

2. 단군조선의 역사적 의의

  해방 후 남북한 및 중국, 일본, 러시아 등의 많은 역사학자들이 고조선에 대해 광범위한 연구로 고조선의 개국과 강역, 고조선의 종족 구분, 기자조선과 위만조선 문제, 고조선의 문화와 풍속, 고조선의 멸망과 거수국(제후국)의 독립에 따른 열국시대와 삼한(三韓)에 대해 많은 논문과 책을 출판하였다.

  그러나 역사학자의 논문 및 저술한 책의 내용은 대부분 고조선의 강역이나 고조선 관련 문헌의 해석 등에 중점을 두었다. 따라서 이러한 고조선 연구는 가장 중요한 고조선의 정치, 경제, 문화와 산업에 대한 통사적인 내용이 결여되어있다.

  이러 영향으로 검정 중·고등학교의 교과서에 고조선에 대한 역사내용이 없이 1~2페이지에 간단한 건국 기록과 청동기 유물 및 고인돌 유적 소개로 끝나고 있다. 고조선은 개국(서기전 2333년)부터 고조선이 분열되어 열국시대가 시작될 때까지가

---

1) 신용하외 5명 지음, 『왜 지금 고조선 문명인가』, 26p, ㈜나남, 2019년

고조선의 존속기간이 된다.

열국시대는 고조선이 분열되어 동부여·읍루·고구려·동옥저·동예·최씨낙랑국·대방국·삼한·신라·백제·가야 등의 여러 나라가 존재했던 시기이다. 따라서 고조선의 멸망시기는 고조선이 분열되어 새로 건국된 서기전 59년 동부여, 서기전 57년 신라, 서기전 37년 고구려의 개국이 시작된 시기까지이다.[2]

따라서 고조선의 개국부터 멸망한 때까지 계산하면 2296년, 약 2300여 년이 된다. 고조선은 왕조 단위로 보면 하나의 왕조에 불과하지만 기간으로 보면 2300여 년이란 매우 긴 기간이다. 세계에서 가장 긴 왕조는 이집트 왕조로 2818년이고 고조선이 두 번째로 긴 왕조가 되며 로마제국이 1480년으로 세 번째 긴 왕조이다.

중국이 많은 왕조가 있었지만, 한 왕조의 존속기간이 200~300년 정도였다. 고조선 존속기간에 중국에서는 요(堯)·순(舜)·하(夏)·상(商)·서주(西周)·춘추(春秋)·전국(戰國)·진제국(秦帝國)·서한제국(西漢帝國)이라는 왕조와 시대의 변화가 있었다. 이 기간에 고조선은 하나의 왕조가 계속되었던 것이다.

이러한 현상은 고조선에만 국한된 것이 아니다. 신라는 1000년 가까이, 고구려와 백제는 약 700년, 고려는 500년 가까이, 근세조선은 500년 넘게 존속했다. 고조선 이래 각 왕조가 매우 오랜 기간 존속했다는 것은 중국사에 비해 한국사가 갖는 하나

---

2) 윤내현 지음, 『한국 열국사 연구』, 13~14p, 도서출판 만권당, 2016년

의 특징임이 분명하다.[3]

세계에서 두 번째로 긴 왕조 국가인 단군조선을 우리나라 정부와 역사학자들이 진정한 단군조선의 역사를 밝혀서 우리나라의 미래를 이끌어갈 청소년들이 공부하는 교과서에 실어야 한다. 본인은 이런 취지에서 각종 문헌과 고고학적 유물을 분석하여 최소한의 공통적 역사 내용을 추출하여 통사형식의 단군조선의 역사를 기술하고자 하였다.

3. 단군왕검의 탄생과 단군조선의 개국

먼 옛날 하느님의 자손(天孫)인 태백산 밑 신시(神市)의 환씨(桓氏) 부족장 환웅(桓雄)이 곰을 신성시하는 웅씨(熊氏) 부족의 웅녀(熊女)와 결혼하여 아들 왕검(王儉)을 낳았다. 그 후 신시 주변 9개 부족들이 신성한 인품을 갖추고 덕을 베푸는 왕검을 무진년(B.C. 2333년)에 전체 부족을 통치하는 임금(단군: 檀君)으로 추대하였다.

단군왕검은 임금으로 추대된 후에 평양성에 도읍을 정하고 나라 이름을 조선(朝鮮)이라 하였다. 우리 민족이 건국한 조선은 동아시아 최초의 국가이다. 단군왕검은 다시 도읍을 백악산 아사달로 옮겼다.

---

[3] 윤내현 지음, 『고조선 연구 (상)』, 17p, 도서출판 만권당, 2015년

4. 단군조선의 치세와 외교

팽우의 치수사업

정사년(서기전 2283년) 단군왕검은 풍백 팽우에게 명하여 홍수로 피해본 지역에 치수 사업을 하도록 하였다. 팽오는 치수사업이 완료하고 그 지역에 백성들이 거주하여 편히 살도록 하였다. 이에 우수주에 팽오의 치적비를 세웠다.

삼랑성 축성과 천제단 축조

병인년(서기전 2275년)에 단군왕검은 바다쪽에서 침입하는 적을 대비하여 혈구(현재의 강화도)에 세 아들에게 명하여 전등산에 삼랑성을 축성하였고, 마니산 정상에도 하늘에 제사를 지낼 수 있는 천제단(지금의 참성단)을 축조하였다.

강화도 삼랑성

하나라 도산회의 참가

갑술년(서기전 2267년)에 단군왕검이 홍수로 치수에 어려움을 갖고 있는 하(夏)나라 우임금의 요청으로 태자 부루(扶婁)를 우임금이 주제하는 도산회의(塗山會議)에 보내어 오행치수법(五

行治水法)을 전수하여 주었다. 또한 우임금과 나라의 경계에 대해 협의하여 유주(幽州)와 영주(營州)를 단군조선의 영역으로 편입시켰다.

단군 부루의 즉위와 치적

2세 단군 부루(夫婁)의 아버지는 단군 왕검이고 어머니는 하백(河伯)의 딸 비서갑(非西岬)으로서 신축년(B.C.2240)에 단군으로 즉위하였다. 백성을 다스리는 정치를 잘하여 농업과 양잠 등 산업을 일으키고 백성들이 잘 살게하였다.

중국의 우순(虞舜)이 유주(幽州)와 영주(營州)를 남국(藍國) 인근에 설치함으로 군대를 보내 정벌하고 그곳에 동무(東武)와 도라(道羅)를 제후로 봉하고 그 공로를 표창했다.

정전제 실시

단군 부루는 백성들의 식량을 해결하고 효과적인 농업 생산 활동을 할 수 있도록 토지를 평균으로 분작케하는 정전제를 실시하였다. 또한 단군 부루의 중국에 대한 주도적인 문화 경제적 교류에 의해 중국 하·은·주의 정전제도에 일정한 영향을 주었다.[4]

---

[4] 이찬구 논문, 「고대 정전제의 시원 문제와 고조선」, 『역사와 융합』 제20집, 48~49p, 2024. 6

가림토 문자의 제정

단군조선 3세 가륵(嘉勒)이 단군왕검부터 내려온 치세 내용을 기록하여 보존하고 백성들의 상거래를 원활하게 하기 위하여 재위 2년 경자년(B.C. 2181)에 을보륵에게 명하여 가림토 문자[5] 38자를 만들고 쓰게 하였다.

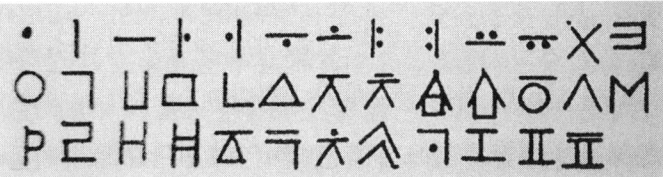

가림토 문자

가림토 비문

녹각유물

창성조적비

『영변지』 신지문자

팔조금법의 제정

기해년(서기전 1282년)에 22세 단군 색불루가 나라의 통치와 백성들의 삶을 편안하게 하기 위하여 8조의 법을 만들었다. 그

---

[5] 가림토 문자는 훈민정음의 모태가 되는 문자로 현재 훈민정음 기원설이 5개 종류가 있는데 학계에서는 가림토문자 기원설이 가장 유력한 학설로 인정하고 있음.

내용안 다음과 같다.[6]

1. 사람을 죽인 자는 즉시 사형에 처한다.
2. 남을 다치게 한 자는 곡식으로 갚아야 한다.
3. 도둑질을 하지 말라. 도둑질 한 자는 노비로 삼는다.
   단, 용서를 받고저 하는 자는 50만 냥을 내야 한다.
4. 남녀가 질투하거나 음란한 짓을 하면 태형에 처한다.
5. 소도를 훼손한 자는 금고형에 처한다.
6. 부모를 공경하고 하느님을 경배하여야 한다.
7. 서로 돕고 사랑하며 같이 일하고 나누어 가져야 한다.
8. 하늘의 법을 잘 지키고 만물을 사랑하라.

단군조선의 강역

단군조선 건국 당시의 도읍지인 아사달의 위치가 현재 북한의 평양 부근으로 보는 견해도 있고, 요동이나 요서 지역으로 보는 견해도 있다. 또한 고조선의 중심 영역을 요동중심설과 대동강 유역에 위치하였다는 평양중심설, 요동에서 대동강 유역으로 옮겼다는 이동설 등으로 나누어져 있다.

그러나 여러 문헌 및 학자들의 논문과 고조선의 지표유물인

---

[6] 첨부된 논문 《환단고기와 기타 문헌에 나타난 고조선 역사의 공통적인 내용 비교분석 연구》참조

비파형 청동단검의 발굴 분포도로 볼때 고조선 전성기의 최대 강역은 만리장성의 동쪽 끝인 발해만 난하(갈석산)에서 서쪽으로 내몽골과 북쪽 아르군강·흑룡강을 경계로 만주와 연해주·한반도를 포함한 광대한 영토를 갖었다.

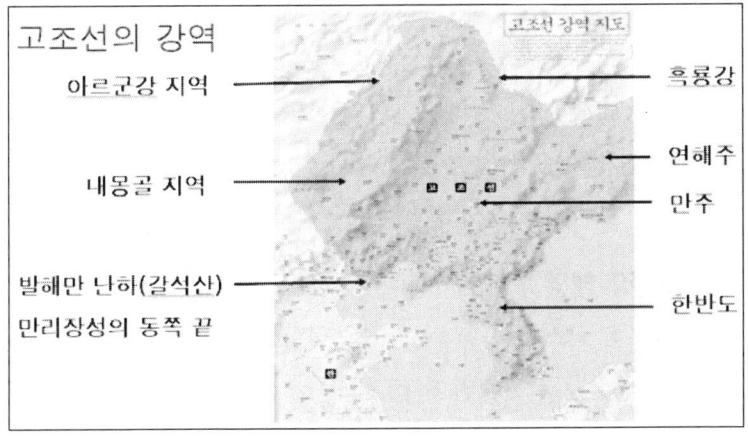

고조선 전성기 최대 강역

연나라 진개의 조선 침공

서기전 4세기 후반~3세기 초반경 동북아시아의 강대국인 단군조선과 국경을 맞대고 있는 중국의 연(燕)나라와 대립 관계에 있다가 장수 진개가 단군조선을 공격한 전쟁이 있었다. 이 전쟁의 결과로 연나라와 단군조선의 경계가 만번한 지역으로 되었으며 이 전쟁이 한국사상 최초의 국가간의 전쟁이다.

변한의 멸망과 위만조선

서기전 195년, 중국의 연(淵)나라의 정치적 혼란으로 위만(衛滿)이 일족을 거느리고 번한조선에 망명하였다. 단군조선의 거수국인 번한(番韓)의 준왕(準王)은 위만을 받아드려 서쪽 100리 땅에 거주토록 하고 변방의 수비를 맡겼다. 1년 후 중국의 군사들이 쳐들어 온다고 속이고 왕검성에 들어와 준왕을 축출하고 조선의 왕에 올랐다. 준왕은 바다를 건너 한반도 남족 진국(振國)으로 들어가 마한(馬韓)의 한왕(韓王)이 되었다.

위만조선의 멸망과 고조선의 분열

단군조선의 거수국인 위만조선은 우세한 군사력과 경제력을 바탕으로 단군조선의 진번과 임둔 등 많은 지역을 정복하면서 세력이 더욱 강대해졌다. 손자 우거왕 때 당시 몽골에서 만주로 뻗어오던 흉노가 위만조선과 연결될 것을 두려워하고 있던 한나라 무제(漢武帝)는 조선의 우거왕에게 한나라에 복속을 요구하였으나 우거왕이 이를 거절하자 서기전 109년에 무력으로 침략해 왔다.

위만조선은 이에 대항해 1년간 싸웠으나 대신들의 배반으로 우거왕이 죽고 수도인 왕검성도 함락되어 위만조선이 멸망하였다. 한무제는 위만조선의 땅에 한사군을 설치하였다. 단군조선은 위만조선의 멸망후 부여, 비류, 고구려, 옥저, 예맥 등 여러나라로 분열되었다. 한사군과 부여 등 단군조선의 거수국들은 서기 3~5세기경에 모두 고구려에 귀속되었다.

단군조선의 역대 단군과 관료조직

넓은 영토와 많은 백성을 거느리고 있는 단군조선에는 단군왕검 이후 세습된 왕권을 이어받은 단군이 47대 단군 고열가까지 47명의 단군[7]이 나라를 통치하였다. 또한, 단군을 보좌하여 그 업무를 원활히 하기 위해서는 8가(加)의 관료조직이 있고 단군이 직접 통치하는 도읍지 외 여러 지역에는 단군을 받드는 많은 거수국(별첨 참조)이 있었다.

단군은 부루(夫婁)를 호가(虎加)로 삼아 여러 8가를 총괄하게 하였고, 신지씨를 마가(馬加)로 삼아 행정업무를 주관하게 하며, 고시씨를 우가(牛加)로 삼아 농사를 주관하게 하고, 치우씨는 웅가(熊加)로 삼아 군대를 통솔하게 하였다.

부소(夫蘇)를 응가(鷹加)로 삼아 법 집행을 주관하게 하며 부우(夫虞)를 노가(鷺加)로 삼아 질병관리를 주관하게 하며, 주인씨를 학가(鶴加)로 삼아 학문과 제례를 주관하게 하며, 여수기(餘守己)를 구가(狗加)로 삼아 모든 지역 거수국을 관리하도록 하였다.

---

7) 1세 왕검, 2세 부루, 3세 가륵, 4세 오사구, 5세 구을, 6세 달문, 7세 한율, 8세 우서한, 9세 아슬, 10세 노을, 11세 도해, 12세 아한, 13세 흘달, 14세 고불, 15세 대음, 16세 위나, 17세 여을, 18세 동엄, 19세 구모소, 20세 고홀, 21세 소태, 22세 색불루, 23세 아홀, 24세 연나, 25세 솔나, 26다물, 39세 두홀, 40세 달음, 41세 음차, 42세 을우지, 43세 물리, 44세 구물, 45세 여루, 46세 보을, 47세 고열가세 추로, 27세 두밀, 28세 해모, 29세 마휴, 30세 내휴, 31세 등을, 32세 추밀, 33세 감물, 34세 오루문, 35세 사벌, 36세 매륵, 37세 마물, 38세 (환단고기 인용)

5. 단군조선의 산업과 기술

농경문화와 토기의 사용

단군조선은 신석기 말(서기전 3000년 전후부터 청동기 문화가 등장하는 서기전 1500년 무렵까지)부터 청동기시대에 속하며 이시기에는 이미 수렵생활과 더불어 벼농사[8]를 하는 농경문화가 형성된 시기이다. 따라서 식생활에 필요한 각종 농기구 및 생활 도구가 석기로부터 청동기로 발전하였다.

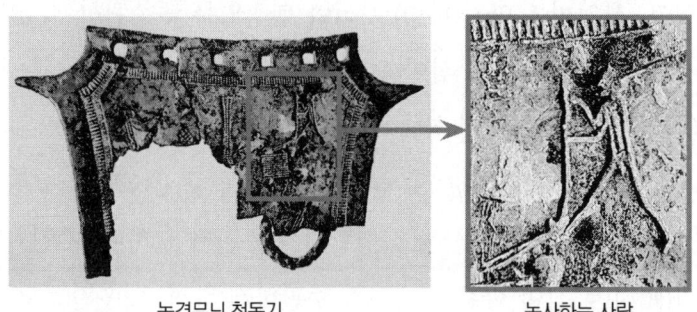

농경무늬 청동기   농사하는 사람

수확한 곡식의 저장하는 항아리와 사발, 대접과 그릇 등은 신석기시대때부터 제조하여 사용된 빗살(햇살)무늬 토기로부터 청동기시대(서기전 1500~700년)의 민무늬와 채색된 무문토기가

---

[8] 세계에서 가장 오래된 재배벼로 밝혀진 소로리 볍씨(서기전 10,550년 ~11,950년), 충주 조동리 볍씨, 옥천 탄화미, 고양 가와지 유적 볍씨 등이 발굴되어 고대 재배벼와 재배콩이 한반도가 원산지임이 밝혀졌다. (임재해,『고조선문명과 신시문화』, 61~63p, ㈜지식산업사, 2018년)

제작·사용되었다. 이 시기의 토기는 반죽한 점토를 길게 끈같이 늘여서 감아 올리는 방식으로 토기 형태를 만들어 노천에서 불에 구어서 제작하였다.

빗살무늬 토기(서울 암사동 출토)   채색 민무늬 토기(경상도 출토)

세계 최고 수준의 제철기술

단군조선은 당시 세계 최고의 청동 융합기술인 아연청동으로 각종 무기와 생활 도구를 만들어 새로운 청동기 문화를 창출하였다.

또한 세계 최초로 최첨단 주철기술인 백색 가단주철(강철)을 발명하여 각종 무기와 생활용품에 활용하고 기술을 전파함으로써 동아시아 철기문화를 선도하였다.

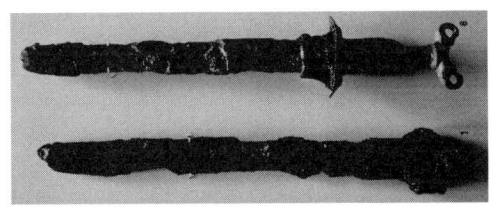

고조선시대 강철검

초정밀 청동기와 금공예 기술

고조선의 정밀 산업기술은 출토 유물인 국보 다뉴세문경(13,000개의 0.3mm 선형 주조)과 금제교구(0.3mm 금알갱이 제조 용접)로 검증된 바와 같이 당시 전 세계에서 유일무이하게 현대의 반도체 기술과 버금가는 초정밀 산업기술을 보유하였다. 이는 당시 고조선이 동아시아에서 중국 및 유럽 등에 앞서가는 산업기술 선진국이었다.

  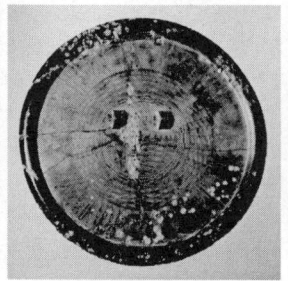 

아연청동   비파형 동검과 화로   국보 다뉴세문경   국보 금제교구

6. 단군조선의 사상, 문화, 예술, 풍속

편발개수와 의복

2세 단군 부루의 조칙에 의하여 백성들이 머리카락을 땋아 편발을 하고 이를 머리에 올리고 상투를 착용하였으며 푸른색 옷을 입었다.

편발한 수행자   천부경 81자

홍익인간 사상, 수행문화와 천부경

단군조선의 건국이념은 단군왕검이전의 환웅천왕시대때부터 전래된 우리민족의 고유 사상인 "널리 인간세상을 이롭게 한다 (홍익인간)"라는 백성을 다스리는 통치 철학과 사상이 있다.

또한 선도문화가 있어 여러 성인들이 자연이란 존재와 우주만물의 창시 과정, 음양이 생성되는 원리, 태양숭배와 인간중심 사상을 깨달아서 이를 81자 '천부경'[9]과 '삼일신고'[10]를 만들고 백

---

9) 천부경은 배달국시대에 통치자이며 진리의 깨달음을 얻어 성인(聖人)의 반열에 오른 환웅천왕이 '자연이란 존재'와 우주와 만물이 생성되는 원리를 알기 쉽게 간단한 말씀으로 백성들에게 가르치고 그 말씀 내용을 압축하여 81자 기록한 우리나라 최고의 경전임.
10) 삼일신고는 환웅천왕이 백성들을 교화시키도록 만든 총 366자의 경전으로서 단군왕검에게 전해주었다고 한다. 하늘, 땅, 사람에 대한 진리를 하늘, 하느님, 천궁(하늘나라), 세계, 진리(인물)의 5가지장으로 구분하여 기술하고 있어 우리 민족의 신관, 세계관, 인간관을 명확하게 설명하고 있다. 현재 대종교에서 천부경, 삼일신고, 참전계경을 3대 경전으로 사용하고 있다.

성을 가르치고 교화하여 백성들이 올바르게 살도록 가르쳤다.

천제 행사와 소도

단군조선시대에는 천제단을 축조하여 하느님과 삼신을 모시는 천제를 매년 3월과 10월에 지냈다. 또한 천제를 지내는 성스러운 지역인 소도를 국내 여러 거수국 내에 설치하고 제사를 주관하는 천군을 두었다. 천제는 제사에 이어 가무가 있는 행사로 부여는 영고라 칭하고 예맥은 무천, 진한과 변한은 계음이라 하여 성대한 행사를 하였다.

우하량 유적지 원형 천제단

강화도 참성단(천제단)

칠성신앙과 삼신신앙

단군조선시대 태양숭배를 기반으로 하여 민간에 형성된 '삼신교(三神敎)'와 '단군신앙'은 '환인(하느님: 上帝)', '환웅', '단군'을 3신(三神)으로 모시는 삼신신앙과 북두칠성을

북두칠성 암각화(수락산 마당바위)

모시는 칠성신앙이 있었다.[11] 삼신신앙이 삼국시대에 불교와 융합하여 모든 사찰에 삼성각 또는 산신각으로 전래되었고, 칠성신앙은 고인돌의 암각화 형태와 무병장수를 비는 가정과 무속신당에 전통신앙으로 전래되어 왔다.

고인돌과 천문유산

단군조선은 아시아의 다른 민족과 달리 주로 돌을 갖고 무덤을 축조하여 최고 통치자와 부족장의 주검을 고인돌 무덤에 장사지내는 장례문화가 있었다. 고인돌[12]무덤은 수십 톤에서 수백 톤(최대 350톤)이나 되는 거대한 판석으로 구성되어 있어 단군조선의 토목기술이 매우 발달하였음을 알 수 있다.

고인돌은 단군조선의 강역을 표시해 주는 중요한 지표 유적이면서 하늘에 제사 지내는 천제단으로도 활용한 지배계층의 무덤이어서 단군조선의 생활상을 알 수 있는 무기와 농경기구 등 많은 석기와 청동기 유물이 출토되었다.

이러한 많은 고인돌 중에는 천문학적 자료로 볼 수 있는 성혈과 별자리가 새겨진 고인돌이 많이 있어서 우리나라에 최소한

---

11) 신용하 지음,『고조선문명의 사회사』, 465p, 지식산업사, 2018년
12) 거석문화의 상징인 고인돌(Dolmen)은 전 세계에 약 8만기가 있는데 만주와 한반도를 포함한 단군조선의 강역내에는 약 5만기가 있고 한반도에는 약 3만기가 있으며 북한에 2만기와 남한에 3만기가 있어 우리나라는 고인돌의 나라이며 남한의 주요 고인돌 밀집지역(고창, 강화도, 등)은 세계문화유산으로 지정되어 있다.

고인돌이 만들어진 시기인 고조선시대에 농사와 자연재해의 예방을 위한 별자리 관찰 능력과 천문지식이 상당히 있었음을 알 수 있다.

경남 창녕 고인돌(남방식)

만주 석붕산 고인돌(북방식)

고인돌 별자리 성혈(이천 남정리)

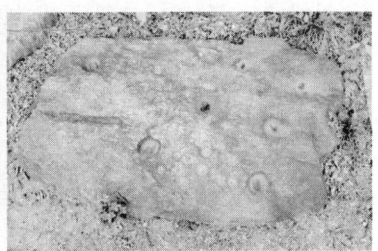
북두칠성 별자리 고인돌(양평 양수리)

Part.2
환단고기(桓檀古記)

삼성열기(三聖列記)

우리 환(桓)족의 건국이 가장 오래 되었다. 하늘 가장 높은 곳에 단 하나의 하느님(有一神이 在最高之天하니)이 있었다.[1] 오직 하나 뿐인 하느님으로 밝은 빛을 우주에 비추시고 모든 만물을 만드시고, 오래 사시면서 세상을 크게 보이게 하여 기쁨을 얻었다. 그리고 지극한 기(氣)를 타고 노니 그 신묘함이 자연과 일치하였다. 형상이 없어도 보며 말씀없이 실행하였다.

어느날 어린 남자·여자 아이들 800명을 세군데 높은 태백(三危太白)[2] 사이로 내려 보내고 이어서 불을 만들고 음식을 익혀 먹는것을 가르치니 이분이 환인천제(桓因天帝)이시며 또한 한국(桓國)의 천제(天帝)이다.[3] 7세(世)를 내려오며 나라를 다스렸으나 그 연대(年代)를 알 수 없었다. (李沂註曰 在山上曰 桓이요 在

---

1) 등사본 『환단고기』에는 '在最高之天'로 기재되어 있는데 1979년 『환단고기』에는 을 '在斯白力 之天'으로 되어 있다.
2) 등사본 『환단고기』에는 '降童女童男 八百於 三危太白之地'로 기재되어 있는데 1979년 『환단고기』에는 '降童女童男 八百於 黑水白山之地'으로 되어 있다.
3) 등사본 『환단고기』에는 '亦稱 桓國天帝'로 기재되어 있는데 1979년 『환단고기』에는 '亦稱 安巴 堅'으로 되어 있다.

山下曰權이라)

그 후에 환웅(桓雄)씨가 이어서 행하고(가르치고) 천신(天神)에게 고한 다음 백산(白山)과 흑수(黑水) 사이에 내려와 땅을 파고 남녀가 쓸 우물 열 개를 넓은 땅(天坪)에 가로세로 형태(井)로 구획하여 청구(靑邱)라 하였다.

천부인(天符印)을 지참하고 다섯가지 일(五事)을 주관하시고 제세이화 홍익인간(在世理化 弘益人間 : 세상을 이치로 다스려 사람들 간에 서로 이롭게) 하였다.[4]

이곳을 신시(神市)라 부르고 또한 배달(倍達)이라고도 불렀다. 3·7일을 택하여 천신에 제사 지내며 부정한 물건을 꺼리고 조심하며 문을 닫고 스스로 수양하며 주문을 외워 공력을 얻고 단약을 먹어 신선이 되었다.

점(卦)을 쳐서 앞날을 예측하고 법(法)의 집행을 신묘하게 하였다. 신통력있고 현명한 많은 사람들에게 명하여 보필토록 하였다. 그리고 웅(熊)씨 여자를 맞아 아내(后)로 정한후 혼인의 예를 하고, 짐승 가죽으로 폐백하였다. 종자를 심어 밭갈아 농사 짓고 저축한 물건은 시장을 열어 서로 바꾸어 쓰도록 하였다.

이에 아홉 고을이 조공을 바치니 새와 짐승도 기뻐 춤추었다. 뒤에 사람들이 (환웅을) 지상 최고의 신이라고 받들며 대대로 제

---

4) 등사본 『환단고기』에는 '男井女井拾天坪'로 기재되어 있는데 1979년 『환단고기』에는 '子井女井 於天坪'으로 되어 있다.

사 지내어 끊이지 않았으며 전해내려온 것이 18세(世)에 1565
년이었다.⁵⁾ (李沂註曰 桓雄 ○○○○이요 又稱○○라)

　뒤에 신인(神人) 왕검(王儉)께서 불함산 박달나무터에 내려 오
셨다. 그는 신(神)의 덕(德)과 성인(聖人)의 인자하심을 겸하여
능히 하늘의 뜻을 이어 받아 나라를 세우는 뜻과 법이 높고 크고
열렬함에 아홉 종족이 함께 기뻐하고 정성으로 따르고 받들었
다. 이 분을 하나님(天帝)과 같은 신분인 임금(帝)으로 모시니 이
분이 단군왕검(단군임금 檀君任儉)이시다. 신시(神市)의 옛 법규
를 다시 일으키고 평양(平壤)에 도읍하고 나라를 만들어 조선(朝
鮮)이라 하였다.⁶⁾

　임금께서 단정하고 변함없는 자세로 이 세상에 좌정한 후, 현
묘한 도를 깨달아 백성을 교화하였다. (그리고) 팽우(彭虞)는 토
지를 개척하는 일, 성조(成造)는 궁실을 만드는 일, 고시(高矢)는
농사하는 일, 신지(臣智)는 문서를 기록하는 일, 기성(奇省)은 의
약을 베푸는 일, 나을(那乙)은 호적과 행정(版籍)을 관장하는 일,
희전(羲典)은 점을 치는 일, 우작(尤作)은 병마를 관장하는 일을

---

5) 등사본 『환단고기』에는 '-- 後人奉之爲地上最高之神하야 世祀不絶하니 傳
　十八世하야 歷一千五百 六十五年이러라'로 기재되어 있는데 1979년 『환단고
　기』에는 '-- 後人奉之爲地上最高之神 世祀不 絶 神市之季 有蚩尤天王 恢拓靑邱
　傳十八世 歷一千五百六十五年'으로 되어 있어 등사본에 없는 '神市之季 有蚩尤
　天王 恢拓靑邱'가 추가되어 있다.
6) 등사본 『환단고기』에는 '--設都稱平壤하시며 建邦號朝鮮하시니라.'로 기재되어
　있는데 1979년 『환단고기』에는 '--設都阿斯達開國建號朝鮮'으로 되어 있다.

하도록 명하였다.

비서갑 하백의 딸을 아내로 맞이하고 누에치기를 가르치게하니 넉넉하고 큰 정치로 (백성의) 기쁨이 사방에 퍼지게 하니, 세상에서 말하기를 단검제왕(檀儉帝王)이요 거발한(居發桓)이라 불렀다.[7] 단군왕검이 무진년(戊辰年: 서기전 2333년)에 나라를 세워 내려온 것이 47세에 2096년이 되었다. (李沂註曰 臣智는 혹은 神智이오, 奇省은 혹은 捱旦이오, 菲西岬은 今啥甫0이라)

을묘년(서기전 426년)[8]에 주나라 고왕(高王: 서기전 440~425년) 때 나라 이름을 고쳐 대부여라 하고 처음 백악에서 (도읍을) 녹산(鹿山)으로 옮기었다. 이어 팔조 금지법을 만들고, 글 읽고 활 쏘는 공부를 하게 하고, 하늘에 제사지내게 하며, 밭갈고 누에 치는 것을 의무적으로 하게 하였다.

산과 냇가에 들어감을 자유롭게 하니 죄가 아내와 자식에게 미치지 않았다. 관리와 백성이 협력하는 정치를 하였다. 남자는 떳떳한 직업을 갖고 여자는 (남자가 하는데로) 따르기를 좋아하니 집집마다 재물이 가득 쌓였다. 산에 도적이 없고 들에서 굶주린 자를 볼 수 없으며 풍악소리가 온 나라에 넘쳐 흘렀다. (李沂註曰 鹿山은 지금의 吉林 阿城이라)

---

7) 1979년 『환단고기』에는 '--治熙四表'로 끝이 났는데 등사본 『환단고기』에는 '--治熙四表하시니 世稱檀儉帝王이요 稱居發桓이시다'로 기재되어 있다.
8) 등사본 『환단고기』에는 '乙卯의 周高王時에 --'로 기재되어 있는데 1979년 『환단고기』에는 '丙辰 周高時 --'로 되어 있다.

기사년(己巳年: 서기전 232년) 진시왕(서기전 246~210년)때 신인(神人) 대해모수가 북부여(北夫餘)를 일으켰다. 정미년(서기전 194년) 한나라 혜왕(서기전 195~188년)때 연(燕)나라의 추장인 위만(衛滿)이 서쪽 변방에서 들어와 거처하였다. 잠시(須臾) 제후 준(準)이 비왕(裨王: 위만의 작위를 말함)에게 왕위를 물려 주고 바다쪽으로 망명하였으며, 삼한(三韓)에 거느리고 있던 많은 백성들이 (준왕을 따라) 열수(列水) 남쪽으로 옮겨 갔다. (이 사건이후) 한때 많은 군웅들이 요하의 동쪽에서 다투었다.

계유년(癸酉年: 서기전 108년)에 이르러 한나라 무제(武帝)때 한나라 군대가 들어와 우거(右渠)를 멸망시켰다. 이에 부여 사람 고두막한(高豆莫汗)이 의병을 일으키고 단군이라 칭하였다.

임술년(壬戌年: 서기전 59년)에 한나라 선왕(宣王: 서기전 92~49년)때 고무서(高無胥)가 스스로 해모수의 후예라고 칭하며 부여 고도를 점거하고 나라를 동명(東明)이라 칭하였다. 얼마가 지 않아 고주몽(高朱蒙)이 또한 천제의 아들이라고 하면서 북부여를 다시 크게 일으키니 이 사람이 고구려의 시조이다.[9]

(李沂註曰 三韓은 官名이며 非國名이다. 列水는 지금 漢江이고, 遼河는 지금 白河이다)

---

9) 등사본 『환단고기』의 '己巳年'이 1979년 『환단고기』에는 '壬戌年'로 되어 있고 뒤이어 끝까지 기술된 내용이 비슷한 부분도 있으나 년호, 인명, 사건 등의 중요 내용에 큰 차이점을 보이고 있어 앞으로 비교 연구의 대상이 되고 있다.

단군세기(檀君世紀)

▣ 서문

 나라를 위하는 길은 무사의 기운이 앞서 커야 하고, 역사를 배우는 것보다 급한것이 없으니 역사를 잘 알지 아니하면 바로 (나라의) 사기가 떨치지 못하며 사기가 떨어지면 나라와 뿌리가 흔들리고 올바른 법이 갈라진다. 대개 역사의 법칙은 내쳐야 할 자는 내치고 기릴자는 포상하여야 한다. 인물을 평가 할때는 얼굴에 나쁜 것이 없는 것을 표준으로 하여 백년을 산사람이어야 한다.

 이 백성이 생을 이어 온 바가 오래되어 세상의 질서가 더욱 바로 잡혔으며, 나라가 발전하는 것이 역사와 함께하였다. 이런 것들이 모두 나 자신보다 먼저 할 바이며 중히 여겨야 할 일이다.

 아아 나라를 다스림은 (음식을 담는) 그릇과 같고 사람은 길(道)과 같아 다스림과 길을 내는것이 분리되어 존재할 수 없다. (따라서) 나라는 형상(形相)이요 역사는 혼(魂)이다. 나라를 잃어도 얼(魂)을 보전하고 도(道)와 기(器)를 함께 만들 사람이 곧 나 자신이며, 형(形)과 얼(魂)을 넓게 갖출 이도 나 자신이다. 때문에 천하만사는 먼저 나를 아는 데 있다. 그렇다면 나를 알려고 함에는 무엇부터 시작해야 할까. 그것은 삼신(三神)일체의 도(道)이며 크게 하나로 만드는 것을 의미한다.

  조화의 신은 내려와서 나의 성품이 되고, 교화의 신은 내려와서 나의 목숨이 되고, 치화의 신은 내려와서 나의 정기가 된다. 때문에 오직 사람만이 만물에서 가장 귀하고 가장 높다. 사람의 천성은 하느님의 뿌리이다, (사람은) 천성이 근본이 되어야 하나 천성 자체가 하느님이 아니다.

  기(氣)가 밝고 어둡지 않음은 곧 참 성품이다. 이로써 하나님은 기를 떠나지 않고 기도 하느님을 떠나지 않아 내 몸과 하느님의 기가 합쳐져 있다. 그러므로 이 몸이 하느님의 성품에서 비롯된 것도 아니고 기에서 품성이 만들어진 것도 아님을 알 수 있다.

  따라서 그 성품의 영혼은 하나님과 그 근원을 같이함이요, 그 목숨이 살아 있다 함은 산천과 그 기를 함께 하는 것이다. 그 정기(精氣)가 영속한다 함은 태어나서 그 삶(業)을 같이한다 함이기 때문이다. 곧 하나가 셋이 되고 셋이 모여서 하나로 돌아간다는 것이 바로 이것이다. 그러므로 마음을 정하여 움직이지 않음이 곧 참 나라 이른다. 하느님의 무궁한 변화와 소통함이 바로 하나의 하느님이라 한다. 참 나는 하느님이 거처하는 궁전이다.

  이 참의 근원을 알고 법에 따라서 수행하면 좋은 운수가 좋을 일들이 스스로 만들어지고 밝은 빛이 항상 비칠 것이다. 이것이 곧 하늘과 사람이 서로 더불어 인연을 맺고 삼신의 계명에 따를

때 비로소 하나로 귀속되는 것이다. 때문에 성품(性), 목숨(命), 정기(精)가 빈틈 없이 합쳐진 상태가 삼신일체(三神一切)의 하느님이다.

　우주 만물과 마음, 몸, 기의 형체가 섞여 오랫동안 존재하며 느낌, 숨쉼, 부딪침이 없는 것이 첫 존재인 환인(桓因)이며, 세계 만방에 은혜를 베풀고 같이 기뻐하며 하늘, 땅, 사람과 같이 있으나 간섭하지 않아 스스로 변화되어 갖다.[10]

　아아, 통탄하도다. 부여에 부여의 올바른 정치를 상실하여 한(漢)나라 사람들이 부여에 쳐들어왔고, 고려(高麗)에는 고려의 올바른 정치를 상실하여 몽고가 고려에 침입하였다. (만일에 그 때에) 부여가 올바르게 나라를 다스렸다면 한나라가 그들 나라로 물러갔을 것이요, 고려도 올바르게 나라를 다스렸다면 몽고는 그들 나라로 물러갔을 것이다.

　아아. 통분하도다. 얼마 전에는 잠과 청의 무리(潛淸輩)[11]의 사악한 의견들이 귀신들처럼 밤에 은밀히 돌아다닌다. 발기(發岐)와 남생(男生)[12]은 반역하는 마음을 가지고 각자 호응하여 세력

---

10) 등사본 『환단고기』에는 '-- 無爲而自化也시니라 嗚呼通矣라 --'로 기재되어 있는데 1979년 『환단고기』에는 '-- 無爲而自化也 是故其欲立敎者 須先立自我 革形者 須先形無形 比乃知我求獨 之 一道也 嗚呼通矣 --'으로 되어 있어 등사본에 없는 '是故其欲立敎者 須先立自我 革形者 須先 形無形 比乃知我求獨 之 一道也'가 추가되어 있다.
11) 잠과 청의 무리(潛淸輩)는 고려 충렬왕때 간신인 오잠(吳潛)과 유청신(柳淸臣)을 말한다.
12) 발기(發岐)는 서기전 196년 고구려 신대왕의 아들이며 고국천왕의 동생으

을 모아 나라를 위한 사람들을 억압하여 자신만을 위하는 일을 하니 어찌 도와 기의 두 가지를 다 잃고 나라와 민족의 얼이 망하게 하니 (그들이) 스스로 편안 해지겠는가.

지금 외부 사람들이 정치에 간섭하는 것이 갈수록 심해지고 있으며, 임금을 물러나게 하거나 복위시키며, 우두머리를 임명하여 희롱하고 멋대로 놀아나며 우리 나라 대신들이 같이 속수무책으로 아무런 대책도 세우지 못하고 있음은 무슨 이유일까? 이는 나라의 형태와 역사가 없지고 얼이 없어졌기 때문이다.

대신 한명의 능력으로는 아예 나라를 구할 수 없다. 나라안의 모든 사람들이 스스로 일어나서 나라를 구할 것을 다짐하고 그 일을 하고 찾을 때 나라를 구하는 데 도움이 되는 것이고 그런 다음에 나라를 구한다고 말을 할 것이다.

나라를 구하는 것이 어디에 있는가 하면, 나라에 역사가 있고 나라의 형태에는 얼이 있어야 한다. 신시에 나라를 만든 후부터 나라의 계통을 이어 감으로 나라가 전통에 의하여 바로 섰고, 민족은 그 전통에 의하여 일어나 흥하였으니 역사가 어찌 중하지 않겠는가.

즐거운 마음으로 이글을 써서 단군세기의 서문으로 한다. 공

로서 고국천왕이 후사없이 죽자 동생 연우와 왕위 쟁탈전하다가 패하고 요동으로 공손탁에게 도망가서 공손탁의 군사를 얻어 고구려를 치다가 패하자 자살하였다. 남생(男生)은 연개소문의 장자인데 동생 남건이 막지 자리를 탈취하자 당나라에 망명한후 당나라 장군 이적(李勣)과 함께 고구려를 멸망시켰다.

민왕 12년, 계묘년(1363년) 10월 3일 홍행촌(紅杏村) 노인이 강도(江都: 강화도)의 해운당(海雲堂)에서 쓰다.

■ 삼한 나라의 시조 단군왕검

옛 기록에 이르기를, 왕검의 아버지는 단웅(檀雄)[13]으로서 어머니는 웅씨 왕(雄氏王)[14]의 딸인데 신묘(辛卯: 서기전 2370년)에 박달나무 아래에서 태어났다.[15] 사람이 신성한 덕이 있어 멀고 가까운 곳에 있는 (사람들이) 우러러 보고 따랐다. 나이 14살 갑진년에 웅씨 왕이 그의 신성함을 듣고 비왕(裨王)[16]으로 삼아 커다란 고을의 나라일을 맡아서 하게 하였다. 무진년(戊辰年) 요(堯)임금[17]때에 단국(檀國)으로부터 (이주하여) 와서 아사달의 박달나무 있는 곳에 이르렀다.

---

13) 단웅(檀雄)은 배달국의 제18세 거불단 환웅(서기전 2390~2333년)이다.
14) 웅씨왕(雄氏王)은 웅(雄)씨 성(姓)을 갖고 있는 부족의 왕을 말한다.
15) 등사본 『환단고기』에는 '--雄氏王女라 辛卯에 生하여'로 기재되어 있는데 1979년 『환단고기』에는 '--雄氏王女 辛卯五月二日寅時生'으로 되어 있어 추후에 五月二日寅時를 추가 수정한 것으로 판단된다.
16) 비왕(裨王)이란 명칭은 고조선시대 단군이 통치하는 지역의 최 측근 부족장이나 제후에게 부여한작위 명칭이라 판단된다. 삼국유사에도 『전한서(前漢書)』 조선전(朝鮮傳)을 인용하여 위만조선시대에 장군을 비왕이라 호칭하였다는 기록이 있다.
17) 중국 신화에 나오는 삼황(三皇: 복희씨·신농씨·여와씨)의 뒤를 이은 오제(五帝: 황제·전욱·제곡·요·순)의 네번째 제왕으로 도당씨(陶唐氏)이기 때문에 당제요(唐帝堯)라 부르며 서기전 24세기경에 활동하였다고 중국 사기(史記)에 전한다.

나라 사람들이 추대하여 천제(天帝)의 아들(天子: 하늘을 대신하여 나라를 다스리는 최고의 통치자)로 받들어 모시니 이에 9개의 환(桓) 부족이 하나로 뭉쳤고 그 신성한 교화가 멀리까지 미쳤다. 이 분을 단군왕검(檀君王儉)이라 하며, 비왕의 자리에 있은지 24년이고 제위에 있은지 93년이어서 나이가 130세였다.

무진원년(戊辰元年: 서기전 2333년) 태초[18] 신시(神市)의 세상일 때 사방에서 모여든 백성들이 산과 골짜기에 널리 퍼져 살았는데 풀잎으로 만든 옷(草衣)을 입고 맨발로 살았다. 개천 1565년[19] 상달 3일에 이르러 신인 왕검이란 분이 있어 오가(五加)[20]의 수령으로서 무리 800명을 거느리시고 박달나무 터에 자리를 잡고나서 무리들과 삼신께 제사를 올렸다.

그는 하느님과 같은 덕과 성인의 어질음을 겸하였으며, 하느님의 뜻을 받들고 이어서 다스림이 크고 높으며 매우 열정적이었다. 이에 9개 환족의 백성들이 모두 기뻐하여 지성으로 복종하며 하느님의 화신으로 받들어 모시었다. 그 임금(帝)이 단군왕검이다. 신시의 옛 규범을 다시 일으키고 도읍을 평양(平壤)에

---

18) 등사본 『환단고기』에는 '-- 太初神市--'로 되어 있는데 1979년 『환단고기』에는 '-- 大始神市 --'로 되어 있어 1911년 편찬 인쇄시 오자가 난 것으로 판단된다.
19) '개천 1565년'은 환웅천왕이 하늘에서 내려와 신시(神市)에서 배달 나라를 만든 해로부터 1565년 이 된 때를 말한다.
20) 신시시대부터 있던 중앙 관료 조직의 명칭으로 『태백일사』 「한국본기」에 오가(五加)의 직책과역활이 서술되어 있는데 우가(牛加), 마가(馬加), 구가(狗加), 저가(豬加), 양가(羊加)를 말한다.

설치하고 나라를 세워 조선(朝鮮)이라 하였다.[21] (李沂註曰 平壤 은 지금의 吉林西旦 혹은 夫餘라)

임금께서(帝-),[22] 성품이 영험하고 씩씩함이 크면서 은혜로움 이 빛났다. 단정히 두손 모아 무념무상을 행하고 이 세상에 좌정 해서 현묘한 도(道)를 깨치고 백성과 함께 살았다. 팽우(彭虞)에 게 명하여 토지를 개척케 하고 성조(成造)로 궁실을 짓게 하였다.

신지(臣智)에게 글자를 만들어 기록케 하고 고시(高矢)에게 농 사를 장려토록 하였다. 기성(奇省)에게 의약을 베풀게 하고 나을 (那乙)에게 행정과 호적을 관장하게 하였다. 희(犧: 복희를 말함) 에게는 점치는 일과 제사를 맡기고 우(尤: 치우를 말함)에게 병 마를 맡게 하였다. 비서갑(斐西岬) 하백의 딸을 황후로 삼고 누 에 치는 것을 가르치게 하였다.

맑고 넉넉하게 나라를 다스림에 기쁘고 평화로움이 사방에 널 리 펴졌다. 정사(丁巳) 50년(서기전 2284년)에 홍수가 범람하여 백성이 편히 쉬지 못하기에 임금께서 원보(元輔) 팽우에게 명하

---

21) 등사본 『환단고기』에는 '-- 設都稱平壤하고 建邦號朝鮮하시다.'로 끝나는데 1979년 『환단고기』에는 '-- 立都阿斯達建邦號朝鮮.'로 수정하였으며, 建邦 號朝鮮에 이어서 詔曰天範로 시작된 글자가 -- 命彭虞 까지 267자의 문장이 삽입되어 있다.
22) 帝- : 최고 통치자 단군왕검(檀君王儉)을 단군천제(檀君天帝) 또는 단제(檀 帝) 라고도 호칭하는데, 단군왕검과 2대 이후의 단군이 직접 말할 때 '帝'-로 쓰고 말을 이어 간다. 이때 '帝'를 앞으로 순수 우리말인 '임금'으로 통일 하여 표기한다.

여23) 치수를 크게 돕게하고 높은 산과 큰 개울을 정하여 백성에게 편하게 거주토록 하였다. 우수주(牛首州)24)에 (공덕)비(碑)가 있다.

무오(戊午) 51년(서기전 2283년) 임금께서 명하여 넓은 혈구(穴口)에 삼랑성(三郎城)을 쌓고 두악산(頭岳山) 넓은 곳에 제천의 단을 만드니 지금의 참성단(塹城壇)이다.25) (李沂註曰 三郎은 옛 기록에 말하기를 配達臣이라 하니 00000 0000이라)

갑술 67년(서기전 2267년) 임금께서 태자 부루(扶婁)를 보내어 우(虞)26)나라의 사공(司空)과 도산(塗山)27)에서 만나게 하였다. 태자로 하여금 오행치수의 법을 전하게 하고 나라의 경계

---

23) 등사본 『환단고기』에는 '-- 帝 命元輔彭虞하야 治水하고 --'인데 1979년 『환단고기』에는 '-- 帝命風伯彭虞治水 --'로 수정하였다.
24) 『규원사화』 「단군기」에 우수하(牛首河)라는 지명이 나오는데 "도읍을 태백산 서남쪽 우수하 언덕에 세우고 임검성이라 하였다. 지금의 만주 길림(吉林)땅에 소밀성(蘇密城)이 있으니 속말강남쪽이 곧 그땅이다. 속말강(涑沫江)은 또 소밀하(涑沫河)라고도 하니 이는 예전의 속말수(涑沫水)이다." 따라서 우수주(牛首州)는 우수하가 있는 지역에 있다고 보고 만주 길림성 근처로 볼 수 있다. 또 일부 학자는 우수(牛首)가 소머리의 뜻인 우두(牛頭)와 같기 때문에 춘천 남쪽 소양강과 신연강이 합치는 곳에 우두대촌(牛頭大村)이 있다하여 우수주를 춘천 근교로 비정하는 학설이 있지만 이는 반도사관에의한 것으로 본다.
25) 등사본 『환단고기』에는 "戊午 五十一年이라 帝- 命設三郎城于穴口하시고 築祭天壇于頭岳山하니今塹城壇이 是也"인데 1979년 『환단고기』에는 '戊午五十一年 帝命雲師配達臣設三郎城于穴口 築祭天壇於頭摩璃山塹城壇是也"로 수정하였다.
26) 우(虞)란 순(舜)을 가리키는데, 우씨(虞氏)의 부족장으로 요(堯)의 뒤를 이은 제왕이다.
27) 도산(塗山)은 중국 안휘성 회원현의 회하(淮河) 동쪽 기슭에 있는 산의 이름이다.

를 감정하여 유주(幽州)[28]와 영주(營州)[29]의 두 고을을 우리나라에 속하게 하였다.[30] (李沂註曰 塗山은 0000000000하니 지금의 00交界이라)

경자(庚子) 93년(서기전 2241년) 임금께서 버들궁전에 계시면서 계단식 밭(土階)을 스스로 만들고 풀더미를 뽑아버리지 않으니 밝달나무가 우거진 숲속 그늘에는 곰과 호랑이가 놀고 소와 염소가 자라는 모습을 볼 수 있었다. 도랑과 골을 깊이 파고 밭두덕 길을 뚫어 만들고 누에농사, 고기잡이와 사냥을 권장하며 다스렸다. 백성들은 남는 재물로 나라 쓰임에 보태었다. 나라안이 큰 행사로 10월 상달마다 하느님께 제사 지내니 백성들이 모두 기뻐하며 스스로 즐거워했다. 이에 임금의어진 정치의 감화가 아홉 고을과 먼 바다까지 미치니[31] 그 덕과 가르침이 점차로 크게 퍼져 나갔다.

이때에서 천하의 땅을 구분하고 서쪽과 남쪽을 아울러서 그 영지를 치우(蚩尤)에게 주니 나중에 말하기를남국(藍國)[32]이니

---

28) 순(舜)이 기주(冀州)의 동북지역을 나눠 유주라하였음. 지금의 하북성의 순천(順天), 영평(永平) 및만주 요령성 금주(錦州)의 서북일때의 지역.
29) 순이 청주(靑州)의 동북 영동 지역을 나눠 영주라하였음. 지금의 하북성에서 요령성과 동쪽 지역.
30) 1979년 『환단고기』에는幽永二州屬我 이후에 '定淮岱諸侯 置分朝以理之 使虞舜監其事'가 추가 되었다.
31) 등사본 『환단고기』에는 "-- 九域하야 遠曁滄海하야 --'인데 1979년 『환단고기』에는 "-- 九域遠曁眈浪 --'로 수정하였다.
32) 남국(藍國)은 산동지역의 남중부지역에 위치하였다.

宅奄盧忽하다. 북쪽과 남쪽을 둘러서 영지를 신지(神誌)에게 주니 나중에 말하기를 진국(辰國)³³⁾이고 治風沙忽이다. 남쪽과 동쪽을 둘러서 高失氏 에게 주니 나중에 말하기를 청구(靑邱)³⁴⁾이며 宅樂浪忽이다. 길을 이리저리 천천히 걷는 타고난 성품이라 넓은 마을을 보살피고 나의 몸을 보살피고 고을을 올바르게 지키니 경계할 것 없이 백성을 다스렸다.³⁵⁾

　이 해에 임금이 봉정(逢亭)에서 돌아가시어 교외 십리의 땅에 장사지냈다. 만 백성이 부모가 돌아가신 것 같이 단군의 깃발을 받들고 아침 저녁으로 앉아서 경배하며 항상 생각하고 마음속에 잊지 않았다. 태자 부루가 뒤를 이어 임금이 되었다.

■ 2세 단군 부루 (재위 58년)

　신축(辛丑) 원년(서기전 2240년) 임금께서 어질고 복이 많아 (나라에) 재물이 많이 쌓여 부유하게 됐었으며 백성과 더불어 산

---

33) 진국(辰國)을 한반도 남부로 보는 견해도 있으나 길림성 부근의 평양에서 북동(北東) 지역이라함으로 만주와 백두산을 포함한 한반도 북부 지역으로 볼 수 있다.
34) 청구(靑邱)는 산동반도를 포함한 산동지역의 중북부지역에 위치하였다.
35) 등사본『환단고기』에는 "於是에 區劃天下之地하야 封勳功할세 -- 중략 -- 是歲에 帝-崩于逢亭하니 --"인데 1979년『환단고기』에는 "先是 區劃天下之地 分統三韓 -- 중략 -- 是歲 三月十五日 帝崩于逢亭--"으로 수정하였다. 특히 나라를 나누어준 것을 삼한으로 바꾸고 임금이 붕어한날자를 새로 삽입하였다.

업을 일으켜 한 사람도 굶주리고 추위에 떠는 이가 없었다. 봄·가을로 나라안을 두루 살피고 예로서 하느님께 제사를 지내냈다.

　모든 지방 수령(汗)의 선악을 살피고 상벌을 바르게 하였으며 개천과 도랑을 준설하고 축산과 농사[36]를 권장하였다. 학문과 문화가 크게 일어나 그 명성이 넘치게 드러났다.[37]

　처음 우(虞)와 순(舜)이 남국의 옆에 유주와 영주의 두 고을을 설치함으로 이에 임금께서 군사를 보내어 이를 정벌하고 그 우두머리들을 쫓아 버린후 (그곳을 정벌한 장군) 동무(東武)와 도라(道羅)를 (그 고을의 수장으로) 임명하고 공로를 표창하였다.

　신시 이래 하느님께 제사를 올릴 때마다 노래 부르며, 덕을 기리며, 화합을 같이 하고, 어아가[38]를 부르며 근본에대해 감사를 표하며, 하느님과 사람이 화합함으로 온세상이 평안하였다.[39]

　그 가사는 다음과 같다.

　　어아어아
　　우리들 조상님이 큰 은혜와 공덕으로 배달나라를 만들었다.

---

36) 등사본 『환단고기』에는 "-- 浚渠洫하시며 勸畜農하시며--"인데 1979년 『환단고기』에는 "浚渠洫 勸農桑 --"로 수정하였다.
37) 등사본 『환단고기』에는 "-- 聲聞益彰하니라"인데 1979년 『환단고기』에는 "聲聞日彰"로 수정하였다.
38) 어아(於阿)는 기뻐서 내는 소리로 고구려시대에도 불렀다고 한다.
39) 등사본 『환단고기』에는 "神市以來로 每當祭天이면 會中이 齊唱 -- 四方爲安하다"인데 1979년 『환단고기』에는 "神市以來 每當祭天國中大 會齊唱 -- 四方爲式是爲參佺戒"로 수정하였다.

우리들 모두 영원토록 잊지 마세.

어아어아

우리들 착한 마음은 큰 활이고 악한 마음은 과녁이다.

모든 사람들이 큰 활의 줄과 같고

착한 마음의 곧은 화살은 한마음과 같네.

어아어아

우리들 모든 사람이 큰 활의 하나가 되어

화살로 많은 표적을 뚫어 부시네.

착한 마음과 같은 끓는 물이

한덩이 눈과 같은 악한 마음을 녹이네.

어아어아

우리들 모든 사람이 모두 큰 활이되어

단단하고 굳세게 같은 마음되면

배달나라의 영광이 영원토록 큰 은덕 있으리로다.

우리들의 크나큰 조상님이시여.

임인 2년(서기전 2239년) 임금께서 대련과 소련⁴⁰⁾을 불러 (나라를) 다스리는 길를 물으셨다. 이에 앞서 대련과 소련은 (부모의) 장례를 치르는데 잘하였는데, 3일을 게을리하지 않고 3개월을 태만하게 하지 않고 기년⁴¹⁾에도 슬퍼하였고 삼년동안 슬픔에

---

40) 등사본에는 "召大連少連하야"인데 1979년 『환단고기』에는 "召少連大連"로 순서를 바꾸었다. 중국『禮記』「雜記 下」에 "소련과 대련이 장례를 잘치른다 (少連大連善居喪)"라는 내용이 있다.
41) 기년(朞年)은 소상(小祥)이라하며 죽은 지 만 1년이 되는 날 아침 해뜰 무렵에 지내는 제사이다.

젖어 있었다.

이로부터 장례를 5개월하고 중지하던 풍속이 (장례를) 더 오래하는 것을 영광스럽게 여겼다. 이는 천하의 큰 성인의 덕화로 달리는 말과 같이 빠른 유행이 되었다. 대련과 소련은 효도로써 알려 졌으며 공자 또한 칭송하였다. 무릇 효도는 사람을 사랑하는 것이고 세상을 이롭게 하는 근본이니 이것을 온 세상에 두루 알려 표준이 되게 하였다.

계모 3년(서기전 2238년) 9월에 조칙을 내려 백성들은 머리를 땋고 모자를 쓰고 푸른옷을 입게 하였고, 되말과 저울의 모든 그릇을 모두 관의 법대로 같게 하고, 천과 삼베의 가격이 지역마다 다르게 하지 않고, 백성이 스스로 속이지 않으니 멀고 가까운 곳이 다 편리하게 되었다.

경술 10년(서기전 2231년) 4월에 구정(邱井)[42]을 그어 (공평하게 하니) 백성들이 스스로 사사로운 이익을 갖지 못하게 하였다. 임자 12년(서기전 2229년)에 신지(神誌) 귀기(貴己)[43]가 칠회역

---

42) 상고 농경시대에는 논밭을 우물 정(井)과같이 9개로 나누어 조세 징수하는 제도가 있는데 이를 균전제라하였다. 여기서 구정(邱井)은 고을의 논밭을 9개로 나눈 것을 뜻한다.
43) 신지(神誌)는 단군조선시대 관직 명칭이고 '귀기(貴己)'는 신지 직책을 받은 사람의 이름이다. 『태백일사』「신시본기」에 환웅시대의 신지 혁덕이 문자를 만들었다고 하며 (桓雄天皇 又復命 神誌赫德 作書契),「소도경전」본훈에서는 신지 혁덕이 구전으로 전해지던 『천부경』을 녹도문 으로 기록하였다고 한다(桓雄大聖尊 天降後 命神誌赫德 以鹿圖文記之). 북애자의 『규원사화』「태시기」에서 "환웅이 신지에게 글자를 만들도록 명하였고, … 신지가 사냥 나갔다가 … 사슴 발자국을 보고 문자를 만들었다(又使神誌氏作書契 … 一日出

(七回易)⁴⁴⁾을 만들어 바치고 구정도(邱井圖)도 만들어 바쳤다.

무술 58년(서기전 2183년) 임금께서 돌아가셨다. 그날 일식(日蝕)이 있었고, 산짐승들이 떼지어 산위에서 어지럽게 울어댔고 백성들이 매우 슬퍼하였다. 뒤에 나라 사람들이 제사를 지냈고, 집안의 좋은 곳을 가려 단을 쌓고 질그릇에 곡식을 가득히 담아 단위에 놓고 제사를 지내니 이를 부루단지라 하였으며 이것을 업신(業神) 이라 하였다.

또한 완전한 사람이받는 계명이라하여 전인계라 칭하며, 업주가리(業主嘉利)⁴⁵⁾라 하니 바로 사람과 업이 함께 완전하다는 뜻이다. 태자 가륵이 다음 임금으로 즉위하였다.

■ 3세 단군 가륵 (재위 45년)

기해 원년(서기전 2182년) 5월 임금께서 삼랑(三郞)⁴⁶⁾을 보륵을 불러 신왕종전(神王倧佺)⁴⁷⁾의 역할과 나아갈 길(道)를 물었다.

行 狩獵 忽驚起一隻牝鹿 彎弓欲射旋失其踪 … 始見足印亂鑽 向方自明 乃俯首沈吟旋復猛省曰 記在之法 惟始斯而已夫 如斯而已夫" 라고 기록하고 있다.
44) 칠회력은 지금의 日,月,火,水,木,金,土와 같이 일주일을 구분한 역(易)으로 「신시본기」에 7회 제사지내는 역을 설명하고 있는데, 1회날부터 7회날까지 祭天神, 祭月神, 祭水神, 祭火神, 祭木神, 祭金神, 祭土神을 한다 하였다.
45) 오늘날 울타리안에 업주가리라는 볏집 무더기를 세우고 제물을 바치고 집안의 안녕을 위해 치성을 드리는 민속이 있다.
46) '삼랑'은 단군조선시대 관직 명칭이다.
47) 하나님(神)과 임금과 천제(天祭)를 주관하는 사람(神人: 倧)과 고을의 우두머

보륵이 엄지 손가락을 오른손에 올려 삼육대례[48]를 행하고 나아가 아뢰되,

"하느님은 능히 만물을 생겨 나게하고 각각 성품을 올바르게 하니 하느님의 현묘함을 민중은 모두 의지하며 믿습니다.
임금은 능히 덕과 이치로 세상을 잘 다스려 그들의 삶을 편안하게 하는 것이 임금이 하는 바이니 민중이 모두 잘 따를 것입니다. 천제를 주관하는 사람은 나라에서 선택하는 것이고, 고을의 우두머리는 백성이 내세우는 바이라 모두가 7일 간씩 계속 돌아가면서 삼신(三神)[49]에게 나아가서 세 번 빌어 온전하게 됨을 다짐하면 아홉 환족을 다스릴 수 있으니 이것이 그 도(道)입니다.
아버지가 되려는 자는 아버지답게 잘 해야 하고, 임금이 되려는 자는 임금이 할 도리를 잘 해야하는 것이요, 스승이 되려는 자는 스승이 해야할 것을 능히 알아야 한다. 자식이 되려 하고, 신하가 되려하고, 제자가 되려면, 자식의 도리를 다하여야 할 것이요, 신하의 할 바를 다하여야 할 것이요, 제자의 도리를 다 해야 할 것이다. 때문에 신시(神市)를 여는 이치는 역시 하느님으로서 가르침을 베프는 것이다. 나를 알려면 혼자 깨달음을 얻어서 자신의 존재를 못 느끼는 상태에 있게한 후에 사물을 대하면 능히 인간 세상에 복을 내리게 될 것입니다.

리(俚)를 의미하는 것으로 해석한다.
48) 천제를 지낼때나 임금을 알현할 하는 상고시대 고유의 배례법으로 오른손이 위로 오게하여 엄지손가락을 십자로 꼬이게 잡고 허리를 굽혀 세 번 절하고 일어나서 한발 나아가 여섯 번 허리를 굽혀 절한다.
49) 삼신(三神)은 환인천제, 환웅천왕, 단군왕검을 말한다.

하느님을 대신하여 천하의 임금이 되고 왕도를 크게 널리 펼쳐서 백성들에게 유익케하여 한 사람이라도 그 성품을 잃음이 없게 하고 하늘의 임금으로 병을 없애고, 원한을 풀게 하여 한 가지 물건과 생명을 해하는 일이 없도록 해야 합니다."

그래서 삼칠의 날을 계산하여 모든 사람을 모아서 계(의례)를 지키게 하니 조정에는 천제를 주관하는 사람의 가르침이 있게 되고 고을의 우두머리의 가르침이 있게 되었다.

그래서 삼칠의 날을 계산하여 모든 사람을 모아서 계를 지키게 하니 조정에는 천제를 주관하는 사람의 가르침이 있게 되고 고을의 우두머리의 가르침이 있게 되었다. 현묘한 이치를 스스로 얻어 밝은 빛과 같이 서로 돕게 하니 이분이 거발환[50]이라 한다.(깨달은 현묘한 도를) 9개 환족(九桓)에게 베푸니 구환의 백성들이 모두 복종하고 교화되어 하나가 되었다.[51]

경자 2년(서기전 2181년)에 도읍을 백악(白岳)으로 옮기고 장당경(唐藏京)[52]이라 하였다. 풍속이 (9개 환족마다) 서로 같지 않고 지방 말이 서로 달랐다. 형태로 표시하는 올바른 글이 있으나

---

50) 1세 환웅의 별칭이다.
51) 등사본 『환단고기』에는 " -- 無一無害命하고 三七計日하야 -- 野有佺戒하다. 玄妙自得하고 --" 로 기재되어 있는데 1979년 『환단고기』에는 " -- 無一無害命 使國中之人 知改妄卽眞而三七計日 -- 野有佺戒 宇宙精氣 粹鐘日域 三光五精 凝結腦海 玄妙自得 --"로 23자가 삽입되어 있다.
52) 등사본 『환단고기』에는 "更子 二年 移都白岳하니 亦稱當藏京이다. 時에 俗常不一하고"로 기재되어 있는데 1979년 『환단고기』에는 "移都白岳 亦稱當藏京"이 삭제되어 있다.

고을의 열 집이 말이 다 통하지 않고 백리안의 나라의 글이 서로 이해하기 어려웠다. 이에 삼랑 을보륵에게 명하여 정음(正音) 38자를 짓게 하니 이것을 가림토(加臨土)[53]라 하였으며 그 문자는 다음과 같다.

ㆍㅣㅡㅏㅓㅗㅛㅑㅕㅠㅍㅋ
ㅇㄱㄴㅁㅿㅈㅊㅇㅇㅇㅎㅅ
ㅁㄹㅂㅐㅈㅜㅊㅅㄱㅍㅍ

가림토 문자

신축 3년(서기전 2180년) 신지 고결에게 명하여 『배달유기(配達留記)』[54]를 편찬하였다. 갑신 6년(서기전 2177년) 요양(遼陽)[55] 태수 색정(索靖)[56]에 명하여 약수(弱水)[57]에 옮겨 가게하고

---

53) 재야학계에서는 『훈민정음』의 원형으로 보고 있다.
54) 우리나라 최초의 역사서라고 할 수 있다. 『삼국사기』 「고구려본기」 영양왕 11년에 태학박사 이문진에게 고서(古書)를 정리하여 『신집(新集)』 5권을 편찬하였는데 건국초기에 만들어진 『유기(留記)』 100권을 보고 정리하여 『신집』을 만들었다고 한다. 그러나 『신집』과 『유기』가 현재 전해지지 않고 있다.
55) 중국 요녕성(遼寧省) 심양(瀋陽)의 남서쪽에 있는 지역으로 북으로는 영금관(寧錦關)과 닿아 있고, 서쪽으로는 남방의 상선(商船)들이 모두 모여드는 등래(登萊)와 통하였다. 또한 등사본 『환단고기』에는 "甲辰六年이라 命遼陽太守索靖 --"로 기재되어 있는데 1979년 『환단고기』에는 "甲辰六年 命列陽索靖 --"로 수정되어 있다.
56) 색정은 요양태수의 이름이다.
57) 중국 감숙성 주천시와 장액시 동쪽으로 흐르는 강. 또는 흑룡강(아무르강)으로도 추정한다.

종신형에 처하여 감옥에 가두었다. 뒤에 이를 사면하고 그 땅을 영주로 봉하였다. 이 사람이 흉노(匈奴)의 시조가 되었다.

병오 8년(서기전 2174년)에 강거가 반란을 일으키자 임금께서 지백특(支伯特)[58]에서 토벌하였다. 여름 4월에 임금께서 태백산(太白山)[59]에 올라가 보니 백성들 집에 밥 짓는 연기가 적게 일어나는 것을 바라 보시고 명하여 조세를 감면하게 하고 차등을 두게 하였다.

무신 10년(서기전 2173년)에 예읍(濊邑)에서 반란을 일어나자 여수기(余守己)에 명하여 그 추장 소시모리를 베게 하였다. 그로부터 이 땅을 일러 '소시모리'라 하다가 지금은 발음이 바뀌어 우수주(牛首州)라 하게 되었다.[60] 그 후손에 바다쪽으로 도망하여 스스로 천왕(天王)이라 불렀다. 계미 45년(서기전 2137년) 9월에 임금께서 돌아가시고 태자 오사구(烏斯丘)가 제위에 올랐다.

---

58) 지금의 티베트이다.
59) 등사본 『환단고기』에는 "帝 登太白山하사 望見 民家에 --"로 기재되어 있는데 1979년 『환단고기』에는 "帝登不咸山 望民家 --"로 수정되어 있다.
60) 등사본 『환단고기』에는 "戊申十年이라 濊邑이 -- 今牛首州也라 其子孫 逃於海上하야 僭稱天王하다"로 기재되어 있는데 1979년 『환단고기』에는 "戊申十年 豆只州濊邑 -- 今轉音爲牛首州國其子後孫有陝野奴者 逃於海上 據三島 僭稱天王"으로 추가 삽입 수정하였다.

■ 4세 단군 오사구 (재위 38년)

갑신 원년(서기전 2136년) 임금께서 아우 오사달(烏斯達)을 몽고리(蒙古里)의 우두머리(汗)로 봉하였다. 어떤 사람들이 말하기를 지금의 몽고족은 그의 후손이라고 하였다. 가을 10월에 북쪽을 돌아보고 돌아 오면서 태백산에서 삼신에게 제사지내고 불노초(不老草) 얻으니 이것이 곧 인삼(人蔘)이다. 또한 신선의 약(仙藥)이라고도 한다. 신선은 죽지 않는다 것이 스스로 옳다는 것이 인삼을 채집하는 것과 긴밀한 관련이 있으며 신비하고 이상한 영험이 많다고 하니 기이하고 괴상한 일이다.[61]

무자 5년(서기전 2131년)에 둥글고 구멍이난 조개화폐(貝錢)를 만들었다. 가을 8월에 (중국의) 하(夏)나라 사람이 와서 토산물을 바치었다.[62] 10월에는 조정과 백성들의 사건을 기록하고 돌에 새겨 백성들에게 알렸다.[63] 경인 7년(서기전 2130년)에 배를 만드는 곳을 살수(薩水)[64]의 상류에 설치하였다.

---

61) 등사본 『환단고기』에는 "-- 秋十月 -- 得不老草 -- 有關聯하야 神異顯靈 --"로 기재되어 있는데 1979년 『환단고기』에는 "-- 冬十月에 -- 得靈草하니-- 有關聯有採得家所傳 神異顯靈--"로 추가 삽입 수정하였다.
62) 등사본 『환단고기』에는 "秋八月에 夏人이 來獻方物하다"로 기재되어 있는데 1979년 『환단고기』에는 "秋八月 夏來獻方物 求神書而去"로 5자가 추가 삽입하였다.
63) 등사본 『환단고기』에는 "十月에 朝野之事를 書于石하야 以公于民하다"로 기재되어 있는데 1979년 『환단고기』에는 "十月 朝野記別 書于石 以公于民"로 수정하였다.
64) '살수'를 과거에는 일제 식민사관에따라 평안도 청천강으로 비정하였으나

임인 19년(서기전 2119년)에 하나라 왕 상(相)이 덕을 잃고 정치를 그르치므로 그 신하가 왕권을 찬탈하니 임금께서 식달(息達)에게 명하여 람·진·변(藍眞弁) 3부의 군병을 이끌고 가서 이를 정벌케 하였다. 천하가 이를 듣고 모두 복종하였다. 신유 38년(서기전 2100년) 6월에 임금께서 돌아가시고 양가(羊加)의 구을(丘乙)이 임금으로 즉위하였다.

■ 5세 단군 구을 (재위 16년)

임술 원년(서기전 2099년)에 태백산에서 천제하도록 명을 내리고 사신을 보내어 제사를 지냈다.[65] 계해 2년(서기전 2098년) 5월에 메뚜기(황충)떼가 크게 나타나서 논밭과 들판에 가득함으로 임금께서 친히 논밭에 나아가 돌아보시고 메뚜기떼를 없애고저 삼신께 고하여 빌었더니 며칠 사이에 다 없어졌다. 을축 4년(서기전 2096년)에 갑자년(甲子年)으로 처음 사용한 역서(易書)[66]를 만들었다.

지금은 중국 요동지역의 강중에 하나로 보고 있으며 학자마다 위치가 조금씩 다르게 비정하고 있습니다.
65) 등사본 『환단고기』에는 "壬戌 元年이라 命柴太白山하시고 遣使致祭하다"로 기재되어 있는데 1979년 『환단고기』에는 "壬戌元年 命築壇于太白山 遣使致祭"로 수정 삽입하였다.
66) 한 해의 일·주·월이 기록된 달력, 종교적 행사, 성인(聖人)의 날, 여러 가지 천문현상, 기상예보와 농부를 위한 계절적인 조언이 포함되어 있는 표나 책. 중국의 서량지라는 역사학자가 1943년에 저술한 역사책 『중국사전사화(中

기사 8년(서기전 2092년)에 인도사람이 표류하여 흘러와 동해에 도착하였다. (李沂註曰 東海는 지금의 黃海이다)정축 16년 (서기전 2084년)에 임금께서 친히 고려산에 행차하여 삼신의 단을 쌓고 무궁화꽃을 많이 심었다.[67]

7월에 임금께서 남쪽 지방에 순시를 하였는데 풍류강을 건너 송양에 이르러 병을 얻어 갑자기 돌아가시니 대박산에 장례를 지냈다. 우가(牛加)인 달문(達門)이 많은 이들에게서 뽑혀 대통을 이었다.

6세 단군 달문 (재위 36년)

무인 원년(서기전 2083년)이라.

임자 35년(서기전 2049년)에 모든 (지역의) 통치자들을 상춘[68]에 모이게 하여 구월산에서 삼신(三神) 제사를 지내고 신지(神誌) 발리(發理)로 하여금 서효사(誓效詞)[69]를 짓게 하였다. 그 가사(詞)에 이르기를,

---

國史前史話』에는 중국의 역서는 처음 동이족이 만들었다고 써있다. "中國曆法 始於東夷 --"
67) 등사본 『환단고기』에는 "親幸高麗山하야 封築三神壇하시고 多植槿花하다"로 기재되어 있는데 1979년 『환단고기』에는 "親幸藏唐京 封築三神壇 植桓花"로 수정 삽입하였다.
68) 지금의 만주지역의 장춘(長春)이다.
69) 서효사란 삼신께 맹세하고 복을 비는 글이란 뜻이다.

『아침빛 먼저 받는 땅에 삼신이 밝혀 세상에 임하니 환인께서 만물이 있기 전에 나타나 크고 넓고 깊게 덕을 배푸시었다.
신(神)들이 의논하여 환웅을 보내어 나라를 여는 것을 허락하였다. 왕검께서 대통을 이어 받자 9개 환족이 환호하였다.[70]
어수의 백성이 다시 일어나고 덕화가 풀에 바람불듯이 새로웠도다. 이로서 원한있는 이는 원통함을 풀고 병 있는 이는 병이 없어졌다. 모두 한 마음으로 사니 어짐(仁)과 효도가 온 사방에 가득하였다.
진한(眞韓)은 나라를 안정시키고 도(道)로서 다스리니 새롭게 되었다.
모한(慕韓)은 그 왼편에서 번한(番韓)은 그 남쪽에 두니 웅장하고 험한 바위가 네벽을 둘렀는 것과 같도다. 성스러운 단군께서 신경에 행차하시는 일이 저울의 추와 판과 같다.
저울판은 백아강이오, 저울대는 소밀랑이오, 추는 안덕향과 같다. (저울의) 머리와 꼬리가 균형이 잡히면 (임금의) 베품에 힘을 얻어서 신성스러운 정기응 지키고 나라를 부흥케하니 태평함이 유지되도다.
70국이 항복하여 조공을 받치고, 영원히 삼한(三韓)[71]의 정의를 보전하네 임금이 나라를 통치하는 것이 흥하고 망하기도 하니 함부로 말하지 말고 오직 성실하게 하느님을 섬기는데 있다.』
라고 하였다.

---

70) 등사본 『환단고기』에는 "-- 諸神議遣雄하사 承詔始開天이로다. 王儉受大命하야. --"로 기재되어있는데 1979년 『환단고기』에는 "-- 諸神議遣雄 承詔始開天 蚩尤起青邱 萬古振武聲 淮岱皆歸王天下莫能侵 王儉受大命 --"로 20자 삽입하였다.
71) 여기서 삼한은 진한(眞韓), 모한(慕韓), 번한(番韓)을 말한다.

이에 통치자들과 약속을 세워서 이르되,

"무릇 우리와 함께 이것을 약속한 사람은 환국의 다섯 가르침(五訓)과 신시의 다섯 일(五事)을 영구히 잘 지키는 것으로 한다. 하늘에 제사지내는 것을 사람의 근본을 삼고, 나라를 다스리는 근본은 먹는것이 첫 번째이다.
농업은 사람이사는 만 가지 일의 근본이고, 제사지내는 일은 다섯 가지 가르침의 근원이다. 임금이 말하기를, 나라 사람이 같이 참여하여 생산이 이루어지도록 (통치자들이) 다스려야 할 것이다"
라고 하였다.

먼저 종족을 중히 여기는 것을 가르치고, 다음에는 죄인을 용서하고 아울러서 사형과 남에게 피해를 주어 배상하는 일(責禍)를 없애고 (나라의) 경계를 잘 지키며 (이웃 나라와) 수교하여 좋게 지내며 동맹한다.[72]
서로 위하고 화합하는 마음으로 베풀고 겸양하고 몸을 낮추는 것으로 스스로 힘을 길렀다. 이와같이 어진 정치를 하니 맹약를 맹고 공물과 화폐를 바치는 큰 나라가 2개국이고, 작은 나라가 20개국이며 부락이 3360개이다.[73]

---

72) 등사본 『환단고기』에는 "-- 責禍保境하며 修好會盟하야 專以 --"로 기재되어 있는데 1979년 『환단고기』에는 "-- 責禍保境 和白爲公 專以 --"로 수정하였다.
73) 등사본 『환단고기』에는 "-- 墟落이 三千三百六十이러라."로 기재되어 있는

계축 36년(서기전 2048년)에 임금께서 돌아가시니 양가(羊加)의 한율(翰栗)이 즉위하였다.

▪ 7세 단군 한율 (재위 54년)

갑인 원년(서기전 2047년)이라.
정미 54년(서기전 1994년)에 임금께서 돌아가시고 우서한(于西翰)이 즉위하였다.

▪ 8세 단군 우서한 (재위 8년)

무신 원년(서기전 1993년)에 20분의 1로 하는 세법을 정하고 널리 쓰게 하였으며 있는 곳과 없는 곳을 가려 부족한 것을 보충토록 하였다. 기유 2년(서기전 1992년), 이 해에 크게 풍년이 들었는데 벼 한줄기에 8개의 이삭이 달렸다.
신해 4년(서기전 1990년)에 임금께서 미복으로 가만히 국경을 빠져나가 하(夏)나라의 정세를 살피고 돌아와서 크게 행정체계를 개정하였다. 갑인 7년(서기전 1987년)에 세발 가진 까마귀(三足烏)[74]가 동산에 날아 들어왔는데 그 날개의 넓이가 석자나

데 1979년 『환단고기』에는 "-- 墟落 三千六百六二十四"로 수정하였다.
74) 삼족오는 고대 동아시아 지역에서 태양 속에 산다고 여겨졌던 전설의 새이다. 해를 상징하는 원안에 그려지며 단군조선시대의 청동기기에도 등장하

되었다. 을묘 8년(서기전 1986년)에 임금이 돌아가시고, 태자 아술(阿述)이 즉위하였다.

9세 단군 아술 (재위 35년)

병진 원년(서기전 1985년) 임금께서 어진 덕이있어, 범죄를 못하게하는 법을 어긴자가 있어도 반드시 말하기를 "똥으로 더럽혀진 땅이라도 비와 이슬이 내리면 씻겨질 것이다." 그러니 논하지 말고 백성이 스스로 (법을 어기지 않도록) 실천하면 교화에 순응하여 훌륭한 행동을 할 것이다.[75]

청해를 지키는 우착(于捉)이 군병을 일으켜 궁궐을 침범하므로 임금께서 상춘으로 난을 피하여 신궁을 구월산 남쪽에 짓게 하였다. 우지(于支)와 우속(于粟)에게 명하여 이들을 토벌하여 죽였다. 그리고 3년 뒤에 환도하였다. 경인 35년(서기전 1951년) 임금께서 돌아가시고, 노을(魯乙) 즉위하였다.[76]

며 고구려 벽화에도 많이 등장한다.
75) 등사본 『환단고기』에는 "-- 置而不論이러니 民自被服하야 淳尨之化-大行하다. --"로 기재되어있는데 1979년 『환단고기』에는 "-- 置而不論 犯禁者及化其德 淳尨之化大行 --."로 수정하였다.
76) 등사본 『환단고기』에는 "丁巳二年이라 靑海守于捉이 -- 帝 崩하시니 魯乙이 立하다"로 기재되어 있는데 1979년 『환단고기』에는 "靑海褥薩 于捉 -- 帝崩 牛加魯乙立"로 추가 수정하였다.

▌ 10세 단군 노을 (재위 59년)

　신묘 원년(서기전 1950년)에 처음으로 큰 동물 우리를 만들어 가축 외의 짐승을 길렀다. 임진 2년(서기전 1949년) 임금께서 친히 야외에서 시험을 보아 인재를 뽑으니 어진 인재가 많이 찾아 왔다.[77] 을미 5년(서기전 1946년)에 궁문 밖에 신원목(伸寃木)[78]을 설치하여 민정을 직접 들으셨으니 나라 안팎에서 크게 기뻐하였다.

　병오 16년(서기전 1935년) 동문 밖의 10리 땅에 연꽃이 피었고 장백산에는 누워 있었던 돌이 저절로 일어섰다. 천하(天河)에서 신령스런 거북이가 그림을 등에 지고 나타났다. 발해의 바닷가 돌무더기에서 금덩어리가 나타났는데 그 수량이 돌 10개에 1개였다.[79] 을축 35년(B.C.1916)에 처음으로 천문대(監星)를 설치하였다. 기축 59년(서기전 1890년)에 임금께서 돌아가시고 태자 도해(道奚)가 즉위하였다.

---

77) 등사본 『환단고기』에는 "壬辰二年이라 親臨野外하여 考試人材하시니 賢士多歸하다"로 기재되어 있는데 1979년 『환단고기』에는 "壬辰二年 親臨墟落存問駕停野外 賢者多歸之"로 추가 삽입·수정하였다.
78) 조선시대 신문고(申聞鼓)와 같은 역할을 하는 것으로 생각되며 임금께서 고을을 시찰할 때 지정된 나무밑에 민원인이 서 있으면 임금이 그 사연을 직접 청취하는 것으로 판단된다.
79) 등사본에는 "-- 陸地生蓮하고 長白山에 臥石自起하고 -- 數量이 十有一石이러라"로 기재되어 있는데 1979년 『환단고기』에는 "-- 陸地生蓮 不咸白臥石自起 -- 數量十有三石"로 수정하였다.

■ 11세 단군 도해 (재위 57년)

경인 원년(서기전 1891년)에 임금께서 오가에 명하여 12개 명산중에서 가장 뛰어난 곳을 골라서 국선(國仙)을 위한 소도(蘇塗)[80]를 설치하게 하였다. 그리고 박달나무를 둘레로 심고 신성한 나무로 모셨다.[81]

국자감의 선생인 유위자가 계책을 올려 말하되 "생각컨데 우리 신시는 실로 환웅께서 나라를 여시고 백성들을 거두어 다스림에 계율을 세워서 신선의 도를 교화하셨습니다. 천경신고(天經神誥)[82]는 먼저 (임금께서) 말씀하신바 있고, 윗사람은 의관과 혁대와 검(劍)을 잘 갖추어 본을 보이도록 하고, 백성들이 죄를 짓는 일이 없도록 똑같이 잘 다스리니 이에 들과 산에는 도적이 없어지고 저절로 안심하게 되었습니다.

세상의 모든 사람들이 모두 병이 없어 스스로 오래 살았으며 욕심을 없으니 스스로 여유로워 집니다. 산에 올라가서 노래하

---

80) 국선(國仙)은 신선(神仙)의 도(道)를 닦고 수양하는 나라의 종교를 말하며, 신라시대에는 왕이 임명하는 화랑의 우두머리를 국선(國仙)이라 하였다. 국선도(國仙道)를 행하는 특별한 마을이 소도(蘇塗)이다.
81) 등사본 『환단고기』에는 "-- 設國仙蘇塗하고 多環植檀樹하야 爲神木이러니 國子師 --"로 기재되어 있는데 1979년 『환단고기』에는 "-- 設國仙蘇塗 多環植檀樹 擇最大樹封爲桓雄像而祭之名雄常 國子師 --" 15자가 추가 삽입·수정하였다.
82) 천경은 천부경(天符經)을 말하며 상수象數로 우주자연의 법칙을 해설한 경전이며, 신고는 삼일신고(三一神誥)를 말하는데 조물주의 집(天宮) 또는 몸(神身)으로서의 천부경을 해설한 경전이다.

고 달을 맞이하여 춤추는 것이 멀리 미치지 않는데가 없고, 곳곳에 일어나지 않음이 없습니다. 덕으로 교화가 만민에게 이루어져서 칭송하는 소리는 온 세상에 넘쳐 흘렀습니다. 우리도 이렇게 되기를 청원합니다"라고 하였다.

겨울, 10월에 명령을 내려 대시전을 세웠는데 극히 웅장하고 화려하였다. 천제 환웅의 상을 그려서 여기에 안치하였다. 머리 위에는 빛이 번쩍번쩍 빛나서 마치 큰 해와 같이 둥근 빛이 온 우주를 비추는 것 같고, 박달나무 아래 무궁화꽃[83] 위에 앉으셨으니 하느님 한분이 원의 중심에 천부인을 갖고 있는 것 같았다.

큰 원형인 한 개 그림을 궁전안에 세워 걸고 이를 거발환(居發桓)이라 이름하였다. 3일 간은 계율을 지키고 7일 간 강론을 펼치니 그 말씀의 사방의 백성에게 바람처럼 퍼졌다.

그 염표문[84]에서 말하기를,

"하늘은 심오하고 조용하며 크고 그 도(道)[85]는 넓고 둥글게 보이는 참된 진리 이다. 땅은 (여러 물질이) 모이고 저장됨이 크고 그 도(道)는 둥근 형상으로 되 어 있으며 (생명체들이) 부지런하게 움직이게 하는 것이다.

---

83) 등사본 『환단고기』에는 "-- 極壯麗하고 畵天帝桓雄遺像而安之 -- 槿花床上하시니 --"로 기재되어 있는데 1979년 『환단고기』에는 "-- 極壯麗 奉天帝桓雄遺像而安之 -- 桓花床之上 --"로 수정하였다.
84) 염표지문(念標之文)이란 잘 생각해서 표준으로 삼아야할 내용을 말한다.
85) 여기서 도(道)라함은 "그 존재의 의미와 그 존재가 해야할 목적"을 뜻한다.

사람은 지적 능력이 크며 그 도는 모나지 않게 둥글게 살도록 협력하는 것이다. 그래서 하느님이 내려 오시어 애정을 갖고 밝은 빛이 비추도록 이치로 세상을 다스려 인간들간에 이롭게 하였다."

이에 이 글을 돌에 새겼다.

정사 28년(서기전 1864년)에 장소를 마련하고 지방에서 생산하는 물건을 모으고 진기한 물건을 전시하니 천하의 백성들이 앞을 다투어 바치었음으로 진영된 물건이 산과 같이 쌓였다.

정묘 38년(서기전 1854년)에 백성들 중에서 장정들을 뽑아서 모두 병사(군인)로 삼았다. 그 가운데에서 뽑은 병사 20명을 하(夏)나라 서울에 보내어 비로소 나라 가르침을 전하여 나라의 위엄을 보였다.

을해 46년(서기전 1846년)에 송화강가에 관청을 설치하니 배로 운송되는 그릇과 물건들이 크게 세상에 쓰여지게 되었다. 3월에 삼신일체로 임금께서 맨 윗자리에서 산 남쪽에서 삼신일체(三神一體)[86]를 모시고 술을 올리고 음식을 갖추어 치사를 하며 제사를 지냈다. 그날 밤에는 특히 널리 술을 하사하여 술자리를 베풀고 대중들과 함께 둘러앉아 마시고 여러가지 공연을 보았다.

---

86) 삼신(환인, 환웅, 단군왕검)을 하나의 조상으로 보는 의미임. 등사본 『환단고기』에는 "三月애 祭三神一體上帝于山南하니 -- "로 기재되어 있는데 1979년 『환단고기』에는 "三月祭三神于山南--"로 一體上帝를 삭제하였다.

곧이어 누전에 올라가서 경전을 토론하고 삼일신고를 강론하니 오가(五加)의 신하들에게 말하되, "지금부터 살생하는 것을 금하고 방생하며 감옥 문을 열고, 떠도는 사람에게 밥을 주고 아울러 사형을 없애라"하니 나라 안밖이 이를 듣고 크게 기뻐하였다.

병술 57년(서기전 1835년)에 임금께서 돌아가시니 만백성들이 매우 애통하기를 부모상을 당한 것 같이 3년동안 슬퍼하며 온 나라 안이 음악과 노래 소리가 그쳤다. 우가(牛加)의 아한(阿漢)이 즉위하였다.

■ 12세 단군 아한 (재위 52년)

정해 원년(서기전 1834년)이라.

무자 2년(서기전 1833년) 여름 4월에 다리가 하나인 짐승[87]이 송화강의 북쪽 변방에 나타났다. 가을 8월에 임금님께서 나라 안을 두루 순시할 때 요하(遼河)의 변한(弁韓) 촌락에 이르러 순수비를 세우고[88] 역대의 임금님의 이름과 호를 새겨서 이를 전하게 하니 이것이 금석문의 시초이다. 뒤에 창해의 역사 예홍

---

87) 등사본 『환단고기』에는 "夏四月에 一足獸가 -- "로 기재되어 있는데 1979년 『환단고기』에는 "夏四月一角獸가 --"로 수정하였다.
88) 등사본 『환단고기』에는 "秋八月에 帝-巡國中하사 至遼河之弁韓村하야 立巡狩碑하시고 刻歷代--"로 기재되어 있는데 1979년 『환단고기』에는 "秋八月 帝巡國中 至遼河之左立巡狩管境碑 刻歷 代 --"로 弁韓村을 빼고 수정하였다.

성⁸⁹⁾이 이 곳을 지나면서 한 편의 시를 읊어 이르되,

"변한이라는 마을근처에 오래된 상석이 있는데
받침대는 깨어지고 주위의 철쭉만 붉어 있다.
글자는 보이지 않고 프른 이끼만 있으니
처음 세웠을 때는 흥하였으나 망하니 기울었다.
문헌에서 증거를 찾능 수 없으나
이것이 단씨(檀氏)의 자취가 아니겠는가."
라고 하였다.

을모 29년(B.C.1806)에 청아의 대부 한비신(韓丕信), 옥저의 대부 고사침(高士琛)와 맥성(貊城)의 대부 돌개(突蓋)를 진한(眞韓), 막한(莫韓), 번한(番韓)의 삼한(三韓) 우두머리(汗)로 임명하였다.⁹⁰⁾무인 52년(서기전 1783년)에 임금께서 돌아가시고 우가(牛加)인 흘달(屹達)이 즉위하였다.

---

89) 여홍성은 장량의 권유로 하남성 양무현 박랑사에서 진시황이 순시할 때 120근 철퇴로 공격하였으나 죽이지 못하고 마차만 박살낸 천하장사이다.
90) 등사본 『환단고기』에는 "菁我의 大夫 韓丕信 -- 眞莫番 三韓之職하다."로 기재되어 있는데 1979년 『환단고기』에는 "菁我褥薩韓丕信 --"로 관직명을 바꾸었으며 끝 부분의 "眞莫番 三韓 之職"을 삭제하였다.

13세 단군 흘달
(代音達 또는 代音이라고도 한다: 재위 61년)

기묘 원년(서기전 1782년)이라.

갑오 16년(서기전 1672년)에 주(州)와 현(縣)을 (구분하여) 정하고 (관리의) 직책을 나누어 수립하였다. 관리는 권력을 행사하지 않게 하고 정치는 법을 준수하도록 하였으니, 백성은 향리를 떠나는 일이 없이 스스로 안락하게 살았다.[91]

이 해 겨울에 은(殷)나라 사람이 하(夏)나라를 침범하니 하나라 걸(桀)왕이 구원을 청해 왔다. 임금께서 읍차(邑借)의 말량(末良)으로써 9개 환족의 군병을 이끌고, 가서 전쟁을 도와주도록 하였다. 은나라 탕(湯)왕이 사신을 보내어 사죄한지라 곧 명령을 내려 군병을 거두어 돌아오게 하였다.[92]

얼마 걸리지 않아서 탕왕이 여러번 침범하는 것을 멈추지 않아 신지 우량(于亮)을 파견하여 군대를 이끌고 낙랑과 힘을 합쳐서 진격하여 관중(關中)의 빈기(邠岐)[93]의 땅에 거주하여 있게 하고 관청을 설치하였다.

---

91) 등사본 『환단고기』에는 "-- 民無離鄕하야 自安所事하다."로 끝났는데 1979년 『환단고기』에는 "-- 民無離鄕 自安所事 絃歌溢域"로 4자가 추가되었다.
92) 등사본 『환단고기』에는 "-- 謝之罪하야 乃命引還軍이러니 未畿에 湯이 屢犯治어늘 命臣智于 良 --"로 기재되어있는데 1979년 『환단고기』에는 "-- 謝之罪 乃命引還 桀爲之 -- 桀密遣 臣 智于良 --"로 19자가 추가되었다.
93) 섬서성의 빈현(邠縣)과 기현(邠縣)

무술 20년(서기전 1763년)에 많은 소도를 세우고 천지화(天指花)를 심었다. 결혼하지 않은 자제들로 하여금 글읽기와 활쏘기를 익히도록 하여 국자랑(國子郎)이라 이름 하였다. 국자랑은 나들이 할 때에는 머리에 천지화를 꽂았다. 이로 인하여 이 때 사람들은 이들을 천지화랑(天指花郎)이라 불렀다.

무진 50년(서기전 1733년)에 (하늘에) 다섯개 별이 일렬로 늘어서는(五星聚樓)⁹⁴⁾ 것이 생겼고, 누런 학(黃鶴)이 궁성안의 소나무에서 깃들어 놀았다. 기묘 61년(서기전 1722년)에 임금께서 돌아가시니 만 백성들이 밥을 먹지 않고 통곡하기를 그치지 않았으며, 곧 영을 내려 포로를 석방하고 살생을 금하였다. 그 해를 지나서 장사지냈다. 고불(古弗)이 즉위하였다.

■ 14세 단군 고불 (재위 60년)

경진 원년(서기전 1723년)이라.

을유 6년(서기전 1716년), 이 해에 큰 가뭄이 들었다. 임금께서 친히 하느님께 기도하여 비 내리기를 빌었는데 큰 비가 쏟아지기를 수천리에 이르렀다.⁹⁵⁾신유 42년(서기전 1680년) 9월에

---

94) 목성(木星), 화성(火星), 토성(土星), 금성(金星), 수성(水星) 등 다섯 별이 한 자리에 모인 오행성 결집 현상을 말하며 「단군세기」의 '오성취루' 기록에 대하여 한국천문연구원 박석재 원장이 그의 연구 논문에서 천문 소프트웨어를 이용하여 천문학적으로 완벽하게 증명하였다.
95) 등사본 『환단고기』에는 "-- 天祈雨하니 大雨가 立降數千里하다"로 기재되어

고목에서 새싹이 나오고, 다섯 가지 빛깔의 큰 닭이 성(城) 동쪽 자촌의 집에서 태어났다. 보는 사람들이 잘못 인식하고 봉황새라고 하였다.

을해 56년(서기전 1666년)에 관리를 사방에 보내어 호구를 조사하였다. 기묘 60년(서기전 1662년) 임금께서 돌아가시고 대음(大音)이 즉위하였다.

■ 15세 단군 대음 (後屹達이라고도 한다: 재위 51년)

경진 원년(서기전 1661년)에 은나라 왕이 사신을 보내 화친을 구했다.[96]

이 해에 팔십분의 일로 하는 세제를 정하였다. 신사 2년(서기전 1660년)에 크게 홍수가 넘쳐 민가에 많은 해를 끼쳤다. 임금께서 이를 심히 가련하고 불쌍하게 여겨 구제하고 백성을 옮겨 창해의 물가로 옮겨 놓고 미곡을 골고루 나누어 나누어 주었다.[97] 기축 10년(서기전 1652년)에 임금께서 북쪽 약수에 나들

있는데 1979년 『환단고기』에는 "-- 天祈雨 誓告于天日 -- 濟化以時言訖 大雨立降數千里"로 48자를 추가하였다.
[96] 등사본 『환단고기』에는 "-- 殷王이 遣使求和하다"로 기재되어있는데 1979년 『환단고기』에는 "-- 殷主小甲 遣使求和"로 王을 主로 바꾸고 2자를 추가하였다.
[97] 등사본 『환단고기』에는 "-- 民家多被害하니 帝-甚潾恤하사 移其民於滄海之濱하고 均給米穀하다"로 기재되어있는데 1979년 『환단고기』에는 "-- 民家多被害 帝甚潾恤 移其粟於 滄海蛇水之地 --均給于民冬 -- 方物"로 民을 粟로

이 하시어 우율에게 명하여 금을 채취하게 하였다.[98]

정미 28년(서기전 1634년) 임금께서 장백산[99]에 올라 가서 비석을 세우고 역대 단군과 제후들의 공적을 새겼다. 기미 40년(서기전1622년)에 임금의 아우 대심(大心)을 달달(韃怛)의 우두머리(汗)로 봉하였다.[100] 경오 51년(서기전 1661년)에 임금께서 돌아가시고 위나(尉那)가 즉위하였다.[101]

■ 16세 단군 위나 (재위 58년)

신미 원년(서기전 1610년)이라.

무술 28년(서기전 1853년)에 9개 환족의 부족장을 영고탑에 모이게 하여 삼신에게 제사 지냈는데, 환인과 환웅 및 단군왕검[102]

바꾸고 23자를 추가하였다.
98) 등사본에는 "帝-北幸至弱水하야 命禹栗하야 採掘金鑛하다"로 되는데 1979년『환단고기』에는 "帝西幸至弱水 命臣智禹栗 採金鐵及靑油 -- 鹽水近地"로 글자변경과 22자를 추가하였다.
99) 등사본『환단고기』에는 "長白山"로 기재되어있는데 1979년『환단고기』에는 "太白山"으로 바꾸었다.
100) 등사본『환단고기』에는 "-- 封皇第大心하야 爲韃怛汗하다"로 기재되어 있는데 1979년『환단고기』에는 "-- 封皇第大心 南鮮卑大人"로 바꾸었다.
101) 등사본『환단고기』에는 "帝가 崩하시니 尉那가 立하다"로 기재되어 있는데 1979년『환단고기』에는 "帝崩牛加 尉那立"으로 牛加를 삽입하였다.
102) 등사본『환단고기』에는 "-- 配桓因桓雄과 及檀君王儉 -- 五日大宴하야 興五加衆 --"로 기재되어 있는데 1979년『환단고기』에는 "-- 配桓因桓雄蚩尤 及檀君王儉 -- 五日大宴하야 興衆 --"으로 蚩尤를 삽입하고 五加를 삭제하였다.

을 모셨으며 닷새 동안 오가(五加)의 무리와 함께 큰 잔치를 벌렸는데 밝은 등불이 밤을 밝혔고, 경을 읽는것을 들으며 뜰을 거닐었다.한쪽은 횃불을 나란이 하고 한쪽은 둥글게 모여서 춤을 추며 애환(愛桓)의 노래를 함께 불렀다. 애환은 옛날 하느님에게 바치는 노래(古神歌)이다.[103]

무진 58년(서기전 1553년) 임금께서 돌아가시고 여을(余乙)이 즉위하였다.[104]

▎ 17세 단군 여을 (재위 68년)

기사 원년(B.C.1552)이라.

경신 52년(서기전 1501년)에 임금께서 오가(五加)의 장관(主)들과 나라 안을 돌면서 살피때 개사성(蓋斯城)의 경계에 이르니 푸른 도포를 입은 노인이 하례를 올리며 말하되

"선인의 나라에 오래 살면서, 선인의 백성이 기꺼이 되었습니다. 임금의 덕이 허물어진 일이 없고, 임금의 정치는 편중됨이 없습니다. 잘못을 질책할 때는 믿고 법대로 공평하게 하였습니

---

103) 등사본 『환단고기』에는 "-- 卽古神歌之類야러라"로 기재되어 있는데 1979년 『환단고기』에는 "-- 卽古神歌之類 仙人 -- 天神樂太平"로 등사본에 없는 古神歌 47자를 추가하였다.
104) 등사본 『환단고기』에는 "帝가 崩하시니 余乙이 立하다"로 기재되어 있는데 1979년 『환단고기』에는 "帝崩太子余乙立"으로 太子를 삽입하였다.

다. 백성은 이웃과 분쟁으로 고통받는 것을 보지 못하였습니다. 성과 나라가 갈라지는 전쟁을 볼 수가 없었습니다"

임금께서 말하되, "말씀 감사합니다. 감사합니다. 짐이 덕을 닦음이 부족하여 백성의 바라는 바대로 보답하지 못함을 두려워하였습니다" 하였다. 병자 68년(서기전 1485년)에 임금께서 돌아가시고 동엄(冬奄)이 즉위하였다.[105]

18세 단군 동엄 (재위 49년)

정축 원년(서기전 1484년)이라.

병신 20년(서기전 1465년)에 서장인(西藏人: 지벳트)의 사람이 와서 특산물을 바쳤다. 을축 40년(서기전 1425)에 임금께서 돌아가시고 구모소(緱牟蘇)가 즉위하였다.[106]

19세 단군 구모소 (재위 55년)

병인 원년(서기전 1435년)이라.

---

105) 등사본 『환단고기』에는 "帝가 崩하시니 冬奄이 立하다"로 기재되어 있는데 1979년 『환단고기』에는 "帝崩太子冬奄立"으로 太子를 삽입하였다.
106) 등사본에는 "乙丑 四十年이라 帝가 崩하시니 冬奄이 立하다"로 기재되어 있는데 1979년 『환단고기』에는 "乙丑 四十九年 帝崩太子冬奄立"으로 40년을 49년으로 고치고 太子를 삽입하였다.

기축 24년(서기전 1412년)에 남상(南裳: 지금의 베트남 운남성)의 사람이 조정에 들어 왔다. 기미 54년(서기전 1382년)에 지리숙(支離叔)이 주천력(周天曆)과 팔괘 상중론(八卦 相重論)을 만들었다.
　경신 55년(서기전 1381년)에 임금께서 돌아가시고 우가(牛加) 고흘(固忽)이 즉위하였다.

■ 20세 단군 고흘 (재위 43년)

　신유 원년(서기전 1380년)이라.
　신미 11년(서기전 1370년) 가을에 하얀 태양이 무지개를 관통하였다. 병신 36년(서기전 1345년) 영고탑을 수축하고 별궁을 지었다.
　경자 40년(서기전 1341년) 토을홀(土乙忽)이 9개 환족의 지도를 만들어 바치니 조선(朝鮮), 일본(馹本), 중화(仲華), 남상(南裳), 서장도(西藏道), 고사(古斯) 응유(應遊), 나선(羅禪), 대식(大食)의 땅이었다. 이를 보니 이름들이 손바닥안에 있는 것 같다.[107] 계묘 43년(서기전 1338년)에 임금께서 돌아가시고 소태

---

107) 등사본『환단고기』에는 "-- 九桓地圖하니 朝鮮馹本仲華南裳西藏道古斯應遊羅禪大食之地의 - 示諸掌中也러라"로 기재되어 있는데 1979년『환단고기』에는 "-- 九桓地圖"로 끝나고 "朝鮮馹本仲華南裳西藏道古斯應遊羅禪大食之地의 - 示諸掌中也"가 누락되어 있다.

(蘇台)가 즉위하였다.[108]

■ 21세 단군 소태 (재위 52년)

갑진 원년(서기전 1337년)[109]이라.

을미 52년(서기전 1286년) 임금께서 나라 안을 순시하여 개사성(蓋斯城)에 이르러 부모와 노인을 모아서 하느님께 제사지내고 노래와 춤으로 즐기도록 하였다.[110]

그리고 곧 오가(五加)의 우두머리를 불러 모으고 이들과 의논하여 말하는데 "스스로는 늙고 정사에 힘 쓰기가 어렵게 되었다"라 하고 하며 개사성의 성주 서유여(西于余)[111]에게 맡기었다.

그리고 패수(浿水) 백리 땅을 둘러본 후에 이를 그에게 하사하고, 명하여 (서유여를) 섭주(攝主)로 삼고 기수(奇首)라 불렀다. 후에 (기수를) 기자(其子)라고 바꾸어 불렀는데 이것은 잘못된

---

108) 등사본 『환단고기』에는 "-- 帝가 崩하시니 蘇台-立하다"로 기재되어 있는데 1979년 『환단고기』에는 "-- 四海未寧帝崩 太子蘇台立"로 6자를 추가하였다.
109) 등사본 『환단고기』에는 "甲辰元年이라 乙未 五十二년이라 帝- --"로 기재되어 있는데 1979년 『환단고기』에는 "甲辰元年 殷王主小乙 --許號爲豆莫婁乙未 五十二 --"로 42자를 추가하였다.
110) 등사본 『환단고기』에는 "乙未五十二年이라 帝-巡狩國中 --"로 기재되어있는데 1979년 『환단고기』에는 "乙未五十二年 右賢王高登 -- 爲 右賢王 帝巡狩國中 --"로 16자를 추가하였다.
111) 등사본 『환단고기』에는 "-- 委政於蓋斯城主西于余하시고 --"로 기재되어 있는데 1979년 『환단고기』에는 "-- 委政於西于余 --"로 蓋斯城主를 삭제하였다.

것이다.[112] (李沂註曰 蓋斯는 지금의 蓋牟城이다)

임금께서 스스로 옳다고 생각하여 9월에 세상에 있기를 사절하고, 주로 (사바세계가 아닌) 진계(眞界: 신선이 사는 세계)에서 은거하니 후대 사람이 산속의 성인(聖人)이라 하며 혹은 산신(山神)이라 하였다. 양가(羊加)의 색불루(索弗婁)가 이를 듣고 (임금께서 진계에 있는 일을) 그치기를 권하였으나 임금께서 끝내 듣지 않으셨다.

이에 좌우의 오가(五加) 무리를 인솔하고 부여 신궁에 즉위하였다. 임금께서 사람을 보내어 옥책(玉冊)을 전해 주었다.[113] 이 해에 백이와 숙제도 또한 고죽군의 아들로써 나라를 버리고 도망하여 북해(北海)[114]에 가서 밭을 갈고 농사에 힘쓰며 자급하여 살았다. (李沂註曰 북해는 지금의 渤海北이다)

■ 22세 단군 색불루 (재위 48년)

병신 원년(서기전 1285년)에 임금께서 명하여 자신의 장수와

---

112) 등사본에는 "-- 命爲攝主하고 號爲奇首러니 後轉爲箕子 則誤也라"로 기재되어있는데 1979년 『환단고기』에는 "-- -- 命爲攝主 號爲奇首 右賢王 -- 獵戶數千 --"로 28자를 추가하였다.
113) 1979년 『환단고기』에는 등사본 『환단고기』에 없는 "獵戶, 國寶, 廢西于余爲庶人" 등의 내용을 추가하였으며 등사본에 있는 "浿水를 薩水"로 바꾸었다.
114) 등사본에는 "- 北海 -"로 기재되어 있는데 1979년 『환단고기』에는 "- 東海 -"로 바꾸었다.

9개 환족의 군사를 이끌고 여러번 싸워서 은나라 도읍지(서울)를 쳐부수고 곧 화친을 맺었으나 또 다시 크게 싸워서 이를 격파하였다.[115] 황하 위쪽에서 승전의 하례를 받고 변한의 백성들을 회대의 땅에 옮기고 이들로 하여금 목축과 농사를 하게 하여 나라의 위엄이 크게 떨쳤다.

신축 6년(서기전 1280년)에 대신 육석(陸石)이 임금께 아뢰어 말하기를, "부여는 천년간 임금께서 다스릴 땅이었으나 이미 대운을 다했습니다. 영고탑은 왕의 기운이 농후하니 청하옵건데 성을 쌓고 천도하기를 바랍니다." 이에 임금께서 허락하였다.[116]

을묘 20년(B.C. 1266)에 이때에 감국(藍國)은 매우 강해졌다. 고죽의 군주와 함께 여러 도적들을 쫓아내고 남쪽으로 옮겨서 엄독홀(奄瀆忽)에 이르러 거처하니 그 곳은 은나라 경계와 가까웠다. 파여달(巴黎達)로 하여금 군병을 나누어 주어 나아가서 빈기(邠岐)에 주둔하게 하였다. 그리고 그의 유민과 서로 단결하여 나라를 세워 여(黎)라 칭하니 서융(西戎)과 은나라의 제후 사이

---

115) 등사본에는 "丙申元年이라 帝-自將九桓之師 --"로 기재되어있는데 1979년 『환단고기』에는 "丙申元年 帝命修築鹿山 -- 親率九桓之師 ---"로 27자를 추가하였다.

116) 등사본 『환단고기』에는 "辛丑六年이라 大臣陸石 - 奏曰 夫餘는 千年帝業之地라 -- 請築城移地 라한데 帝許之하라"로 기재되어 있는데 1979년 『환단고기』에는 "辛丑六年 臣智陸石奏曰 阿斯達 千年帝業之地라 -- 백악산청축성移地 帝不許 曰新都己宅更何他往"로 大臣과 夫餘를 臣智와 阿斯達로 바꾸고 또한 임금께서 許可하는 것을 不許로 바꾸면서 그 이유로 9자를 추가하였다.

에 있게 되었다. 감국의 위세가 매우 성하였으므로 임금의 교화가 멀리 항산(恒山)까지 미쳤다.

신미 36년(서기전 1250년)에 변(邊)나라 장수 신독(申督)이 병력을 믿고 반란을 일으키므로 임금께서 영고탑으로 피난하였다. 이에 많은 백성들이 이에 따랐다. 계미 48년(서기전 1238년)에 임금께서 돌아가시고 아홀(阿忽)이 즉위하였다.

■ 23세 단군 아홀 (재위 76년)

갑신 원년(서기전 1239년)에 임금의 숙부 고불가(古佛加)에 명하여 낙랑홀(樂浪忽)을 다스리도록 하고, 웅갈손(雄乫孫)을 보내어 남국의 제후와 함께 남쪽으로 정벌하는 군대를 살피도록 하였다.

은나라 땅에 6개 읍(邑)을 두는데 은나라 사람이 서로 다투어 결정을 못하기 때문에 군대를 몰고 들어가 쳐부수었다. 가을 7월에 신독을 죽이고 서울로 돌아와서 죄인과 포로를 석방하라고 명하였다.

을유 2년(서기전 1236년)에 남국의 제후 검달(儉達)이 청구의 제후와 구려의 제후와 함께 주두(周頭)에서 만나 맹약을 맺고 몽고리(蒙古里)의 병력과 합세하여 이르는 곳마다 은나라의 성과 울타리를 부수고 깊숙히 들어가 회대(淮代)[117]의 땅을 평정하였다. 포백씨(蒲百氏)를 엄(淹)에, 영고씨(盈古氏)를 서(徐)에 나누어 통치하게 하니[118] 은나라 사람들은 우러러보고 가까이 접근하지 않았다. (李沂註曰 임(淹)은 지금의 靑州이고 서(徐)는 지금의 회북(淮北)이다)

무자 5년(서기전 1233년) 2개 한(韓)의 제후와 군신들을 불러서 의논하여 영고탑으로 도읍지를 이전하였다. 기해 76년(서기전 1222년)에 임금께서 돌아가시고 태자 연나(延那)가 즉위하였다.

■ 24세 단군 연나 (재위 11년)

경자 원년(서기전 1221년)에 임금의 숙부인 고불가(固弗加)를 섭정으로 위촉하였다. 신축 2년(서기전 1220)에 나라안에 소도를 증설하고 제후들이 조칙을 받들어 하느님께 제사를 지냈다. 나라에 큰 일이나 이상한 재난이 있을 때에는 여기에서 기도하여 백성들의 뜻을 하나로 모았다.

경술 11년(B.C. 1211)에 임금께서 돌아가시니 태자 솔나(率那)가 즉위하였다.

---

117) 중국 강소성의 회수(淮水)와 산동성의 태산(泰山) 사이의 지역.
118) 1979년 『환단고기』에는 등사본 『환단고기』에 없는 "邦古氏於淮 --惶悷"을 추가하였다.

■ 25세 단군 솔나 (재위 88년)

신해 원년(서기전 1210년)이라.

기묘 29년에 기자가 주나라를 피해서 예(禮)를 갖추어 들어와 록하(淥河)[119] 위쪽에 있으면서 수유(須臾)의 땅을 택하여 거주하였다. 임금께서 소식을 듣고 심히 안스러워서 식읍 오십리를 하사하고 명하여 재후의 반열에 있게하니 그 곳을 수유(須臾)라 하였다. 후에 이곳이 분활되어 한(韓), 기(奇), 선(鮮)족이 되었다.[120] (李沂註曰 수유(須臾)는 지금의 광영(廣寧)이다)

정유 47년(서기전 1164년)에 임금께서 소도에 계시면서 옛날 예의를 강의하시면서 아첨하는 신하와 곧은 신하의 분별을 물으심으로 홍은성(洪雲性)이 나가아서 아뢰되, "이치를 지키며 굽히지 않는 이를 곧은 신하라 하고 위험을 두려워 하여 굽히고 따라 가는 신하는 아첨하는 신하입니다. 임금은 근원이 되고 신하는 흐름이니 근원이 이미 흐렸는데 맑아짐을 구하는 것은 불가합니다. 임금께서 성군되어야 신하가 맑아지는 것입니다" 하니 임금께서 "옳은 말이다" 하였다.

기유 59년(서기전 1152년)에 논밭 곡식이 풍성하여 한줄기에

---

119) 록하(淥河)의 록(淥)은 중국 제남(濟南)에 있는 강 이름이다.
120) 등사본 『환단고기』에는 "己卯二十九年이라 殷人箕子 - 避周冠以來하야 至 淥河上하야 -- 韓, 奇, 鮮族하다"로 箕子와 韓, 奇, 鮮족의 유래가 기재되어 있는데 1979년 『환단고기』에는 "丁亥三十七年 箕子徒居西華謝絶人事"로 연호가 다르고 내용이 축소되었다.

다섯 이삭이 달리는 좁쌀이 있었다. 무인 88년(서기전 1063년)에 임금께서 돌아가시고 추노(鄒魯)가 즉위하였다.

26세 단군 추노 (재위 65년)

기묘 원년(서기전 1062년)이라.
계미 65년(서기전 998년) 임금께서 돌아가시고 두밀(豆密)이 즉위하였다.

27세 단군 두밀 (재위 26년)

갑신 원년이라.
신묘 8년에 큰 가뭄과 폭우가 내려서 백성들의 곡식 수확이 없었다. 임금께서 명하여 창고의 곡식을 나누어 주었다.[121]
기유 26년(서기전 972년)에 임금께서 돌아가시고 해모(奚牟)가 즉위하였다.

---

121) 1979년 『환단고기』에는 등사본 『환단고기』에 없는 "秋七月 白岳山溪谷 白鹿二百 作隊而來 遊"을 추가하였다.

28세 단군 해모 (재위 28년)

경술 원년(서기전 971년)에 임금께서 병이 나자 백의를 보내어 하느님께 기도하게하니 곧 나았다. 경신 11년(서기전 961년) 여름에 회오리 바람이 크게 일고 폭우가 쏟아져 뭍위에 고기떼가 어지럽게 떨어졌다.[122]

정묘 18년(서기전 954년)에 가락의 여러 제후가 조공을 바치었다.[123] 정축 28년(서기전 944년)에 임금께서 돌아가시고 마휴(磨休)가 즉위하였다.

29세 단군 마휴 (재위 34년)

무인 원년(서기전 942년)에 주나라 사람이 들어와서 공물을 바치었다. 을유 8년(서기전 936년) 여름에 지진이 일어났다. 병술 9년(서기전 935년)에 남쪽 바다의 조수가 석자(三尺)나 물러났다. 신해 34년(서기전 910년)에 임금께서 돌아가시고 태자 내휴(奈休)가 즉위하였다.

---

122) 1979년 『환단고기』에는 등사본 『환단고기』에 없는 "天海水 -- 獻方物" 28자를 추가하였다.
123) 등사본 『환단고기』에는 "-- 加洛諸汗이 入貢하다"로 기재되어있는데 1979년 『환단고기』에는 "-- 氷海諸汗遣使入貢"로 바꾸었다.

■ 30세 단군 내휴 (재위 35년)

임자 원년(서기전 909년)에 임금께서 남쪽을 순시하면서 청구의 정치를 살펴보고 북쪽 아사달을 거쳐서 다시 서쪽으로 가서 엄독홀(奄瀆忽)에서 여러 제후들과 회합하고 하느님께 제사지내고 주나라 사람과 수교하였다.[124]

병진 5년(서기전 905년) 북쪽 흉노의 사신이 들어와 공물을 바쳤다. 신유 십년에 동쪽 흉노가 교류를 청하여 허가하였다.[125] 병술 35년(서기전 875년)에 임금께서 돌아가시고 등올(登屼)이 즉위하였다.

■ 31세 단군 등올 (재위 25년)

정해 원년(서기전 874년)이라.

임임 16년(서기전 859년)에 기린이 와서 상원에서 놀았다.[126] 신해 25년(서기전 850년)에 임금께서 돌아가시고 추밀(鄒密)이 즉위하였다.

---

124) 1979년 『환단고기』에는 등사본 『환단고기』에 없는 "-- 刻石蚩尤天王功德 西之 --"로 치우천왕 내용을 추가하였다.
125) 1979년 『환단고기』에는 신유년의 동쪽 흉노와의 교류 내용이 삭제되어있다.
126) 1979년 『환단고기』에는 등사본 『환단고기』에 없는 "-- 鳳鳴白岳 麒麟 --"로 鳳鳴白岳을 추가하였다.

32세 단군 추밀 (재위 30년)

임자 원년(서기전 849년)이라.

갑인 3년(B.C.847)에 선비산(鮮卑山)의 부족장 문고(們古)가 들어와서 조공을 바쳤다. 계해 12년(서기전 836년)에 초(楚)나라 대부 이문기가 조정에 와서 알현하였다. 갑자 13년(서기전 837년) 3월에 일식(日蝕)이 있었다. 병인 15년(서기전 835년)에 농작이 크게 흉년이 들었다.

신사 30년(서기전 820년)에 임금께서 돌아가시고 가물(甘勿)이 즉위하였다.

33세 단군 가물 (재위 24년)

임오 원년(서기전 819년)이라.

계미 2년(서기전 818년)에 주나라 사람이 와서 범과 코끼리의 가죽을 바치었다. 무자 7년(서기전 813년)에 영고탑의 서문 밖에 있는 감물산 아래에 삼성사를 세우고 친히 제사지내니 그 서고문이 있어 이르되,

"三聖之尊 興神齊功
삼성을 존경하는 것은 삼신의 공덕과 같아서이고

三神之德 因聖益大
삼신의 은덕은 삼성에 의하여 더욱 더 크게 된다.
虛粗同體 個全一如
크고 공허한 것이 한몸이고 개체와 전체는 하나이니
智生雙修 形魂俱衍
지혜와 삶을 함께 닦으면 육체와 영혼이 함께 정진한다.
眞敎乃立 信久自明
참 가르침에 깨달으면 그 믿음이 오래가는 것이 자명하다.
乘勢以尊 回光反躬
기세를 승화시켜 높이고 자신을 돌아보아 빛나게 하면
巍彼白岳 萬古一蒼
백악처럼 우뚝 서고 수만년동안 푸르게 된다.
列聖繼作 文興禮樂
성현이 계속 나오며 학문과 예악이 일어나고
規模斯大 道術淵宏
그 규모가 이같이 컸으며 도술은 깊고 넓어서
執一含三 會三歸一
하나를 잡으면 셋이 되고 셋을 모으면 하나로 돌아간다.
大演天戒 永世爲法
하느님 가르침을 크게 넓혀서 영세토록 법으로 삼는다."
라고 하였다.

을사 24년(서기전 796년)에 임금께서 돌아가시고 오루문(奧婁門)이 즉위하였다.

■ 34세 단군 오루문 (재위 23년)

병오 원년(서기전 795년)에 풍년이 들어 다섯 가지 곡식이 풍성하게 익었다. 백성들이 편안함을 기뻐하여 도리가의 노래를 지어 불렀으니 그 노래는 다음과 같다.

"한울에는 아침해가 있어 밝은 빛을 비추고,
나라에 성인이 계셔 덕으로 가르침 널리 퍼져
큰 고을의 나라 성인이 있는 우리 배달 조선
많고 많은 사람들이 학정을 보지 못하였네
즐겁고 밝게 노래하니 영원한 태평성세일세."

을묘 10년(서기전 776년)에 두 개의 해가 나타났고 이어 누런 안개가 사방을 덮었다. 무진 23년(서기전 773년)에 임금께서 돌아가시고 사벌(沙伐)이 즉위하였다.

■ 35세 단군 사벌 (재위 68년)

기사 원년(서기전 772년)이라.
갑술 6년(서기전 767년) 이 해에 누런 메뚜기떼와 큰 홍수가 있었다. 임오 14년(서기전 759년)에 호랑이가 궁전 안에 들어왔다. 임진 24년(서기전 749년)에 큰 홍수가 나서 산은 무너져 허물어지며 골짜기를 메웠다.

갑술 66년(B.C. 707)에 임금님께서 조을(祖乙)을 보내어 똑바로 연(燕)나라 수도를 돌파하고 제(齊)나라 군사와 임치 남쪽 근처에서 싸웠다.[127] 병자 68년(B.C. 705)에 임금께서 돌아가시고 매륵(買勒)이 즉위하였다.

■ 36세 단군 매륵 (재위 58년)

정축 원년(서기전 704년)이라.

갑진 28년(서기전 677년)에 지진이 나서 해일이 있었다.[128] 신해 35년(서기전 670년) 용마가 천하에 나타났는데 등에 별자리 무늬가 있었다. 갑인 38년(서기전 667년)에 협야(陜野) 제후 배반명(裵幋命)을 해상으로 나아가 12월에 삼도(三島)를 다 평정하였다.

무진 52년(B.C. 653)에 임님께서 군병을 보내어 수유의 병사들과 연나라를 치게 하였다. 연나라 사람이 급하게 제나라에 알리니 제나라 사람이 대거 고죽성으로 쳐들어오기에 전세가 불리하여 화친하기로 하고 퇴각하였다.[129] 갑술 58년(B.C. 647)에

---

127) 등사본에 있는 "丙子 八年이라 四月에 日蝕하다"가 1979년 『환단고기』에는 없고 등사본에 없는 "戊午五十年 帝遣將 -- 平海上熊襲"이 1979년 『환단고기』에는 이 내용이 추가되어 있다.
128) 등사본 『환단고기』에 없는 "戊申三十二年 帝 西村 -- 八足犧"이 1979년 『환단고기』에는 이내용이 추가되어 있다.
129) 등사본 『환단고기』에는 " -- 大擧入孤竹城하야 戰不利하니 乞和하고 仍去

임금께서 돌아가시고 마물(麻勿)이 즉위하였다.

■ 37세 단군 마물 (재위 56년)

을해 원년(서기전 646년)이라.
경오 56년(서기전 591년)에 임금께서 남쪽 지방을 순시하다 기수(淇水)에 이르러서 돌아가시니 다물(多勿)이 즉위하였다. (李沂註曰 기수(淇水)는 箕水이며 도는 蓋水이다)

■ 38세 단군 다물 (재위 45년)

신미 원년(서기전 590년)이라.
을묘 45년(서기전 546년)에 임금께서 돌아가시고 두홀(豆忽)이 즉위하다.

■ 39세 단군 두홀 (재위 36년)

병진 원년(서기전 545년)이라.
신묘 36년(서기전 510년)에 임금께서 돌아가시고 달음(達音)

하다"로 기재되어있는데 1979년 『환단고기』에는 "--大擧入孤竹 遇我伏兵 戰不利하니 乞和而去"로 추가하였다.

이 즉위하였다.

▌40세 단군 달음 (재위 18년)

임진 원년(서기전 509년)이라.
기유 18년(서기전 492년)에 임금께서 돌아가시고 음차(音次)가 즉위하였다.

▌41세 단군 음차 (재위 20년)

경술 원년(서기전 491년)이라.
기사 20년(서기전 472년)에 임금께서 돌아가시고 을우지(乙于支)가 즉위하였다.

▌42세 단군 을우지 (재위 10년)

경오 원년(서기전 471년)이라.
기묘 10년(서기전 462년)에 임금께서 돌아가시고 물리(勿理)가 즉위하다.

■ 43세 단군 물리 (재위 18년)

경진 원년(서기전 461년)이라.
갑진 25년 임금께서 돌아가시고 구물(丘勿)이 즉위하였다.[130]

■ 44세 단군 구물 (蓋莫漱라고도 한다: 재위 40년)

을사 원년[131]이라.
 을묘 11년에 녹산(鹿山)을 쌓는 것을 명하였다. 이곳이 평양이요 다른 이름으로 백악이라 하며 국호를 대부여(大夫餘)로 바꾸었다. 정사 13년 3월 16일은 삼신 영고제(三神 迎鼓祭)이므로 임금이 친히 납시어 경배하였다. 첫 번째 절은 세 번 조아리고, 두 번째 절은 여섯 번, 세 번째 절은 아홉 번을 하는 것이 예인데 가족이 따라 할 때는 특별히 열 번 절을 하니 이것을 삼육대례(三六大禮)라 한다.
 갑신 40년에 임금께서 돌아가시니 5개 부족(五加)이 의논하여

---

130) 등사본 『환단고기』에 없는 "乙卯三十六年-- 皆遣兵來援"이 1979년 『환단고기』에는 이 내용 92자가 추가되어 있고 "갑진 25년 내용"이 삭제되어 있다.
131) 등사본 『환단고기』에 없는 "丙辰元年 三月大水浸都城 -- 七月 命改築 海城 爲平壤作離宮"이 1979년 『환단고기』에는 이 내용 114자가 추가되어 있고 "乙巳元年"이 삭제되어 있다.

여루(余婁)를 추대하여 즉위케 하였다.[132]

■ 45세 단군 여루 (재위 55년)

을유 원년(서기전 396년)이라.
기묘 55년(서기전 342년)에 임금께서 돌아가시고 보을(普乙)이 즉위하였다.[133]

■ 46세 단군 보을 (재위 46년)

경진 원년(서기전 341년)[134]이라.
계미 4년에 백두산에서 밤에 소리가 나고 천지에 파도가 치고 물이 넘쳤다. 정미 28년에 연나라 제후 역(易)이 왕을 칭하고 학정을 하니 임금께서 장수를 파견하여 수유의 군사와 함께 토벌하였다.
을축 46년(B.C. 296)에 제후 개(介)가 수유의 군병을 이끌고

---

132) 등사본 『환단고기』에 없는 "壬申十七年 遺監察 -- 戊寅二十三年 戀遺使賀正"이 1979년 『환단고기』에는 이 내용 30자가 추가되어 있다.
133) 등사본 『환단고기』에 없는 "乙酉元年 築城長 -- 大赦親幸祈雨九月 --"이 1979년 『환단고기』에는 이 내용 223자가 추가되어 있다.
134) 등사본 『환단고기』에 없는 "庚辰元年 十二月 番朝鮮王 -- 帝許之使堅備燕"이 1979년 『환단고기』에는 이 내용 53자가 추가되어 있고 등사본 『환단고기』에 있는 "癸未 四年 내용과 丁巳 三十八年 내용"이 삭제되어 있다.

궁궐을 침범하고 스스로 왕이 되었다. 상대부(上大夫) 고열가(高列加)가 의병을 일으켜 이들을 쳐부수고 해성(海城)으로 수도를 옮겼다. 이때부터 국력이 매우 약해지고 또한 임금께서 돌아가시었다. (한개를 물리친) 공로가 있어 고열가가 즉위하였다.[135]

■ 47세 단군 고열가 (재위 58년)

병인 원년(서기전 295년)에 해성(海城)에 성벽을 쌓고 새로 궁궐을 지었다.[136] 계해 58년(서기전 238년) 임금은 인자하나 우유부단하여 명령이 이행되지 않는 것이 많고, 여러 장군들이 자신의 용맹을 믿고 환란을 자주 일으켰다. 이에 나라의 살림이 잘 베풀어지지 않고, 백성들의 사기는 점점 떨어져 갔다.
　3월의 제천행사를 치루던 저녁에 5가(五加)의 수장들과 의논하여 말하기를

"옛날 우리 열성께서 나라를 세우고 하느님께서 내려 주신 대

---

135) 등사본 『환단고기』에는 "乙丑四十六年이라 汗介-率須臾兵하야-- 旦有功遂卽位하다"로 기재 되어있는데 1979년 『환단고기』에는 "乙丑四十六年 韓介 率須臾兵-- 旦有功遂卽位"의 내용중에서 "帝還都大赦"와 "以檀君勿理之玄孫爲衆愛戴"가 추가되었다.

136) 1979년 『환단고기』에는 "丙寅元年"만 있고 "城海城하고 起新闕하다"라는 내용이 없다. 또한 등사본 『환단고기』에 없는 "乙卯十四年 立檀君王儉 -- 己酉四十四年 -- 癸丑四十八年 -- 壬戌五十七年 -- 槀離國人也"의 내용 101자가 추가되어 있다.

통을 이어가며 은덕을 크게 베풀고, 멀리 전파되어 자손대대로 법을 이루었다. 그런데 지금은 왕도가 쇠미해져서 여러 제후들이 세력을 키우며 서로 싸우고 있다. 생각건데 짐은 덕이 부족하고 나약하여 잘 다스릴 수 없으며, 이들을 무마시킬 방법이 없어 백성들이 서로 흩어진다. 오가의 수장들이 현인을 뽑아서 천거하라"

하고는 옥문을 크게 열고 사형수를 제외한 모든 포로를 석방하였다. 다음 날에 드디어 임금이 제위를 버리고 산으로 들어가 도를 닦아 선인(仙人)이 되었다. 이에 오가의 수장들이 나라 일을 같이 다스린 것이 6년이 되었다. 이에 앞서 종실인 대해모수(大解慕漱)가 은밀히 수유와 약속하고 옛 도읍인 녹산을 급습하여 점거한후에 하느님의 아들(天帝子)이라 칭하였다.

추가하여 존호를 크고 하나뿐인 단군(檀君)이라 하였으며 나라 전체가 다 들도록 명하고 여러 장수들에게 영지를 주고 수유의 제후 비(丕)를 비왕(椑王)으로 봉하고 부여 서쪽으로 가서 지키게 하였다. 비(丕)를 어떤 사람들은 후에 은나라 사람 기자(箕子)라고도 하였다.[137]

---

137) 등사본 『환단고기』에 "時에 宗室大解慕漱 -- 古都鹿山하야 -- 稱爲天帝子하고 加尊號曰 大一 檀君이라하시니-- 命須臾候丕하야 爲椑王하야 --"으로 기재되어 있는데 1979년 『환단고기』에는 "時宗室大解慕漱 -- 古都白岳山 -- 稱爲天王郞 -- 命須臾候箕丕 爲番朝鮮王--"라고 수정하였으며 "往守上下雲障 -- 亦稱高句麗也" 내용 33자가 추가되었다.

단군기원 원년으로부터 임금께서 즉위를 이어받은 뒤 12년인 계묘에 이르기까지 무릇 3616년이 되는 이 해 10월 3일 홍행촌(紅杏村)의 노인이 쓰다.

북부여기 상(北夫餘記 上)

■ 시조 단군 대해모수(始祖 檀君 大解慕漱, 解慕雄)
(재위 38년)

기사 원년[1]이라.

임금께서 타고난 자태가 영특하고, 신기한 눈빛이 사람을 쏘는듯 하여 바라보면 하늘의 임금 같았다. 나이 23살에 하늘에서 내려오니 이때가 단군 고열가 57년 임술년(서기전 239년) 4월 8일이었다. 웅심산에 자리잡고 (나라를) 일으키고 궁실을 난빈(蘭濱)에 짓고 오우관(烏羽冠)[2]을 쓰고 용광검을 차고 오룡거[3]를 타고 500명의 수행원들을 대리고 다니며 아침에는 정사를 보고 저녁에 하늘에 올랐는데 이때에 즉위하였다.

---

1) 등사본에는 '己巳元年'으로 기재되어 있는데 1979년 『환단고기』에는 '壬戌元年'으로 되어있다.
2) 까마귀의 깃털을 세워서 만든 관(모자), 까마귀는 신성한 새로 여기며 특히 단군조선시대로부터 발 3개인 삼족오(三足烏)를 숭배하였는데 단군조선시대 청동기 유물에 많이 조각되어 있다.
   고구려 벽화에 오우관을 쓴 인물의 그림이 있다.
3) 칼날에 용무늬가 있는 빛나는 검

계해 2년(서기전 238년) 이 해 3월 16일에 하느님께 제사 지내고 연호법[4]을 실시하고 오가(五加)[5]의 군사를 나누어 배치하고 둔전(屯田)[6]을 경작하여 자급 자족하게 비축하니 근심이 없어졌다.[7] 병오 38년[8]에 임금께서 돌아가시어 웅심산 동쪽 기슭에 장사지내고 태자 모수리(慕漱離)가 즉위하였다.

■ 2세 단군 모수리 (재위 25년)

정미 원년(서기전 194년)에 비왕 준(準)이 오랫동안 수유(須臾)에 있으면서 많은 은혜를 베풀어 백성들이 다 부유했다.

---

4) 연호(烟戶)는 일반적으로 인가(人家)·민호(民戶) 등을 의미하며 여기서 연호법이라함은 민가(民家)의 수에따라 행정단위를 나눈 것을 뜻한다.
5) 소, 말, 개, 돼지, 양을 상징하는 부족으로 우가(牛加), 마가(馬加), 구가(狗加), 저가(猪加), 양가(羊 加)를 말한다. 또한 환국시대부터 내려오는 국가의 행정조직으로 『환단고기』 「태백일사」에 우가는 곡식, 마가는 행정, 구가는 형벌, 저가는 의약, 양가는 예법을 주관한다고 하였다.
6) 군사들이 농사도 짓고 전쟁도 수행하는 제도로서 미개척지를 경작해 군량을 현지에서 조달함으로 써 군량의 조달을 쉽게하고 국방을 충실히 수행하기 위한 것이다.
7) 등사본 『환단고기』에는 "-- 以備不虞하다. 辛巳十三年이라 帝-命改築鹿山하시고 -- 丙午 三十 八年이라 帝-崩하시니 --"로 기재되어 있는데 1979년 『환단고기』에는 "-- 以備不虞 (이후 등 사본에 없는) 己巳八年 --- 是歲冬帝崩 --"으로 등사본에 없는 335자가 추가되어 있다. 335자 의 내용을 어떤 문헌에서 보고 옮겨서 추가했는지 알 수가 없다.
8) 임금이 돌아가신 해(年)가 등사본 『환단고기』에는 "丙午 三十八年이라 帝가 崩하시니--"으로 기재되어 있는데 1979년 『환단고기』에는 "丙午 四十五年 帝崩 --"으로 되어있어 고증이 필요하다.

그런 뒤에 떠돌이 도적 위만(衛滿)[9]에게 패망하고 바다쪽으로 쫓겨가서 돌아 오지 않았다. 여러 부족의 무리가 상장군 탁(卓)을 받들었는데 그의 성(姓)이 한(韓)이었다. (무리가) 대거 멀리 이동하여 바로 월지성(月支城)에 도착하여 나라를 세웠는데 바로 마한(馬韓)이다.

진한(辰韓), 변한(弁韓)이 각각 무리를 이끌고 도읍을 정하고 스스로 나라 이름을 만들었다. 그러나 모두 마한의 정치적 명령을 따라 하였고 대대로 거역하지 않았다. 무신 2년에 임금께서 장수를 보내어 해성(海城)에 성책을 쌓고 도적 위만의 침공을 대비하게 하였다. 위만도 역시 서로 부딪치는 것이 좋아하지 않아 다시는 침범하지 않았다.[10]

신미 25년(서기전 105년)에 임금께서 돌아가시고 태자 고해사(高奚斯)가 즉위하였다.

■ 3세 단군 고해사 (재위 49년)

임신 원년(서기전 169년)[11]이라.

---

9) 등사본 『환단고기』에는 "-- 爲流賊衛滿所敗하야 亡入海而不換하고 --"로 기재되어 있는데 1979년 『환단고기』에는 "-- 爲流賊所敗 亡入于海而不換 --"으로 衛滿이 삭제되어 있다.
10) 등사본 『환단고기』에 없는 "乙酉三年 以海城 -- 龍圖知變也" 내용이 1979년 『환단고기』에 62자가 추가되어 있다.
11) 등사본 『환단고기』에 없는 "壬申元年 正月樂浪王 -- 南閭城置使 庚申四十九

경신 49년에 임금께서 돌아가시고 태자 고우루(高于婁)가 즉위하였다.

■ 4세 단군 고우루 (재위 34년)

신유 원년(서기전 120년)에 장군을 보내어 위만을 토벌하였으나 이롭지 못하였다.[12] 계유 13년(서기전 108년) 한나라가 평양을 쳐서 빼앗고 우거(右渠)를 멸하고 이곳에 4군을 설치하고저 군사들이 사방에서 침입하였다. 이에 동명왕(東明王) 고무막(高豆莫)이 의거를 외치고, 의병을 일으켜 이르는 곳마다 한나라 군대를 쳐부수었다. 이에 유민들이 사방에서 호응하여 싸움을 도와주어 크게 진격하였다는 군의 보고가 있었다.[13]

갑오 34년 10월에 동명왕 고무막한이 사신을 보내어 고하여 이르되, "나는 천제의 아들이다. 장차 그곳을 도읍지로 정하고자 하니 임금께서는 다른 곳으로 옮겨가십시요"하여 임금께서 난

年 一羣國 -- 是歲九月 --" 내용이 1979년 『환단고기』에 79자가 추가되어 있다.
12) 등사본 『환단고기』에는 "辛酉元年이라 遣將하야 伐衛滿不利하다."로 기재되어 있는데 1979년 『환단고기』에는 "辛酉元年 討右渠不利 -- 爲高句麗候"으로 27자가 추가되어 있고 이후 등사본 『환단고기』에 없는 "癸亥三年右渠賊大擧 -- 甲子四年 -- 丙寅六年 -- 丁卯七年 -- 以備不虞" 의 내용 78자가 추가되어 있다.
13) 등사본 『환단고기』에는 "癸酉十三年이라 漢冠平那 -- 於是에 東明王 高豆莫汗 --."로 기재되어 있는데 1979년 『환단고기』에는 "癸酉十三年 漢冠平壤 -- 於是 高豆莫汗 --"으로 平壤이 平那로 바뀌었고 東明王이 삭제되었다.

처해 하였다. 그 달에 임금께서 우환으로 병이나서 돌아가셨다. 이에 임금 아우 해부루(解夫婁)가 즉위하였다. 동명왕이 군사로 계속 위협하기를 그치지 않기 때문에 군신이 매우 불안해 하였였다.

이 때에 국상인 난불(蘭弗)이 말씀을 올리기를 "동해(東海)[14]의 바닷가에 가섭(迦葉)의 벌판이 있는데 땅이 기름지고 곡식이 잘 되어 오곡을 심어 가꾸기에 알맞은지라 이곳에 도읍을 정함에 적당합니다."라고 임금께 권하여 도읍을 이곳으로 옮겼다. 이것이 동부여(東夫餘)라 한다.

---

14) 등사본 『환단고기』에는 "東海"로 기재되어 있는데 1979년 『환단고기』에는 "通河"로 바꾸었고 "迦葉原夫餘"가 추가되었다.

북부여기 하(北夫餘記 下)

■ 시조 단군 고우루
 (高豆莫汗 또는 莫婁라고도 한다. 재위 49년)[15]

계유 원년(서기전 108년)이 단군 고우루 13년이다.[16]
임금이 사람됨이 준수하고 호탕하며 용병을 잘 하여 일찍이 북부여가 기울여져가고 한나라가 자주 침략함을 보고 개연히 세상을 구할 품고 졸본(卒本)에서 즉위하여 스스로 호(號)를 동명(東明)이라 하였다.[17](李沂註曰 卒本은 眞番이라고도 하며 지금의 00河이다)
을해 3년(서기전 103년)에 임금께서 스스로 대장이 되어 격문을 전하고 나서니, 이르는 곳마다 무적이었다. 10일이 못되어 5

---

15) 등사본 『환단고기』에는 재위가 "49년"로 기재되어 있는데 1979년 『환단고기』에는 "22년"으로 기재되어 있다.
16) 북부여 시조 단군 고두막이 즉위한 해가 계유 원년이고 단군 고우루가 즉위한해로부터 13년된 해라는 것이다.
17) 1979년 『환단고기』에는 등사본 『환단고기』에 없는 "-- 自號東明 或高列加之後也"가 7자가 추가되어 있다.

천명의 병사들이 모여들고 한나라 오랑캐와 싸울 때마다 먼곳에서 군대를 보고는 무너지고 흩어져 버렸다. 이에 추격하여 고구려산(高句麗山)을 탈취하고 나라 이름을 고구려(高句麗)라 하였다.[18]

갑오 22년(서기전 87년)은 단군 고우루 34년이 된다. 임금께서 장수를 보내어 해성(海城)[19]의 도적들을 쳐부수고 흩어진 백성과 힘을 합하여 가는 곳마다 한나라 고을을 연다라 쳐부수고 그곳의 수장을 사로잡았으며 복종하도록 하였다.

을미 23년에 북부여가 성읍을 모두 들어서 항복하고 여러차례 보전을 요청하여 임금께서 허락하고 해부루(解夫婁)를 동부여왕으로 작위를 낮추고 바로 북부여로 옮겨 가게 하고 (나라 이름을) 그대로 북부여로 하게 하였다. 가을 7월에 한나라 군사가 수유성(須臾城)에서 퇴각하였다가 다시 침공을 도모하였다.[20]

신유 49년(서기전 60년)에 임금께서 돌아가시어 졸본천에 장

---

18) 등사본 『환단고기』에는 "乙亥三年이라 -- 韓人이 望風而潰하니 遂取高句麗山하고 亦稱高句麗하다."로 기재되어 있는데 1979년 『환단고기』에는 "乙亥三年 -- 韓冠望風而潰 遂引兵渡 -- 槀離國之也"으로 "遂取高句麗山하고 亦稱高句麗하다"가 삭제되고 "遂引兵渡 -- 槀離國之也" 21자가 추가되어 있다.

19) 등사본 『환단고기』에 있는 "海城"을 1979년 『환단고기』는 "裹川"으로 바꾸었다.

20) 등사본 『환단고기』에는 "乙未二十三年이라 -- 降封解夫婁하야 爲東夫餘王하고 遂移北夫餘하야 仍稱北夫餘하다. 秋 七月에 韓人이 -- 謨再侵하다"로 기재되어 있는데 1979년 『환단고기』에는 "乙未二十三年 -- 降封解夫婁 爲候遷之 -- 秋八月 與韓冠 -- 西鴨綠河之上大捷" 41자로 내용을 바꾸었다. 또한 등사본 『환단고기』에 없는 "壬寅三十年 五月五日 高朱蒙 誕降岔陵"이 추가되었다.

사지냈다. 그리고 태자 고무서(高無胥)가 즉위하였다.

■ 2세 단군 고무서
(寧槀雄이라고도 한다. 재위 23년)

임술 원년(서기전 58년) 4월 8일에 임금께서 즉위하고 하늘에 제사를 드리고 스스로 하늘의 아들이라 하였으며 부모와 노인과 더불어 해모루산[21]에 가서 하늘에 제사 지낼 것을 약속하니 전례에 따라 행할 것을 널리 반포하니 (나라) 안팎이 크게 기뻐하였다.

임금께서는 신덕이 있어 능히 주술로써 바람을 부르고, 비를 내리게 하니 대해모수가 있는 것 같다고 널리 존경을 받았다.[22] 병자 15년 임금께서 한나라와 요하 좌측에서 싸워서 크게 이겼다. 갑신 23년에 임금께서 돌아가시니 고추모(高鄒牟)가 유언에 따라 즉위하였다. 이에 앞서 임금께서 자식이 없어 고추모를 보

---

21) 등사본 『환단고기』에는 "壬戌元年이라 四月八日에 卽位祭天하시고 自稱天帝子라하시고 與父老로 會于解慕漱山하야 --"로 기재되어 있는데 1979년 『환단고기』에는 "四月八日 卽位祭天 自稱天帝子"를 삭제하고 "壬戌元年 帝卽位 于卒本川 與父老 會于白岳漱山 --"로 바꾸었다.
22) 등사본 『환단고기』에는 "帝有神德하야 能以呪術로 呼風喚雨하야 有大解模漱 之風이러야 亦稱後解模漱라하니 益尊之也러라"로 기재되어 있는데 1979 년 『환단고기』에는 "帝生而有神德 能以呪術 呼風喚雨 善賑 -- 戰得捷"으로 등사본에 있는 "亦稱後解模漱라하니 益尊之也러라"를 삭제하고 善賑大得民 心 -- 戰得捷 26자를 추가하였다.

니 사람이 비범함으로 딸을 아내로 삼게하였다. 이로 인하여 즉위하니 이 해에 나이가 23세였다.

이때에 동부여 인이 그를 죽이려 하여 오이(烏伊), 마리(摩離), 협부(陝父) 3사람의 친구와 함께 개사수(蓋斯水)를 건너려고 하나 다리가 없어 뒤쫓아 오는 군사에게 잡힐까 두려워 강물에 이렇게 고하였다. "나는 천제의 아들이요, 하백의 외손이다. 어찌하면 좋은가?" 하니 이때 많은 고기와 자라가 떠올라 다리를 만들어 주어서 건너자 고기와 자라가 바로 흩어졌다.[23]

---

23) 등사본 『환단고기』에 있는 "丙子 15年 내용과 임금의 붕어한 내용" 등이 1979년 『환단고기』과 내용이 다른 부분이 있고 등사본에서는 "고추모(高鄒牟)"라 되어 있는 것을 1979년 『환단고기』에서는 "고주몽(高朱蒙)"으로 바꾸었다.

Part.3
단기고사(檀奇古史)

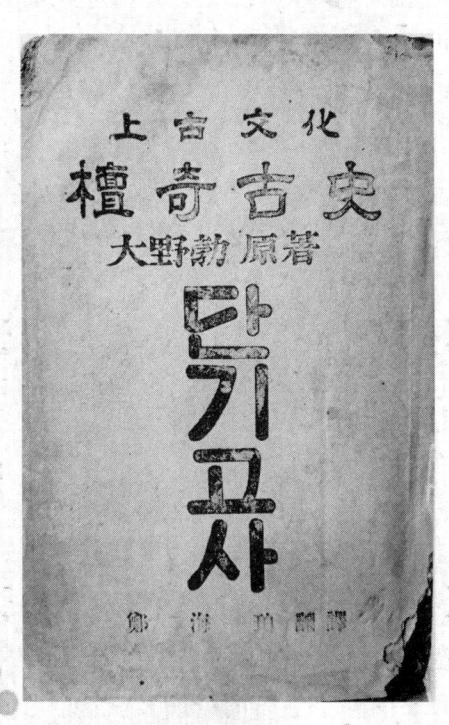

발해문호 대야발 지음

Part.3
단기교사(檀奇古史)

檀奇古史

엄예문 저, 매현일 지음

『단기고사』 재편집의 글(檀奇古史 再編序)

❀❀❀

　신(臣)이 엎드려 생각하건대, 당나라 장군 소정방과 설인귀를 몹시 원망스럽게 여기는 이유는, 백제와 고구려를 멸망시킬 때 그 나라의 서고를 부수고 『단기고사』와 고구려·백제의 역사서를 전부 불태워 버렸기 때문입니다. 신이 다시 고대사를 재편집하고자 하여 여러 학자의 학설과 많은 역사서를 참고하여 그 윤곽을 잡았습니다.

　오직 임금께서는 타고난 영특하고 늠름한 자태로써 단군과 기자(檀奇)의 계통을 이어 천하의 살만한 곳을 정하시고, 황색 도포를 입고, 하늘의 훈시와 아름다운 옥책, 임금께서 쓰신 글과 보배로운 문서를 받들어 모을 때에, 신에게 명을 내리시어 서문(서문)을 지으라 하셨습니다. 이해에 또 말씀이 계셔서 『단기고사』를 편찬하라 하시니, 신은 황공히 그 말씀을 받들어 세상에 흩어져 있는 역사서를 수집하고, 여러 역사적 평론을 참고하여 의심되는 것은 빼고 있었던 일만을 기록하여 13년이 걸려 비로소 완성하였으니, 오호라 이 사서가 어찌 우연히 되었겠습니까.

대개 조상신과 단군천제 및 기자(奇子)로부터 고구려에 이르도록 성인의 천손이 계승되어 만세의 한 계통을 이은 성인의 조선(聖朝)에 이르기까지 신정(神政) 일체가 되어, 천하를 다스리는 큰 경륜과 법도가 이 책에 실려 찬연히 세상에 밝게 비치니, 얕은 소견과 적은 지식으로는 감히 이 심오한 뜻을 발견하기 어렵습니다.

  무릇 조상신과 단군천제는 천하의 대 성인으로서 천하의 큰 도를 닦으시고, 천하의 큰 정치를 행하시어 천하의 큰 민심을 얻었으니, 그 마음 얻고 연구하면 큰 도와 정치를 분명히 말할 수 있을 것입니다.

  대개 사람이 세 가지 진리를 얻었으니, 이는 성(性)과 명(命)과 정(精)인데, 참된 성은 선악이 없고, 참된 명은 맑고 탁함이 없고, 참된 정은 후하고 박한 것이 없습니다. 그러나 사람들의 마음이 흐려지고 허황스러워졌습니다. 단군께서 이에 천하의 큰 도로써 기둥을 삼아 가르침을 내리시어, 망령된 생각들을 돌이켜 진실한 것으로 돌아가게 하시니, 모든 백성들이 교화되어 아홉 부족이 화합하므로 복된 징조가 하늘에 보이며 광명이 대지에 비쳤습니다. 실로 만고에 끝없이 경사와 행운입니다.

  신이 명을 받은 지 13년 동안 주야로 근심과 걱정을 하며, (임금의) 부탁을 어길까 두려워 여러곳을 돌아다니며, 석실에 있는 장서 및 옛 비석과 흩어져 있던 역사서를 참고하다가, 돌궐국(土耳其)에 까지 두 번 들어가 고적을 탐사하며 이 책을 저술하였습니다. 그 원본은 임금께 올려 목판에 글자를 파서 나라의 서고에 두고 또 그것을 베껴서 백성을 가르침으로써 백성들의 역사의식에 만분의 일이라도 도왔습니다.

천통(天統) 31년 3월 3일

반안군왕(盤安郡王)

신(臣) 야발(野勃) 서(序)

『단기고사』재 발간의 글(檀奇古史 重刊序)

❋❋❋

　내가 일찍이 조선의 옛 역사서를 읽을 때에 『단기고사』라는 문헌을 구하지 못하여, 혹자가 말하기를 단군 일세의 나이가 1,048세라 하고, 권양촌 사람의 말에 의하면 전래된 왕이 몇 대를 이어왔는지 알 수 없고, 그 역사 년수가 천년이 넘는다고 하니, 책을 덮고 통탄하지 않을 수 없었다.

　아! 우리 부여민족으로서 중국 요순의 역사는 대개 알지만 단군과 기자조선의 옛 역사는 알지 못하며, 한과 당나라의 문화는 능숙하게 담론하나, 고구려의 크나큰 무예정신과 신라의 화랑도는 설명할 수 없게 된 것은 다 우리의 문헌이 갖추어지지 않았기 때문이다.

　그러므로 내가 학부 편집국장이 되면서부터 힘써 조선역사를 널리 구하였으나 아직까지 실제 역사서를 얻어보지 못하므로 더욱 갈망하는 한이 있었다. 전에 만국사략을 편찬할 때에 조선편에는 역사를 기록하지 않고 "별도로 명기할 것이 있어 아직 기입하지 않았다." 한 이유는 장차 조선의 옛 역사서가 출현하기를 기다렸기 때문이다.

　그 동안 김부식과 일연 등이 쓴 역사서는 얻어 보았으나 별로 참고할만한 것이 없고, 오직 대야발이 지은 역사서가 있다는 말은 듣기는 했으나 구해보지 못하고 있었다. 그런데 하루는 중국인 왕상춘(王常春)이 책 한권을 가지고 와서 나에게 내놓으며 말하기를 "이 책이 귀국의 역사서의 하나인 것 같으니, 혹 참고가 된다면 드리겠다."하였다. 이 책을 상세히 살펴보니 책 모양이 너무 오래된데다가 앞 뒷장이 떨어졌으며 다만 남아있는 것은 가운데 부분 몇 장뿐이므로 저자와 저술 연대를 알 수 없었다. 그러나 그 내용으로 보아 조선 역사인 것이 틀림없었다.

　그 후 동지 이윤규(李允珪) 군이 또한 한 책을 가지고와서 "이것이 『단기고사』이니, 학부에서 출간하여 세상에 공포하라." 하기에, 내가 상세히 관찰해보니 저자는 대야발(大野勃), 중간(重刊)한 사람은 황조복(黃祚福), 주역(註譯)한 사람은 장상걸(張上傑)인데, 그 책의 모양이 먼저 왕상춘이 가지고 왔던 것과 서로 같으므로 몹시 이상하게 여겨 차례로 자세히 읽어보았다.

　그 단전(檀典)의 문체는 서전(書傳)의 요전(堯典)과 비슷하고, 그 전후 단조(檀朝: 단군조선)와 기자사(奇子史)의 역사 기술 방법은 사마천의 통감과 비슷하며, 그 정신은 조선을 높이고 외족을 물리치는 대의가 두드러지게 서 있었으니, 정말 그 웅대하고 건전한 문학문적 위상이 고려·이조시대의 유학자로서는 도저히 미치지 못할 정도였다.

오! 이 책이 비록 수천년 후에 저술하였다 할지라도 그 참고한 바가 넓고, 기록한 것이 정확하고, 그 연구한 것이 깊고, 그 증명한 것이 틀림없으니, 어찌 얕은 견문과 작은 지식으로 대수롭지 않게 만든 작은 역사서와 겨룰 수 있겠는가.

오직 우리 단군과 기자 강역의 어느 흙이 그 옛 땅이 아니겠으며, 어느 물건이 그 유적이 아니리오. 새의 지저귐과 벌레 소리도 그 마음을 전하는 오묘한 뜻이며, 꽃과 풀의 색깔도 그 덕을 덮는 영화로운 빛이로다.

잘 살펴보아라. 탱석단(撐石壇: 괸돌)이 백두산에서 처음으로 일어나 서쪽으로 구주(歐洲: 유럽) 발칸반도, 동쪽으로 일본, 남쪽으로 남양군도까지 한결같은 제도로 전파되어 있는 것이 대야발이 쓴 역사의 내용과 어긋나지 않으니, 누가 이 물적 증거를 부인할 수 있겠는가.

위로 단군성조의 거룩한 덕을 사모하고, 아래로 부여민족의 계통을 계승한 마음이 이 책을 읽을수록 더욱 두터워지기에, 이를 인쇄하게 하여 세상에 널리 알리겠노라.

(대한제국)
학부 편집국장
이경직(李庚稙) 識

『단기고사』 재 발간의 글(檀奇古史 重刊序)

❀❀❀

천하의 성스러운 덕과 큰 업적이 누가 애국자보다 더 한 사람이 있으리오. 참된 애국자는 나라의 일 이외에는 뜻을 둘 것이 없기 때문에 나라의 일을 버리고는 즐기고 좋아할 것이 없고, 희망을 갖을 것도 없고, 우환도 없고, 경쟁도 없고, 환희도 없고, 분노도 없도다.

참된 애국자는 나랏일을 직접 할 때에 어렵고 곤란할 것도 없고, 위험하다 할 것도 없고, 성공했다 할 것도 없고, 실패했다 할 것도 없고, 지금 그만두자 할 것도 없는 것이다.

또 참된 애국자는 그 애국하는 방법과 기술이 같지 않으니, 혹은 혀로 하고, 혹은 피로써 하며, 혹은 붓으로 하며, 혹은 검으로 하고, 혹은 기계로써 하되 앞에서 부르면 뒤에서 따르는 도다. 활을 잘 쏘는 자는 서로 모순은 있을지라도 그 향하는 과녁은 마침내 하나의 목적으로 합하지 아니함이 없을 것이다.

대개 동서의 국가와 고금의 민족이 수천 수백이 되나, 영특하게 이를 보전하는 자는 백에 하나에 불과하도다. 상대에게 사기를 북돋으며, 만들어 성취시키고, 서로 결속시키며, 장엄하게 노래하고 춤을 주는 것을 누가 감복하지 않으리오.

애국자가 심혈을 기울이며 정신력 및 글과 무력으로써 활동한 것은 우리나라 건국이래 반만년 역사상 가히 노래하며 즐거워할 만한 사실이 수 만 번에 그치지 않고, 애국의 영웅호걸과 충의열사가 수천을 넘는다. 그러나 단군과 기자의 역사 내용에대한 내려온 역사 기간과 기술이 자세하지 않다 하고, 주나라 무왕이 기자(箕子)를 조선에 봉하였다 하며, 김부식 같은 썩은 선비는 망언하기를 "동이의 역사에 관한 일은 고려할 바가 없고 항간의 말들은 그 내용을 모르는 일이다"고 하였다.

저 중국인의 많은 문헌에는 자기만 높이고 남은 업신여기며, 같은 민족은 찬양하고 다른 민족은 좋지 않게 말하며, 자기나라 이외에는 모두 야만스러운 오랑캐라 하였으니, 그런 서적은 아무리 많을지라도 우리 역사의 바른 역사 기록으로 참고하기는 어려우니, 정말 이같은 일을 생각할 때에 책을 덮고 통탄하지 않을 수 없도다.

임자(壬子)년에 내가 안동현(安東縣)에 이르렀을 때에 뜻을 같이한 화사 이관구(李觀求) 동지가 한 권의 옛 역사서를 가지고 와서 장차 출간할 마음으로 나에게 머리말을 써줄 것을 청하기에 몹시 이상히 여겨 그 책을 받아 두 세 번 읽어보니, 발해의 반안군왕 야발이 편찬한 것인데, 발해의 대문인 황조복이 다시 발간한 책이었다.

책 모양은 비록 오래되어 헐었으나 진본임이 의심할 여지가 없기에 그 유래를 물었다. 그가 대답하기를, 문인 유응두(柳應斗)는 고금의 일을 널리 통하여 아는 것이 많은 석학인데, 일찍이 중국의 여러곳을 돌아다니다가 우연히 한 서점에 들어가서 이 책을 얼핏 보고 마음에 기쁜 감동을 느끼기를 천금을 얻은 것이나 같아 곧 이 책을 사가지고 와서 문하생인 용암(庸菴) 이윤규(李允珪) 등에게 수십권을 베껴 쓰게 하여 장차 다시 출간할 예정이라 했다.

오호라! 나 또한 생각하기를 '단군과 기자조선 2천년사가 반드시 실제 역사가 있을 터인데 아직 기록된 것이 없는 것은, 여러번 병화를 겪으면서 역사서를 보존하지 못하였기 때문이므로 어찌 통탄하지 않으리오'하였더니, 밝은 하늘은 사실로써 헛되이 돌아가게 아니 하심으로 유씨로 하여금 이 원본을 얻어 세상에 드러나게 하였다.

유씨가 가져온 것은 우연한 일이 아니며, 그가 평생에 갈망하던 열성 중에서 얻어온 것이므로 누가 기쁘게 읽지 않겠으며, 누가 말하며 전하지 않겠는가. 실로 우리 단군과 기자의 2천년 역사가 다시 이 세상에 밝혀지게 됨은 참으로 천고의 기이한 일이로다.

원저자 주인공 야발선생은 13년 성상을 노력하여 친히 고적을 박람하며, 모든 역사를 참고하여 정밀하게 선택하여 편찬하고, 그 백여년 후에 발해 대 문인 황조복이 다시 펴내어 세사에 널리 전하였으니, 이 두 선생이 우리 민족에게 끼친 공이 대단히 크다. 이것을 다시 전한 일에 관하여는 유응두와 이윤규 두분의 공도 또한 적지 않다.

오호라! 대야발·황조복 선생은 마음과 붓으로써 국가를 위하여 최고의 정신력과 열성을 다한 참 애국자요, 유·이 두분도 마음의 힘과 글쓰는 노력으로써 애국하기에 정성을 다한 분이니, 후에 사람들이 번역하고 계속 간행하여 세상에 널리 펼치면 역시 만고에 없어지지 않을 공이 되리로다.

임자년 봄에
단재 신채호 씀 (丹齋 申采浩 識)

본사출간경로(本史出刊徑路)[1]

❈❈❈

지금으로부터 1천 3백여 년전 고구려가 나당엽합군에게 패망한 후 나라의 책을 보관하는 장소까지 소실되었다. 영명하고 걸출한 옛 신하 대조영 장군이 30년 후에 고구려의 옛 땅에 발해국을 세우고 왕이 된후에 소실된 『단기고사(檀奇古史)』를 와의 동생 대야발에게 다시 편찬하게 하여 수백년 간 전해 내려왔다.

고려시대에 이르러 모화사상에 젖은 유생 김부식과 일연 등이 『단군과 기자의 역사서(檀奇史)』 및 『삼국사(三國史)』 등 119권을 5권으로 축소하면서, 우리나라가 영광될 만한 사실은 전부 지워버리고 중화(中華)[2]에 예속국이 될 만한 문구만 추려 내어 역사를 기록하였다.

그러므로 이씨조선 이후 오늘까지 우리 국민은 시조때 부터

---

1) 본사 출간경로(本史出刊徑路)는 대한제국시대에 발해국 대야발이 편저한 『단기고사』 한문 원본이 발견되어(최초 소장자를 알 수 없음) 이를 대한제국 학부에서 출간하려다가 못하고 일제강점기에 김두화 씨가 한문 원본을 갖고 있던 것을 1949년에 김해암·이화사가 출간한 과정을 설명한 것이다.
2) 『단기고사』에서 표시된 중화(中華)는 현재 우리가 상용으로 쓰고 있는 중국(中國)을 의미함으로 앞으로 『단기고사』에 있는 '중화'란 한문 표기는 '중국'으로 표기한다.

정치·문화·산업·경제등 각 방면에서 중국보다 낙오된 약소국으로만 지내왔다고 잘 못 인식해 왔다. 이로써 성스러운 조상의 실제 역사를 알지 못하게 되었으니 통탄하지 않을 수 없다.

다행히 하늘이 도와 우리 성스러운 조상의 역사를 바로잡기 위하여 깊이 감추어 두었던 대야발의 역사서가 천만 뜻밖에 출현되어 대한제국 광무년간에 학부에서 출간하려다가 일본의 내정간섭으로 간행되지 못하고, 그 후 신채호(申采浩), 이관구(李觀求)가 중국지방에서 출간하려다가 역시 간행하지 못했다.

또 해방 후 김두화(金斗和) 등이 번역 출간하려다가 역시 펴내지 못하고 미뤄오다가, 이번에 지역유지인 한재용(韓在龍) 씨의 찬조로 출간하게 되었다. 이책이 우연이 된 것이 아니라 우리 성스러운 조상을 다시 찾아뵙게 된 기회이니, 전국의 독자 여러분께서는 잊지 마시고 지극정성으로 애독하시어 정확히 우리 조상의 역사를 아시기 바랍니다.

이 책은 오탈자가 많으니 정오표를 보시기 바라며 문구에 근대 술어가 많은 것은 이해하기 쉽게 하기 위한 것이고, 또한 한자가 많은 것은 한문을 직역했기 때문이니 이해하시기 바랍니다.

을축년(乙丑年) 12월 1일
번역 출판인 김해암(金海菴)·이화사(李華史)[3]

---

[3] 이 『단기고사』의 출간은 1949년인데 번역은 을축년(1925년)에 한글로 번역을 완료하고 출간을 못하다가 해방후 1949년에 최초로 출간한 것으로 판단됩니다.

제1편 태고사(太古史)

■ 단전(檀典)

　단군조선(檀君朝鮮) 환씨 책(桓氏典)에 의하면 동방에 부여족이 태백산 부근에 흩어져 살았다. 그 부족중에 환인(桓仁)은 마음이 너그럽고 어질며 도량 넓었다. 그는 가옥의 건축과 의복을 만드는 것을 시작하였고, 아들 환웅(桓雄)을 낳으니 그 뛰어난 모습과 성품이 호걸이었다.

　그는 아버지의 뜻을 받들어 백성들이 모두 잘 살게 하기 위하여 풍백(風伯)과 운사(雲師)와 뇌공(雷公) 등을 거느리고 천평(天坪: 길림 동쪽)[1]에 정착하였다. 그리고 음식을 만드는 방법과 혼인의 규칙을 처음 제정하였다. 또한 천부경(天符經)을 가르치니 사방에서 사람들이 구름같이 모여들어 듣는 자가 시장의 사람들같이 많았다. 환웅이 아들 환검(桓儉)을 낳으니, 곧 단군임검(檀

---

1) 천평(天坪): 하늘아래 평평한 땅이라는 (天坪)을 저자는 백두산 북쪽 중국 길림성 길림(吉林) 지역으로 비정하였다. 그러나 현재 백두산 밑 양강도(함경남도) 삼수군 동수리 개마고원 근처에 천평(天坪)이란 지명이 있다.

君壬儉)²⁾이다. 장성하여 비서갑(非西岬: 만주 할빈 지역)에 사는 하백(河伯)의 딸을 아내로 삼고, 아들 부루(扶婁: 神仙)를 낳으니 이분이 부여족의 시조가 되었다.

■ 단군의 건국

제1세 단제 왕검

단군왕검은 제1세 단제이다. 환웅의 아들이며 환인의 손자이다. 인품이 거룩하고 성스러우며 생각이 밝고 사람을 사랑하고 자비로움을 갖었다. 도(道)는 하늘과 땅에 통하였고, 은덕이 사해에 퍼졌다. 또한, 구족(九族)³⁾과 친밀하게 많은 사람들을 만나 가르치셨다.

또한 삼일신고⁴⁾를 천하에 널리 포교하고, 366개 세상일을 천제를 지내는 제사장이 되어 통치(神政)함으로 나라 사람들을 정

---

2) 본문에 단군임검(檀君壬儉)이라 하였는데 이는 순수한 우리말인 임금을 한문으로 음역표기 시 임검(壬儉)으로 쓴 것으로 판단되나 현재까지 역사학계에서 모두 단군왕검으로 표기함으로 이후 단군왕검으로 표기한다.
3) 단군조선 이전 환국(桓國)시대의 동이(東夷)의 9개 부족인 견이(畎夷), 우이(嵎夷), 방이(方夷), 황이(黃夷), 백이(白夷), 적이(赤夷), 현이(玄夷), 풍이(風夷), 양이(暘夷)를 말한다.
4) 단군 이전부터 내려오는 우리 민족의 경전. 천훈(天訓), 신훈(神訓), 천궁훈(天宮訓), 세계훈(世界訓), 진리훈(眞理訓)의 다섯 부분으로 되어 있다.

성스럽게 가르치고 교화시키니, 그 공덕이 천지에 퍼지고 그 밝음이 해와 달과 같았다. 그 교화를 받은 모든 수많은 백성들이 10월 3일에 집회를 열어 환검(桓儉)을 임금으로 추대하니 제1세 단제이다.

도읍을 부여(길림 서부)의 평양(平壤: 서울)에 정하고, 나라 이름을 조선(朝鮮)이라 하였다. 돌아가신 아버지 환웅을 땅에서 첫 번째 사람으로, 조상인 환인을 하늘에서 첫 번째 사람으로 추대하고 맏아들 부루를 태자로 삼았다.

그때에 자부선생(紫府先生)[5]이라고 하는 도가 높은 분이 있었는데, 하늘을 보고 천문에 통하고 땅으로 지리에 밝았고, 도덕이 고상하였다. 중국의 헌원 황제[6]가 자부선생에게 와서 수학한 후에 상황내문(三皇內文)을 받아 귀국하였다. 자부선생을 환부제 광명왕(桓夫帝 光明王)으로 봉하였다.

임금께서 신우(神佑)에게 명하여 백성들에게 오륜(五倫)을 가르치되 "모든 사람에게 관대하고 후덕하게 하며 평등하게 사랑하라"라는 것을 명심하라 하였다. 또 고시(高矢)에게 명하기를 "너는 농사 담당관(司農官)이 되어, 농민에게 곡식농사를 가르쳐 온갖 곡식을 심어 추수하게 하되 때를 놓치지 않도록 하라." 하

---

5) 자부선생(紫府先生)은 자부선인(紫府仙人)이라고도 한다. 신시시대의 발귀리(發貴理) 선인의 후손이며 동방 청구의 대풍산(大風山) 삼청궁(三淸宮)에 있었다.
6) 중국 신화에 나오는 중국인의 선조이며 전국 시대 이후로 문헌에 등장하는 오제(五帝) 중 첫 번째 제왕으로 삼황에 이어 세상을 다스렸다는 황제(黃帝)로서 이름이 헌원(軒轅)이다.

였다. 또 신지(神誌)에게 명하기를 "너는 음악 담당관(司樂官)이 되어, 백성들에게 음악을 가르쳐서 마음과 정신을 온화하고 밝게 하라."고 하였다.

또 해월(海月)에게 명하기를 "너는 생산 담당관(司工官)이 되어 많은 장인들에게 각기 기능에 따라 기구를 제조하게 하여 날마다 생활에 쓰이는 물건을 공급하게 하라."고 하였다. 또 운목(雲牧)에게 명하기를 "너는 감시관(監時官)이 되어 봄·여름·가을·겨울 네 계절을 정하되, 72후(候) 24절(節)을 정하여 농업에 때를 놓치는 일이 없도록 하라."고 하였다.

또 마옥(磨玉)에게 명하기를 "너는 미술관(美術官)이 되어 미술 관련 제품에 전력을 다하라."고 하였다. 또 팽오(彭吳)에게 명하기를 "너는 개척관(開拓官)이 되어 산과 물 관리에 전력을 다하여 침수로 도로가 막히는 일이 없도록 하여 백성이 안전하게 살아가도록 하라."고 하였다. 또 원보(元輔) 팽오에게 명하기를 "너는 신을 모시는 일을 맡아서 백성을 가르쳐라"고 하였다.

이어서 "하늘은 형체가 없고 위·아래와 4개 방위도 없으며 아무것도 없이 비어 있다. 그러나 존재와 섭리가 있지 않는 곳이 없어 어디에나 다 있는 하나뿐인 신이 큰 덕과 지혜와 능력이 있어 수없이 많은 세계를 주관하시며 만물을 창조하셨다.

우주는 무한히 큰 공간이며 하늘의 도는 무한한 중심점이다. 사람의 도는 무한히 올바른 수평 중심축이고 세상일의 이해와 분별은 유한한 세로축이다. 도가 올바르게 중심을 잡고 세상사를 바로 이해하고 분별하는 것이 모든 사상이 되며 올바른 이해와 분별로 모아져 직접 실행함이 진실한 힘이 된다. 이것을 판단하는 주체는 곧 나이며 생각하는 실체이니 이것이 내 자신의 혼령이다.

우주와 자연과 내가 서로서로 융합하여 심오한 정기를 교환하는 곳이 신이 머무르는 곳이며 이곳에서 사람으로 하여금 종교심을 일으키게 한다. 오직 정기가 하나 되어 중심축을 잡아야 바른 도를 잃지 않는다."라고 말하였다.

임금께서 천하를 다스린 지 120년에 나라는 태평하고 백성은 안락하며, 기후가 알맞아 병이 없고 장수하며, 산에 도적이 없고 집에 곡식이 많이 남으니, 밤에 문을 닫지 않고 길에 떨어진 물건을 줍지 않으며, 노인은 시와 노래를 부르고 아이들은 춤을 추었다. 사람마다 단제에 충성하고 나라를 사랑하는 마음이 있어, 집집마다 제단을 만들고 새벽마다 경배하니 이때부터 하느님을 공경하는 사상이 확고해졌다.

125년 7월 5일에 셋째 아들 부우(扶虞)를 강화에 보내 삼랑성(三郎城)을 전등산에 쌓게 하고, 제천단(祭天壇)을 마니산(摩尼山)에 쌓아 하느님께 제사하니, 동방 민족이 하느님께 제사하는 풍속은 시조 단제 때부터 시작되었다. (제천단의 축조방법은 하늘이 하나(一) 이고 땅이 둘(二)이라 기단으로 돌을 두 개 세우고

그 위에 돌 하나를 덮는다.)7)

150년에 임금께서 돌아가시니 왕으로 옹립한 지 57년이 되며, 임금으로 제위한 것이 93년이다. 백성들이 부모상을 당한 것처럼 온 세상이 다 음악을 그치고, 집집마다 시조 단제의 신위를 모시고 아침저녁으로 경배하였다. 태자 부루(扶婁)를 추대하여 제위에 오르니 제2세 단제이다.

제2세 단제 부루 (재위 58년)

첫해 9월에 둘째 동생 부여(扶餘)를 요서지역을 다스리는 망구왕(茫球王)에 봉하고, 셋째 동생 부우(扶宇)를 동해지역을 다스리는 동해왕(東海王)으로 봉하니 삼한(三韓)은 동해왕의 후손이다.

2년 봄 1월에 대련(大連)을 섭사직(攝司職)에 임명하고, 소련(小連)을 사도(司徒)로 임명하였다. (『단조기(震檀紀)』에 대련의 관할지역은 반도(半島)라 했다.) 대련과 소련은 단군조선의 중신이다.

충효를 갖춘 사람으로 부모상을 당하니 3개월을 게으름 피우지 않고 제사를 지내고 3년동안 슬프고 서러워하니, 이것은 동양윤리의 원조가 되었다. (공자의 글에 기재되어있다.) 고수(高

---

7) 천단 축조 방법의 설명을 보면 천부경에서 하늘(天)이 一이고 땅(地)이 二로 해석하는 것과 동일하며 또한 천단이 곧 기단석 2개에 덮개돌 1개를 올려 놓은 고인돌임을 알 수 있다.

叟: 한나라 기록에는 瞽瞍)는 중신 고시(高矢)의 친형이다. 그 아들 순(舜)⁸⁾이 단군조선에서 벼슬을 하지 않고 이웃 당요나라⁹⁾에서 벼슬을 하니, 부자의 의견이 서로 달라 마침내 화목하지 못하게 되어, 고수는 작은 아들 상(象)을 사랑하고 순을 죽이고자 하였다. 순이 아버지의 뜻을 알고 효성으로 섬기며 끝까지 순순히 복종하니 당요가 신임하여 제위를 자리를 물려주었다.

순이 이렇게 되어 중화(중국)¹⁰⁾의 천자가 되어 밝은 정치를 하며 사농공상¹¹⁾에 각기 직업을 주었다. 우(禹)¹²⁾의 아버지를 익산(翊山)에서 목을 쳐 죽이고 간악한 무리를 내쫓았다. 이 때문에 한족(漢族)이 순을 꺼려오다가 우의 덕망이 날로 높아지더니, 순이 제위에 오른지 61년에 창오야(蒼梧野)에 행차하다가 한족에게 해를 당해 죽었다.

이렇게 되니, 순의 아내 아황여영(娥皇女英)이 원한이 사무쳐 수상강(瀟湘江)에 빠져 죽었다. 그 아들 상균(商均)이 다시 고국에 돌아와 단군조선에서 일을 맡으니 그 관직이 사도에 이르렀다.

이보다 앞서, 치우(治尤 또는 蚩尤)¹³⁾는 이마가 쇠처럼 강하고

---

8) 순(舜) : 고대 중국의 전설상의 삼황오제의 제순(帝舜)
9) 당요조(唐堯朝) : 요임금 때
10) 중화(中華) : 중국 사람들이 자기 나라를 세계의 중앙에 위치한 가장 문명한 나라라는 뜻으로 이르는 말, 다음 표기부터는 중화를 중국으로 표기한다.
11) 사농공상(士農工商): 고대에 직업을 기준으로 가른 신분 계급. 곧 선비, 농부, 장인, 상인의 4 계급을 이른다.
12) 우(禹) : 중국 하(夏) 왕조의 시조. 순임금으로부터 왕위를 물려 받음
13) 치우(治尤=蚩尤) : 배달나라 제14세 자오지(慈烏支)환웅, 재위 109년 수는

크게 안개도 일으키는 능력이 있었다. 그때에 자부선생 밑에서 함께 공부하던 중국의 황제가 무고하게 염제의 제위를 빼앗는 것을 보고 의분을 참지 못하여 황제와 탁록[14] 들판에서 싸웠는데, 후원병이 오지 않아 황제에게 사로잡히게 되었다.

그러나 그의 손자 특명(特明)이 또한 매우 용맹하여 단군조선에서의 벼슬이 사도에 이르고, 상균과 더불어 단군조선를 도우니 정치의 밝음과 치세가 중국의 우왕조보다 훨씬 뛰어났다.

임금이 태자가 되었을 때에 중국의 백우(伯禹)와 더불어 친교를 갖고 있다가, 태자가 제위에 오르니, 우(禹)도 순(舜)의 자리를 대신하여 제왕이 되었다. 그 때에 홍수가 9년동안 천하에 범람하여 중국의 우가 치수하는데 곤란을 겪었으나, 조선은 팽오에게 치수를 맡겨 치수가 완료되었다. 우가 (치수문제로) 도산회의[15]를 하자고 각 나라에 참가를 요청하였다. 임금께서 팽오를 특명대사로 삼아 우에게 보내어 치수하는 법을 설명하여 주었다.

3년 9월에 조서를 내려, 백성들에게 변발(辮髮)[16]을 하게 하고 푸른옷을 입게 하였다. 또한, 법을 만들고 도량형을 통일하며 예의를 숭상하게 하는 어진 행정을 하였다. 10년 4월에 정전법(井

151세
14) 탁록(涿鹿) : 중국 하북성 탁록현(涿鹿顯)에 있다.
15) 도산회의(塗山會議) : 양자강과 회수(淮水) 사이의 하류쪽에 있는 도산(塗山)에서 있었던 회의
16) 변발(辮髮) : 고조선시대의 변발은 몽고나 청나라의 변발과 달라서 머리카락을 뒤로 모아서 길게 땋아 늘인 머리를 위로 말아서 머리에 올리는 형태이다.

田法)¹⁷⁾을 시행하니, 백성의 개인 소유 논밭이 없어졌다. 18년 6월에 조서를 내려 충의열사와 효자열부 및 지혜로운 사람들의 행실을 포상하였다.

 아들이 16명이 있었는데, 맏아들 가륵(嘉勒)으로 태자를 삼고, 그 밖에 15명중 제후가 되어 나라를 받은 자가 8명이며 나머지는 다 왕(王)의 호칭을 받았다. 이 때에 나라는 태평하고 백성이 많아졌다. 국경은 동쪽이 창해(滄海), 서쪽은 요서(遼西), 남쪽은 염양(閻洋: 남해), 북쪽은 서비로(西非路)¹⁸⁾에 이르렀다. 큰 민족이 9개 부족(九部)¹⁹⁾, 작은 민족이 14개 부족이었다. 모두 단군의 덕화를 입어 위로는 인륜이 밝고 아래는 교화가 잘되 실행되어 풍속이 선하고 아름다워 천하에서 제일이었다.

 26년에 석자장(石子丈)이 아뢰기를 "첫 조상의 천부경²⁰⁾을 참고하여 보면, 하늘이 만물을 만들어 그 형태가 여러가지이나 각각 그 시작이 있으며 그 중에 한 가지의 영혼을 포함하고 있다. 이것이 일시무시(一始無始)인데, 일(一)의 시작이 공허한 없는 것에서 시작된 것입니다.

---

17) 정전법(井田法) : 고대 고조선과 중국에서 실시된 토지 제도. 토지를 '정(井)'자 모양으로 아홉 등분하여 주위의 여덟 구역은 사전(私田)으로 하고, 중앙의 한 구역을 공전(公田)으로 하여 이곳의 수확은 조세로 바치게 한 제도이다.
18) 서비로(西非路)는 서백리아(西伯利亞), 곧 시베리아를 말함.
19) 구부(九部)는 동이족의 아홉족속 즉 구이(九夷)을 말함.
20) 천부경(天符經) : 一始無始一析三極無盡本天一一地一二人一三一積十鉅無匱化三天二三地二三人二三 大三合六生七八九運三四成環五七一妙衍萬往萬來用變不動本本心本太陽昻明人中天地一一終無終一

태초에 공허하고 없는 것에서 시작되어 처음 수의 이치가 있어, 첫 번째로 양(陽)이 생기고 두 번째로 음(陰)이 생겨 도(道)가 된 것입니다. 이것이 모든 물질의 도입니다. 태극(太極)의 윗 부분인 도는 이(理)와 기(氣)를 초월하기 때문에 그 신성과 오묘함을 증명하기가 어렵습니다.

그러므로 만물이 다 도에서 나왔고 또 도에 들어가니, 도의 근원은 하늘에서 나왔고, 사람의 근원은 조상에서 나왔으니, 하늘과 조상은 그 관계가 밀접하여 하늘이 곧 조상입니다. 따라서 하늘과 조상을 모시는 천제단과 신전을 세워, 백성으로 하여금 경건하게 모시게 하는 신앙심을 갖게 하여 만고의 근본을 잊지 않는 도를 행하시기를 청합니다."하니 단제께서 그렇게 하겠다 하시고 천하에 조서를 내려 삼신전(三神殿)을 세우고, 환인·환웅·단군의 삼신 위패를 봉안하여 백성들에게 경배하게 하였다.

38년에 나함연(邏閣蓮)이 아뢰기를 "신이 지난 해에 남쪽 염지(閣地)[21]에 건너가서 범경빈(梵經賓: 바라문교도)[22]을 만나 말을 들으니 이 세상은 고해이고 저 세상은 극락인데, 고해에서 극락에 가고자 하면 반드시 먼저 번뇌와 업보가 있는 현 세상을 해탈한 후에야 그곳에 이를 수 있다 하고, 이런 도를 알지 못하면 공

---

21) 염지 : 춘추전국시대 진(晉)나라 남쪽인 황하 근처에 있는 지역
22) 바라문교 : 고대 인도에서 브라만 계급이 중심이 되어 '베다'를 경전으로 사용하며 발전한 힌두교및 기타 인도 종교의 바탕이 된 종교로, 음역하여 한자로는 바라문교(婆羅門教)라고 한다.

연히 어지러운 생각과 망상이 일어난다 합니다.

대개 모든 형상이 아무것도 없이 비어 있어, 늘지도 줄지도 않으며 생기지도 없어지지도 않기 때문에, 삶을 살아가는 수상행식(受想行識)[23]도 없고 탐하는 것과 눈을 부릅뜸과 어리석음도 없으며, 색과 소리와 향기와 맛과 찔림과 느낌의 여섯가지 욕심도 없고, 태어나고 늙고 병에 걸려 죽는 네가지 고통에서 해탈하면, 이것이 더없는 올바른 깨달음이라 하였습니다.

제가 가만히 거듭 생각해 보니 이것은 진실한 공부이며 이로 인해 마음이 다른 길로 가지 못하게 하는 것임으로 올바른 이치에 가까운 것이 많습니다. 남쪽 염지의 성인이 있어 이 말을 한 듯 하오니, 청하옵는데, 사자를 남쪽 염지에 보내시어 그 도덕과 정치를 살펴보고 와서, 나쁜 점은 버리고 좋은 점은 본받아 백성을 다스리는 데 실행한다면, 나라가 문화와 기술이 발전하고 진보하는 데 좋은 방법이 될까 합니다." 하였다.

임금께서 말하기를 "사람의 도에 있어서의 진리는 하나이며, 두 점 간의 직선도 하나이다. 그 나라와 민족은 서로 다르지만 나라를 다스려 천하를 태평하게 하는 바른 도리는 하나이다. 내가 일찍이 윗대 임금에게 지켜야 될 바를 물으니, 올바른 정신을

---

23) 수상행식 : 인간이 삶을 살아가는 방식으로 오관육근으로 보고, 듣고, 맡고, 맛보고, 부딪침으로 감지하여 의식으로 헤아려 행동으로 실편하며 알음으로 새기는 것을 말함이니, 인간이 목숨을 유지하는 동안 깊이 잠든 시간을 빼고는 일순도 멈추지 않고 함께하는 바로 삶 그 자체라 하겠다.

유지하고 오직 그 하나로 중심을 잡아 바르게 다스리면 실정을 하지 않는 것이라 하셨는데, 왜 다른 나라의 도덕과 정치를 모방해야 하는가,

새와 짐승은 땅에 살고 물고기는 물에서 사는 것이니, 물에 사는 것을 육지로 옮겨 놓으면 오래 살지 못하는 것처럼, 우리 나라가 다른 나라의 것을 모방 하면 반드시 나라가 오래가지 못한다." 하니, 모든 신하들이 감히 다시 말하지 못하였다.

58년에 임금이 승하하니 백성들이 슬피 울었다. 이 날 일식이 있었고 누런 안개가 사방에 끼어 짐승 떼가 산꼭대기에서 어지러이 울부짖으니, 하늘과 사람과 만물이 함께 슬퍼한다 하였다. 태자 가륵(嘉勒)이 재위에 오르니 제3세 단제이다.

제3세 단제 가륵 (재위 45년)

첫 해에 맏아들 오사구(烏斯丘)를 태자로 삼고, 아우 가록(嘉祿)을 사달(斯達=阿斯達) 왕으로 삼고 도읍을 구월산(九月山) 당장경(唐藏京)에 정했다. 2년 봄에 을보륵(乙普勒) 박사에게 국문정음(國文正音)[24]을 잘 정리하여 쓰도록 하였다. (백악: 白岳 마한촌에 옛 비석이 있다.)

---

24) 국문정음(國文正音) : 고대로부터 우리 민족이 써오던 옛 글인데 이를 가림토(加臨土)라고도 한다.

3년 가을에 태수관(太修官) 고설(高契)에게 나라의 역사를 편찬하게 하고 이를 산수가림다(刪修加臨多: 방언)라 하니 이것이 동양사학의 원조로서, 하느님의 계율과 성인의 교훈 및 임금이 몸소 가르친 말씀과 유서(諭書)와 도덕·정치·법률·풍속 등이 모두 이 책에 실려 있다. (野勃 [25]이 발해문으로 간행하였다.)

6년에 태학태사 고신(高辛)이 부모의 3년 상을 지내겠다 청원하니, 임금께서 그렇게 하라 하셨다. 애묘(愛苗)씨가 도리를 벗어난 행동을 하여 임금께서 실단(悉段)에서 그를 토벌토록 했다. 요동태수 색정(索靖)의 치적이 선량하지 못하므로, 임금이 진노하여 색정을 약수(弱水: 黑水)로 유배시켰더니 나중에 흉노족이 되었다.

7년 초에 임금께서 조서를 내리기를 "천하에서 가장 으뜸가는 근본은 마음이 중정(中正)[26]에 있어야 한다. 사람이 중정을 잃으면 하는 일을 성취할 수 없고, 물건도 중심을 잃고 쓸어지면 형태를 깨트릴 수 있다.

사람의 마음은 알기가 어렵고 도를 닦는 마음 역시 미묘하니, 마음을 바르게 하나로 가져 진실로 그 중심을 잡아 중정을 잃지 말아야 한다. 마음이 중정에 이른 후에야 모든 일들이 바르게 된다. 중정의 도는 아버지는 마땅히 자비스러워야 하며, 자식은 마

---

25) 단기고사를 저술한 발해국의 대야발을 말한다.
26) 중정(中正) : 지나치거나 모자람이 없고 어느 쪽에도 치우침이 없이 곧고 바름.

땅히 효도하며, 통치자는 마땅히 백성을 사랑하여야 하며, 신하는 마땅히 충성하여야 한다.

부부는 마땅히 서로 공경하며, 아이들은 마땅히 어른을 공경하며, 친구는 마땅히 신의가 있어야 하며, 몸가짐은 공손하고 검소하게 갖추어야 하며, 모든 사람을 평등하게 사랑하는 정신으로 대하며, 학문을 닦고, 생업을 유지하며, 지능을 계발하여 덕행과 기량을 키워 공익을 넓게 세상 일들을 풀어나가야 한다.

항상 나라의 근본 방침을 존중하여 국법을 준수하고, 각각 맡은 일을 잘 지켜며 생산을 증대시키는데 힘쓰도록 노력하다가 만약 국가에 위급한 일이 생기면 사사로운 일을 버리고 공익을 생각하여 위험한 상황이라도 용감히 나서서 국가의 큰 운명을 붙들어 세워야 할 것이다. 이러한 것들을 나와 그리고 모든 신하와 백성들이 한 마음 한 몸으로 지극히 높은 뜻을 실천해야 할 것이다."라고 말하였다.

8년에 강거(康居)가 반란을 일으키니, 단제가 지백특(支伯特)[27]에서 토벌하여 반란을 평정하였다. 13년 봄에 임금이 이르기를 "화창한 이 봄에 만물이 다 나름대로의 즐거움이 있는데, 내 백성 중에 고독한 홀아비와 과부, 그리고 생활이 어려운 사람은 항상 비애와 우수에 젖어 눈썹을 펴고 웃어 볼 날이 없으니, 어찌 가련한 일이 아니겠는가."하고, 사람을 시켜 조사하게 하

---

27) 지백특(支伯特) : 현재의 티베트 지역을 말한다.

여 불쌍히 여겨 도음을 주도록하니, 중화인[28]들이 그 소문을 듣고 백성되기를 원하는 자가 적지 않았다.

이해 여름에 임금이 태백산에 올라 민가를 바라보니, 밥 짓는 연기가 적게 나는 것을 보고 세금을 반으로 감하였다. 그 다음 해에 다시 산에 올라 연기가 많이 나는 것을 보고 기뻐하였다. 20년에 임금이 동쪽으로 행차하여 창해(滄海)에 이르러 산천을 바라보고 "아름답고 아름답다. 산하의 수려함이여, 내가 장차 동쪽으로 도읍을 옮기리라."고 하였다.

천하를 다스린지 45년에 나라는 태평하고 백성들의 살림은 안락하니, 이 시기가 바로 3세 단제가 태평하게 다스린 시대이다. 45년 9월에 임금이 승하하고 태자가 제위에 오르니 제4세 단제이다.

제4세 단제 오사구 (재위 38년)

첫 해에 맏아들 구을(丘乙)을 태자로 삼고, 아우 오사달(烏斯達)을 몽고리(蒙古里) 왕으로 봉하니 그 자손이 몽고족이 되었다. 그 해 가을에 하(夏)나라 사절이 입조[29]하였다. 2년 봄에 하

---

28) 중화인(中華人) : 고조선 남쪽 중국인들을 말한다. 앞으로 중화(中華)는 중국으로 표기 한다.
29) 입조(入朝) : 1. 벼슬아치들이 조정의 조회에 들어가다. 2. 외국 사신이 조정의 회의에 참여하다.

나라에 사신을 보내어 답례하였다. 5년에 원공패전[30]을 만들었다. 7년에 배 만드는 조선소를 살수(薩水) 상류에 세웠다.

10년 봄에 궁전을 크게 건축하기로 하고 건청궁(乾淸宮)이라 하였다. 25년만에 건청궁을 완성하니, 동서가 600간(間)이고 남북이 100간이다. 위층은 많은 사람이 앉을 수 있고, 아래층은 네 길 낚싯대를 세울만큼 높았다.

20년에 평양성을 쌓았다. 소나벌(蘇奈伐)이 진언하기를 "천하를 다스리는 데는 풍속을 바르게 하며, 어진 인재를 얻는 것을 으뜸으로 삼고, 나라의 자산이 많게 하며, 국방력을 강하게 하는 것이 중요한 일이니, 문관과 무관을 함께 쓰는 일은 나라를 장구하게 보전하는 방법입니다.

나라가 비록 커도 전쟁을 좋아하면 반드시 망하게 되고, 전쟁을 잊어 버리면 반드시 위태롭게 됩니다. 옛날 성스럽고 밝은 제왕께서 천하를 태평하게 하는 길은 은혜와 위엄을 함께 베푸는 데 있다 하였습니다.

따라서 사람을 죽여서 사람이 평안해질 수 있다면 죽여도 되고, 나라를 정벌하여 나라가 평안해질 수 있다면 정벌할 수 있습니다. 다만 학문으로만 나라를 다스려 은혜만 베풀면, 이것은 냄새나는 고기에 파리가 모여드는 것과 같아서 끝내는 정치가 부패하게 됩니다. 그러나 무예를 중히 여겨 위엄으로 나라를 다스

---

30) 원공패전(圓孔貝錢) : 조개로 둥글게 만들고 가운데 구멍뚫린 돈

리면 찬서리가 땅을 덮는 것과 같아서 정치의 기능에 활력이 떨어지게 됩니다.

 폐하께서는 스스로 봄에 살아나고 가을에는 죽어가는 계절의 변화 과정을 보지 못하셨습니까. 또 낮이 밝고 밤이 어두어지는 조화로운 힘을 보지 못하셨습니까. 폐하에게 청하옵건데, 과거의 정치를 혁신하시고 군의 기강을 엄숙하고 맑게하시며, 백성의 뜻을 받들고 군신이 하나가 되어 만대를 이어 쇠망하지 않는 신성한 나라를 만드시기 바랍니다."고 하였다.

 임금이 이 말을 받아들이고 소나벌을 으뜸 대장(上將)으로 삼고 방민백(方民伯)을 으뜸 재상(太宰)으로 삼았다. 38년 6월에 임금이 승하하시고, 태자가 재위에 오르니 제5세 단제이다.

제5세 단제 구을 (재위 16년)

 첫 해에 맏아들 달문(達門)을 태자로, 아우 삼인(三人)을 번왕(藩王)에 봉하였다. 2년 여름에 밭과 들에 황충이 크게 번져, 단제께서 친히 밭과 들에 나가 황충 한 마리를 입에 삼키고, 하느님께 황충을 멸하여 주기를 아뢰니, 며칠만에 황충이 다 없어졌다.

 4년 봄에 하나라 사절이 입조하였다. 유웅(有熊)[31] 씨가 무도

---

31) 중국학자인 황보밀(215~282)이 저술한 『제왕세기』에서 중국 삼황오제의

하여 소나벌을 보내어 토벌하여 평정하였다. 5년 봄에 하나라 학자 두 사람이 역서와 두건갑자기(斗健甲子記)를 가지고 조정에 들어와 알현하였다.

8년 여름에 신독(身毒: 인도) 나라 사람이 표류하여 동해 해변에 도착하였다. 9년 가을에 접빈관(영빈관)을 동문밖에 건축하였다. 10년에 모든 곡식이 흉작되어 큰 창고의 곡식을 풀어서 백성을 구제하였다.

13년에 감성관[32]에게 하늘의 별자리와 일치하여 볼 수 있는 관측기구를 만들게 하였다. 15년에 감성관 황포덕(皇甫德)이 임금께 아뢰기를 "제가 천문을 관측한지 50년이 되는데 이제 천체의 운행을 대강 알았습니다. 천체 중에 제일 큰 것은 북극성같은 항성입니다. 그 다음은 태양의 무리인데 수성·금성·지구성·화성·목성·토성·천명성·해명은성·명성같은 행성이 있어 태양을 중심으로 회전하니, 우리가 살고 있는 지구도 역시 태양계의 한 행성입니다.

달은 땅의 온도를 조화롭게 하여 만물의 생장을 돕는 것이며, 지구의 외각에는 붉은 막이 덮어 있어 지면의 각종 기체를 보전함으로써 기체가 발산하지 못하고, 그 범위 안에 있어 태양의 빛과 열을 받아 바람과 구름도 되고, 비와 번개도 되고, 서리나 눈도 되어 사계절이 서로 달라집니다.

황제 헌언을 유웅(有熊)이라 칭하였다.
[32] 감성관(監星官)은 하늘의 별자리를 관측하는 담당관.

그런고로 땅위에 거주하는 사람은 동식물과 함께 땅의 이치를 따르고 땅은 하늘과 함께 있는데 하늘은 도의 법도에 다르며 도는 자연의 순리에 따르니, 사람이 자연의 이치를 알지 못하고 음양을 가려 사계절을 잘 적응하지 못하면 백성들이 농사시기를 못맞추어 수확이 없게 된다.

따라서 농민이 기근을 맞게될 것이니 먼저 역법(曆法)을 정리하여야 하는데 우리나라의 기후에 적절하게 만드는 것이 가장 시급한 업무입니다." 임금이 그렇게 하라고 하여 나라의 역법을 새로 만드니 이것이 조선 역서의 시원이다.

16년에 임금이 고역산(古曆山)에 행차하여 제천단을 쌓고 주변에 무궁화나무를 많이 심었다. 7월에 임금이 비류강(沸流江)을 지나 강 동쪽에 이르러 승하하니 거기에 장사를 지냈다. 태자가 제위에 오르니 제6세 단제이다.

제6세 단제 달문 (재위 36년)

6년에 맏아들 한속(翰粟)을 태자로 봉하고, 을지선(乙支仙)을 수석 재상으로, 연석천(淵石泉)을 대장으로, 진무경(陳無競)을 섭사직(攝司職)[33]으로, 관기을(關基乙)을 숙정사(肅政使)[34]로 임명

---

33) 섭사직(攝司職) : 고려와 조선초기의 학당(學堂: 성균관 대학의 전신)에서 학생을 가르치는 교수
34) 숙정사(肅政使) : 신라의 감찰기관인 숙정대(肅政臺)와같은 감찰기관장

하였다.

 단제가 남쪽 황산곡(黃山谷)에 행차하던중, 몸을 묶인 죄수을 보고 가마에서 내려 울며 묻기를 "너는 무슨 사건으로 범죄를 저질렀느냐. 죄를 지었구나. 천하에 죄인이 많구나. 나라가 개국할 때의 삼성시대(三聖時代)[35] 백성들은 셋 성인의 바른 생각과 행동의 마음으로 살았는데, 내가 통치자가 되어서는 백성들이 각자의 이기심으로 살고 있으니, 내가 슬퍼하노라. 대개 백성은 지혜롭지 못하면 거짓말과 행동을 하게 되고, 능력이 부족하면 속이고, 재물이 부족하면 도적질을 하게 되니, 백성의 주인된 자가 백성을 이런 불안한 처지에 있게 하고 어찌 하루인들 마음을 놓고 편안히 누울 수 있겠느냐."라고 말하였다.

 마서자(麻西子)는 음탕한 사람이다. 하루는 맛이 좋은 술을 구하여 진상하니, 임금이 마시고 달다 하시며 "이것은 성품을 상하게 하며 (사람을)미치게 만드는 약이니, 후세에는 반드시 술로써 나라를 망치며 패가하는 자 많으리라."하고 드디어 마서자와 단절하였다.

 7년에 천리마를 진상하는 자가 있었는데, 임금께서 말하기를 "천자가 다니는 길은 일정하다. 경사스러운 일에는 하루에 40리, 사사로운 일에는 하루에 50리를 간다. 나라의 깃발은 앞에

---

35) 삼성시대(三聖時代) : 3명의 성인인 환인(桓因), 환웅(桓雄), 단군왕검(檀君王儉) 시대를 말한다.

있고 따르는 마차는 뒤에 있어 혼자서 다닐 수 없으니, 내가 천리마를 타고 홀로 먼저 어디에 가겠는가."하고 말하며, "나에게 진상하는 말을 받지 않는 것은, 나라 전역에서 나에게 (귀한 물품을) 진상하는 일이 없게 하기 위함이다."라고 말하였다.

8년에 갈모(曷毛)의 제후가 반란을 일으키므로 군사를 보내어 토벌하였다. 10년 가을에 하나라 사절이 조정에 들어와 알현하였다. 11년에 팔부루(八夫婁)가 임금에게 말하기를

"나라를 다스려 천하를 태평하게 하는 길은, 먼저 (임금) 자신의 공명정대하며 도리에 맞는 행동을 밝히는데 있고, 다음은 백성을 몸소 사랑하여야 하고, 마지막은 최고의 착하고 올바른 정치를 하는 데 있습니다. 대개 사람의 지능은 먼저 세상 돌아가는 실정과 이치를 알아야 점점 발달하게 되는 것이며, 세상의 사정과 이치를 알고 깨달아야만 백성의 일상 생활을 (다스리는데) 쓰일 수 있기 때문입니다.

여름에 갈포를 입고, 겨울에는 가죽털옷을 입는 것은 기후의 춥고 더움을 좇아 입는 것이며, 생선과 고기를 먹는 것은 자연의 이치에따라 몸을 보전하기 위해서입니다. 자신의 몸과 마음을 닦는 것(修身)은 집안을 다스리는 근본이며, 집안을 다스리는 일(齋家)은 나라를 다스리는 근본이며, 나라를 다스리는 일(治國)은 천하를 태평하게 하는(平天下) 도입니다.

또 언제든지 전쟁이 없을 수 없는 형세이니, (나라를) 지키는 자들은 견고하고 높은 성과같이 하여야 하고, 공격을 위한 준비

는 용맹스러운 장수와 병사들이 있어야 합니다. 유혹이 들어올 때는 반드시 물리쳐야 하며, 게으름이 들어올 때는 분발시키며, 한번의 삶을 위해서는 아홉번의 죽음도 두려워 하지 않고, 한번의 공을 세우기 위해서는 능히 백번의 험한 고비도 넘어야 하며, 승패의 갈림길에서는 잠시라도 긴장을 늦춰서는 안되며, 허실의 원인과 결과는 티끌만한 태만에서부터 일어나는 것이니, 어찌 한순간인들 방심할 수 있겠습니까.

때문에 지식과 행동이 겸비된 견고한 갑옷과 날카로운 병기로 무장된 병사들이 있어야 하며, 의지력이 강한 활과 화살처럼 되지 않으면 안됩니다. 군사력과 군량은 늘 풍족하게 하고, 병사들은 항상 주야로 용맹스럽게 하며, 지능있는 모사는 군영내에서 계책을 내며, 자격있는 장수는 군영내에서 지휘하여 의용을 떨치면 무력의 위엄이 적에게 미칠 것입니다.

전쟁에서 보호할 자는 보호해주고 징계할 자는 징계하는 것은, 그 목적이 전쟁에 이기고 돌아오는 것에 있습니다. 그러나 이것 역시 한 때의 힘을 과시하여 기운을 뽐내는 것에 지나지 않으며, 최후의 승리는 오직 이 무엇이 있는데 그것이 무엇인가 하면 저 반복되는 승패를 크게 생각지 말고 마지막에 승전하는 것은 칠전팔기의 자세로 구사일생할 각오로 홀로 자아의 신념을 확신하는 것이니, 이것은 곧 인내이다. 이런 인내력이 있으면 어떤 위험이 있어도 근심할 것이 없으니 무슨 곤란한 일이 있겠습니까.

엎어지고 넘어지는 가운데도 희망은 항상 있으며, 맹렬한 공격속에서도 지혜와 용기가 높이 있으며, 마음은 영원히 푸르름을 갖고있는 산과 같고, 행동은 기나긴 물길을 갖는 강과 같아서, 반드시 계획한 것은 이루고야 말 것입니다. 제가 말씀드리는 것은, 수신의 도를 제대로 알고 실행하면 나라를 잘 다스릴 수 있을 것입니다."하니,

임금이 "옳은 말이다. 팔부루여, 나라를 다스리고 군사를 부리는 도를 수신하는 데서 얻었다."하고, 그를 상장으로 삼고 삼군을 지휘하게 하였다.

35년에 단제가 열국의 왕과 제후들을 상춘(常春: 長春)[36]에 모이게 하니, 큰 나라가 둘이고, 작은 나라가 스물이며, 추장이 360명이나 되었다. 36년에 임금께서 승하하고, 태자가 제위에 오르니 제7세 단제이다.

제7세 단제 한속 (재위 54년)

첫 해에 맏아들 우서한(于西翰)을 태자로 봉하였다. 2년에 궁성의 동쪽에서 좋은 샘이 솟아났다. 10년에 방사(方士)[37] 윤파로(尹巴老)가 신선술(神仙術)을 말하니, 임금께서 믿지 않고 이르기를 "인간에 어찌 신선이 있겠는가. 다 요사스럽고 세상을 속이

---

36) 상춘(常春)은 지금의 만주의 장춘(長春)을 말한다.
37) 방사(方士)는 신선의 술법을 닦는 사람이다.

는 일이니 감히 군자의 도와 함께 있을수 없다."하고 방사를 멀리 하니, 해외의 요괴한 술사들이 다시는 가까이 하지 못하였다.

25년에 주부(主父) 온백(溫伯)이 임금을 달래며 말하기를 "지금 하나라 정치가 문란하여 국세는 위축되고 백성은 가난하며, 군사는 약하여 외적의 침입이 끊이지 않는 이 때에, 임금께서 다스리는 우리나라는 부유하고 군사가 강하니, 한번 군사를 움직여 공격하면 하나라를 쟁취하는 것이 손바닥을 뒤집는 것만큼 쉬운 일입니다. 이 좋은 기회를 잃지 마시옵소서."하니 임금께서 "공연히 남의 나라를 치는 것은 군자의 도리가 아니며, 또 영토를 얻기 위하여 생명을 해치는 것은 어진 사람이 할일이 아니니, 나는 받아들일 수 없노라." 하였다. 하나라 왕이 이 일을 전해듣고 사자를 보내와 사례하였다.

26년에 큰 흉년이 들어 창고에 쌓아두었던 곡식을 풀어 백성을 구제하였다. 48년에 백성들이 내는 세금의 반을 감해 주었다. 54년에 임금께서 승하하여 태자가 제위에 오르니 제8세 단제이다.

제8세 단제 서한 (재위 8년)

첫 해에 맏아들 아술(阿述)을 태자로 봉하였다. 2년에 풍년이 들어 한 줄기에 이삭이 여덟개 달린 벼가 있었다. 임금이 태자로 있을 때부터 웅대한 배포와 큰 도략이 있었으며, 거기에 덕행까지 겸하여 백성들의 앙망을 크게 받더니, 보위에 올라 나라를 선하게 다스리시며, 인재를 등용하고 장병들을 훈련하니, 내심으로는 천하를 통일할 뜻이 있었다.

3년에 달돌(達突)나라 사절이 입조하였다. 4년에 임금이 일부러 백성들과 같은 평복을 입고, 하나라에 들어가 지리·정치·인정과 풍속을 살피시고 반년만에 귀국하여 관청의 제도를 크게 고쳤다.

6년에 지우속(支于粟)을 상장으로, 오간(烏干)을 으뜸 재상으로 임명하였다. 7년에 삼족오[38]가 궁중으로 날아들었는데 날개 길이가 삼척이나 되었다. 8년에 임금께서 승하하여 태자가 제위에 오르니 제9세 단제이다.

제9세 단제 아술 (재위 35년)

첫 해에 맏아들 노을(魯乙)을 태자로 봉하였다. 그 해 봄에 두 개의 해(兩日)가 함께 나타나는 듯 하였다. 2년 여름에 청해(靑海) 제후 간촉(干促)이 군사를 일으켜 왕성에 들어가 궁궐을 포위하니 임금이 상춘(常春: 長春)으로 피난하였다. 상장 간지간

---

[38] 삼족오(三足烏) : 고대 동아시아 지역에서 태양의 신으로 널리 숭배를 받은 전설의 새로서 3개의 다리가 달려있는 까마귀를 의미한다. 고조선시대의 제기로 사용된 삼족정(三足鼎)과도 연관이 있으며 우리민족의 삼신일체 사상(三神一體思想), 즉 천(天)·지(地)·인(人)을 의미하는 것으로 해석하는데 우리 민족이 숭배하는 새이며 고구려 벽화에 많이 나온다.

속(干支干粟)이 군사를 이끌고 이들을 토벌하여 7월에 임금께서 다시 궁으로 돌아왔다.

3년에 임금이 삭방(朔方)에 행차하여 민정을 살폈다. 5년에 고소(高蘇)에게 명을 내려 국가의 법율서를 다시 편찬하였다. 6년 봄에 을성문덕(乙成文德)이 아뢰기를 "국가는 모든 백성의 국가이며, 통치자 한 분의 사유가 아니므로 군주와 신하가 합의하여 국사를 정하는 것입니다. 매년 부(府)와 군(郡)의 대표가 의사원(議事院)에 모여 국사를 의논하여 결정한 후에, 폐하의 허락을 얻어 정부의 책임자로 하여금 실행하게 하면 군주와 백성이 합의하는 정치가 되는 것입니다. 엎드려 바라옵니다. 회기를 정하시어 백성에게 참정권을 허락하옵소서."하였다.

단제가 허락하고 매년 8월 1일을 정기회의 날짜로 정하니 민중의 권리가 여기에서부터 시작되었다. 35년에 임금이 승하하고 태자가 제위에 오르니 제10세 단제이다.

제10세 노을 (재위 58년)

첫 해에 맏아들 도해(道奚)를 태자로 봉하였다. 혁보(赫普)를 태자태부로, 풍오(風五)를 수상으로, 을성문덕(乙成文德)은 상장으로, 용가래량(龍加來良)은 호군(護軍)으로 임명하였다.

이아한(伊阿漢)이 아뢰기를 "폐하는 바른말하는 곧은 신하가 있어야 합니다. 의논할 일이 있으면 친히 찾아가 물으시면 모두 해결될 것입니다. 이것이 정사의 최고 자문처가 될것입니다. 엎드려 바라옵니다. 폐하께서 마땅히 설치하시옵소서" 하였다. 임금이 그 말을 따라 자문기관을 만들었다.

2년에 이아한을 숙정처장(肅政處長)으로 임명하여 고시로 인재를 뽑았다. 5년에 각도의 정부내에 신원함(伸寃函)을 설치하여 억울한 일을 당한 백성으로 하여금 이 함에 신원서를 넣어 억울함을 풀게 하였다.

10년에 엄년(嚴年)이 쳐들어오자 지간속(支干粟)을 출병시켜 물리쳤다. 16년에 동문밖의 육지에서 연꽃이 나고, 장백산에서는 누운 돌이 일어나고, 발해에 용머리의 거북이가 나타나고, 흑수 강가에 금괴가 노출되니 그 수량이 열 한개였다. 58년에 천문대를 쌓고 감성관을 두었다. 이 해에 임금이 승하하여 태자가 제위에 오르니 제11세 단제이다.

제11세 단제 도해 (재위 58년)

첫 해에 맏아들 아한(阿漢)을 태자로 봉하고, 유위자(有爲子)를 태자태부로 임명하였다. 유위자가 임금께 아뢰기를 "우리 천제(天帝)의 나라는 신성한 조상께서 종교를 창립하여 국교로 삼으시고 백성들이 다 숭배하며 우러러 믿었으나, 세월이 가고 사람도 바뀌니, 교리가 쇠잔해지고 가르침이 약하여 백성이 믿음의 교리에 대한 진리를 알지 못하고, 형식에 흘러 음탕한 짓을 마음대로 하며 미신에 빠져, 그 해로운 영향이 국정에까지 미치고 있습니다.

　엎드려 바라오니, 폐하께서 종교를 혁신하시어 다시 본래 대로 돌아오게 하여, 백성으로 하여금 종교를 진실하게 믿고 음란하고 겉치레를 일삼는 재앙에 떨어지지 않게 하옵소서."고 하였다.

　임금이 이 말을 따라 종교를 크게 혁신하고 신앙을 바로 잡아 다시 성실하고 순박한 마음으로 돌아오게 하니, 이에 커다란 종교의 중흥시대가 되었다. (발해때에는 삼일신고를 많이 가르치며 보급하였다.)

　8년 여름에 하나라 사절이 입조하였다. 10년에 금강율령(金剛律令)을 반포하였다. 36년에 신우(神佑)를 하나라에 보내어 두 나라간에 우호적인 수교를 맺었다. 38년에 평양에서 크게 장터를 여니 여러 나라의 진귀한 물품이 몰려들어 크게 전시되었다.

　48년에 조서를 내려, 백성된 자는 다 병역에 종사하게 하며 백성이 다 군인이 되는 법을 만들었다. 또한, 유학생 25명을 하나라에 보내어 하나라 학문을 공부하게 하였다. 58년에 임금이 승하하니, 백성이 부모의 상을 당한 것처럼 나라 전체가 음악을 그쳤다. 태자가 제위에 오르니 제12세 단제이다.

제12세 단제 아한 (재위 52년)

　첫 해에 맏아들 흘달(屹達)을 태자로 봉하고, 둘째 아들을 안평왕(安平王)으로 봉하였다. 2년 여름에 발이 하나인 짐승이 송화강가에 와서 놀며 슬피 울었는데, 임금께서 유위자(有爲子)에게 "이것은 알지 못하는 짐승인데 발 하나로 뛰어다니며 슬피우는구나."하고 물었다.

유위자가 "나라가 장차 흥하려면 반드시 좋은 징조가 있고, 망하려면 반드시 요사스러운 일이 생깁니다. 신성한 동물이 나타나며, 어떤 사태가 발생하게 되니, (이것이) 화복에 장차 미치게 되어 착한 것도 알게 되며 착하지 못한 것도 알게 될 것이오니, 이것이 (바로) 천지조화의 징조입니다.

이 짐승은 하나라 남쪽의 양수(陽獸)인데 신명한 동물입니다. 하나라가 장차 어지러울 것을 미리 알고, 그 난을 피하여 이 곳에 와서 슬피 울고 있습니다. 다만 이 짐승만 보아 판단할 일이 아닙니다. 하늘의 도 운행을 살피면 만세의 일도 능히 미리 알 수가 있습니다."라고 말하였다.

임금께서 "하나라를 대신하여 천자(天子: 황제)될 사람이 누구냐."하니 유위자가 대답하기를 "신이 하나라의 인물을 살피니 하나라에는 그럴만한 인물이 없고, 다음가는 사람으로는 천을(天乙)이라는 사람이 있습니다. 그는 어진 보좌관인 이윤(伊尹)을 얻고 덕행을 길러 그 이름이 세상에 높아졌으니 하나라를 쳐서 천자가 된다면 그 자손이 600여 년은 이어나갈 수 있겠습니다."

단제가 "그 다음은 누구냐."하니, 유위자 아뢰기를 "서이(西夷)에 성인이 나서 덕을 닦고 은혜를 베풀면 민심이 다시 돌아와 그 어진 분의 보필이 생기게 될 것이니, 그 자손이 왕위를 계승한다면 800년은 이어갈 것입니다."

임금께서 "내 후손의 성쇠 시기는 과연 어느 때인지 그 대략을 묻노라."하니, 유위자 대답하기를 "국가성쇠의 운수는 하늘이 정하게 되어 있는 것이므로 사람의 힘으로 이룰 수 없는 일입니다. 폐하께서는 백성을 선하게 다스리시어 덕이 만방에 넘치니, 나라의 문명정도가 중국을 훨씬 초월합니다.

그러나 중국의 은나라에 이르러서는 예악과 법도가 찬연히 구비될 것이며, 성현이 배출되어 성현의 경전을 저술하기 시작할 것입니다.

또 여러 학자들이 각각 그들의 사상을 말하리니, 문화의 향상이 전무후무하여 천하를 휩쓸 것이므로, 여러나라들이 그 문화를 앙모하여, 다투어 그 나라에 와서 배우고 익혀 한나라 학문의 전성시대가 될 것입니다. 그 때에는 폐하의 성스러운 자손들이 혹은 북방에서 터전을 잡고, 혹은 동방으로 도읍을 옮기며, 혹은 남방에서 건국하는 자가 있겠으나, 큰 나라을 이룩한 자는 땅이 수천리 될 것이며, 작은 나라를 이룩한 자는 수 백리 밖에 되지 않을 것입니다.

이 후손들이 서로 사이가 좋지 못하여 상대를 침략하는 전쟁만 일삼고, 문화는 점점 퇴보하여 옛 우리 글자(祖國文字)[39]는 돌

---

39) 조국문자(祖國文字) : 제3세 단제 가륵(嘉勒)이 을보륵(乙普勒) 박사에게 명하여 국민정음(國民正音) 38자를 만들었는데 옛 우리 글자인 가림토문자를 말한다.

보지 않고, 모화사상[40]이 날로 높아져 수천년 후에는 중국을 숭모하는 유학에 미친 사람이 나라안에 가득할 것입니다. 장래를 생각하면 참으로 한심하고 심히 원통한 일입니다. 엎드려 바라옵니다. 오직 폐하께서는 깊이 생각하시고 염려하시어 뒷 일을 미리 준비하시기 바랍니다." 하였다.

임금께서 "선생은 참으로 천고의 신선과 같은 사람입니다. 능히 반만년 후의 일을 추측하도다." 하시고 천하에 조서를 내려, 비석을 나라의 사방 경계에 세우고, 그 비석면에 우리나라 문자로 역대 제왕의 이름을 새기게 하고 영원히 나라의 글자를 보전하게 하였다. (구월산 마한촌에 옛 글자로 된 비석이 하나 있어 범문[41]과 비슷한데, 후세 사람이 시를 지어 말하기를

> 마을 이름이 마한인데,
> (그곳에) 특별히 잘라 만든 상석이 있네
> 받침대는 무너지고 철쭉은 붉게 피었는데,
> 글자는 파묻히고 이끼만 푸르구나
> 처음 바위가 갈라져 생겨나서,
> 세워져 아침저녁으로 (나라의) 흥망을 보았네
> 문헌으로 다 고증할 수는 없으나,
> 이것이 기(奇)씨의 자취가 아니겠는가.

---

40) 모화사상(慕華思想) : 중국의 문물과 숭모하고 받드는 사상
41) 범문(梵文) : 인도 산스크리스트어를 말한다.

村名稱馬韓하니 別有殊常石이라
臺荒躑躅紅이오 字沒莓苔碧이라
生於剖判初하여 立了興亡夕이라
文獻俱無徵하니 倘非奇氏跡이라

(장백산 안흥령에도 옛 비석이 있다.)

5년 봄에 조서를 내려, 어질고 착하며, (성품이) 곧고 바르며, 직언을 서슴치 않는 인재를 등용하였다. 10년에 개기파(開基波)를 수상으로, 마간득(馬干得)을 상장으로, 홍경(弘景)을 간언관으로 임명하였다.

11년에 임금께서 더욱 국정을 밝게 살필 때, 조회를 끝내고 간언관 홍경에게 묻기를 "나는 어떠한 임금인가."하니, 홍경이 대답하기를 "폐하께서는 어질지 못한 임금입니다."하니, 임금이 "무슨 일로 내가 어질지 못한가."하니, 홍경이 대답하기를 "폐하께서는 친아우를 책봉하지 않으시고, 맏아들을 책봉하였으니 어찌 어진 임금이 되겠습니까."라고 했다.

임금이 기뻐하지 않다가, 홍경이 나가고 유위자가 들어왔는데 임금이 또 묻기를 "나는 어떤 임금인가."하니, 유위자 대답하기를 "어진 임금입니다."했다. 임금께서 "무엇으로 나의 어진 것을 아는가."하니, 유위자 대답하기를 "제가 듣건데, '임금이 어질면 신하도 바르다'하였는데, 아까 홍경의 말이 바르니 이것을 보고 알았습니다." 했다. 임금께서 크게 기뻐하고 홍경을 불러 간의 대부(諫議大夫)로 삼았다. 이때부터 바른 말을 서슴치 않는 신하가 많이 나왔다.

22년에 용가(龍加) 부족의 내량(來良)을 보내어 하나라 걸(桀)왕을 도와 은나라 탕(湯)왕을 치니 탕이 사죄하였다. 내량이 회군할 때에 염이(厭夷: 九夷의 한 부족) 때문에 관중(關中)[42] 마을 서쪽 기주(岐周: 岐山)에 주둔하였다.

29년에 처음으로 청아(菁莪)의 대부 한불배(韓不倍)와 옥저(沃沮)의 대부 고사심(高士深)과 맥(貊)의 대부 신돌개(申突盖)에게 명하여 제후로 임명하여 토지를 나누어 주니, 이것이 마한(馬韓: 莫)과 진한(辰韓: 眞)과 변한(弁韓: 番)이 되었다.[43]

30년에 유위자를 국태사로 임명하고, 태학관을 세워 어진 인재를 양성하였다. 36년에 사람이 중국으로부터 들어와, 하나라 왕이 폭정과 학대로 무도하여 스스로 망할 것을 전하니, 임금께서 "하나라가 망할 것을 나도 이미 알았노라." 하였는데, 몇 해 못가서 과연 상나라 탕에게 망하였다.

38년에 임금게서 하나라 걸(桀)이 포악하고 무도하여 스스로 멸망하는 것을 보고, 더욱 근면하여 국정을 바로 살피며 백성을 사랑하고 나라 안팎을 잘 다스리니, 하나라 신하와 백성들이 상

---

[42] 관중(關中) : 지역 이름. 지금의 섬서성 관중 분지를 가리킨다. 동쪽의 함곡관(函谷關), 남쪽의 무관(武關), 북쪽의 소관(蕭關), 서쪽의 산관(散關) 등 네 관문의 중앙에 위치해서 얻은 이름이다.
[43] 청아(菁莪), 옥저(沃沮), 맥(貊)은 고조선의 지역 부족 명칭이다.

나라 조정의 신하되기를 거부하는 자들이 많이 몰려왔다. 임금께서 이들을 불쌍히 여겨 후하게 받아주었다.

이윤(伊尹)은 일찍이 유위자에게 가르침을 받아 재주와 덕을 함께 갖춘 사람이다. 이 사람이 상나라 탕의 재상이 되어 탕을 도와 걸을 치니, 유위자가 듣고 "이것도 사람을 사랑하고 하늘을 따르는 일이며, 이윤이 아니면 할 수 없다" 하였다.

52년에 상나라 사절이 처음으로 조정에 들어와 알현하였다. 7월에 임금께서 승하하니, 모든 백성이 부모의 상을 당한 것 같이 울었다. 태자가 제위에 오르니 제13세 단제이다.

제13세 단제 흘달 (재위 61년)

첫 해에 맏아들 고불(古弗)을 태자로 봉하였다. 하나라 신하인 한작(寒爵)이 고국을 회복하고자 하여 군사를 요청하니, 임금께서 "이것도 하늘의 뜻이니 사람의 힘으로 할 일이 아니라." 하였다.

3년에 상(商)나라에 사신을 보내어 수호통상을 맺었다. 7년에 양무(陽武)를 수상으로, 단성자(段成子)를 상장으로 임명하였다. 16년에 조서를 내려 관리를 나누어 입법·사법·행정을 맡아 각각 그 직책을 수행토록 하고 겸직을 하는 고달픈 직책도 없게 하고, 월권하는 등 함부로 권력을 행사하는 일도 없게 하라 하였다.

26년에 임금께서 유위자에게 묻기를 "도(道)라는 것이 무엇인지, 선생이 나를 위하여 설명해주기 바란다." 하여 유위자가 말하였다.

"도는 (특정한) 대상이 없어 이름이 없는데, 억지로 이름을 붙여 도라 한 것입니다. 그러므로 도를 도라 하면 정상적인 도가 아니며, (또한) 이름이라고 하면 정상적인 이름도 아닙니다.

천지가 큰 것에서부터 하나의 작은 티끌에 이르기까지 다 그 도에 포함하지 않는 것이 없습니다. 그렇기 때문에 천지는 천지의 도가 있고, 인생은 인륜의 도가 있고, 만물은 만물의 도가 있고, 각종 업무에도 다 그 도가 있기 때문에 우주가 존재할 수 있는 것입니다.

형체가 없는 것인데 실제로 도를 완성한 자는 신(神)이니, 보아도 볼 수 없으며, 귀를 기울여도 들리지 않고, 사물의 형체로 되어 존재할 수 없습니다. 천지가 비록 크다 하나 그 (도) 안에서 벗어나지 못하고, 가을 털끝같이 비록 작은 상태에서도 능히 큰 도를 담을 수 있습니다.

밝음은 어두움이 있어 그 자체가 생겨나고, (사물의) 형태가 있는 것은 (본래) 아무것도 없는 상태가 있음에 (형태가) 드러납니다. 정신은 도(道)에서 생기고, 물체의 근본은 정(精)에서 생기는 것입니다. 따라서 만물의 형상이 (도와 정에 의하여) 생기는 것이기 때문에, (동물이) 아홉 구멍이 있는 것은 (생명을) 태로 낳고, 여덟 구멍이 있는 것은 알로 낳고, 일곱 구멍이 있는 것은 부화하여 나오고, 세포구멍이 많은 것은 (땅에) 심어서 나는 것입니다.

그렇게 생긴 생명이 존재하나 어디서 온것인지 알 수 없고, 그

것이 (죽어서) 돌아 갈때에는 형체는 남으나, (정령이 가는) 정해진 곳이 없고 들어가고 나가는 문도 없는 우주 안에는 충만해 있는 것은 하나의 근원적인 기입니다.

태양의 빛은 기의 맑고 탁함과 두껍고 얇음 때문에 변색하는데, 붉은색·노랑색·등색·녹색·파랑색·남색·자색이 다 흡수되면 검은색이 되고, 다 발산되면 흰색이 되는 것입니다. 이리하여 태양광선이 늘 알맞는 정도와 때를 맞추어 비치므로 형형색색의 동식물이 만들어집니다. 사람이 만물의 영장인 것은 우주 생명의 특별한 존재이며, 사람이 가장 존귀한 것은 첫째로 사상이 있기 때문입니다. 이 모든것은 천지, 자연 생물의 원리이며 현상입니다."

임금께서 말하기를 "옳은 말이다, 선생은 참으로 천고의 성인이다."하고 궤장(几杖)[44]을 내리셨다.

48년에 평화롭고 풍년이 들어 국태민안하니, 남문밖에 태평루를 짓고, 많은 신하를 모아 조서를 내리기를 "평안할 때에 위태로운 것을 잊지 말고, 즐거울 때에 괴로움을 잊지 말라. 사람이 먼 앞날을 염려하지 않으면 반드시 가까운 시일 안에 근심이 있게 되고, 오늘의 예비가 없으면 훗날에 어려움이 있을 것이다.

한 그릇의 죽과 밥이 만들어지는 것이 쉽지 않음을 생각하고, 실 한 오라기나 쌀 한 톨이라도 물자가 부족한 때를 생각하라.

---

44) 궤장(几杖) : 예전에, 임금이 국가에 공이 많은 늙은 신하에게 주는 안석(案席)과 지팡이를 말함.

근검과 절약은 나라가 부유해지는 으뜸가는 근본이니, 나와 신하와 백성은 하나가 되어 부지런하게 행동해야 한다." 하였다.

50년에 오성(五星)이 루성(婁星)에 모였다.[45] 56년에 누런 학이 정원 소나무에 와서 깃들었다. 9월에 유위자가 죽으니 임금께서 통곡하고 국가의 의례로 장사를 지냈다. 61년에 임금이 승하하니 사흘동안 절식하며 곡을 하였다. 태자가 제위에 오르니 제14세 단제이다.

제14세 단제 고불 (재위 60년)

첫 해에 맏아들 벌음(伐音)을 태자로 봉하였다. 팽운(彭雲)을 수상으로, 오성(吳成)을 상장으로 임명하였다. 6년에 크게 가물어 단제가 지성으로 비 오기를 기도하시더니, 큰 비가 수천리에 왔다.

10년에 만고후(晩考候)가 반란을 일으키니, 오성을 보내어 물리쳐 평정하였다. 24년에 현육(玄育)이 쳐들어와 노략질 하므로, 군사를 보내어 물리쳐 평정하였다. 25년에 은나라 사절이 입조하였다.

36년에 발해 해변에 황룡이 나타나고, 인어 한쌍이 육지로 올라왔다. 42년에 자모전(子母錢)[46]을 주조하였다. 9월에 마른나

---

45) 오성취루(五星聚婁)를 말하는데 수성, 금성, 화성, 목성, 토성이 일직선상에 늘어서는 천문현상으로 계산상 250~300년에 한번 일어난다.
46) 자모전(子母錢) : 청동으로 원형 또는 여러 형태로 주조한 화폐의 이름.

무에 새싹이 나오며, 다섯가지 색깔의 큰 닭이 동쪽 성내 마을에서 생겨나니 봉황이라 하였다.

52년 대학을 설립하고, 사방에 있는 학생들을 공부하게 하였다. 58년 밭과 토지, 산과 들을 측량하여 조세율을 개정하였다. 60년에 임금이 승하하였다. 태자가 제위에 오르니 제15세 단제이다.

제15세 단제 벌음 (재위 51년)

첫 해에 맏아들 위나(尉那)를 태자로 봉하였다. 단간선(段干仙)을 태자태부로 임명하였다. 2년 여름에 큰 홍수가 일어나 백성의 피해가 많았다. 단제가 불쌍히 생각하여 그 백성들을 창해빈(滄海濱)으로 이주시켰다.

10년에 임금께서 북쪽으로 행차하여 약수(弱水: 흑룡강)에 이르러, 우속(禹粟)에게 금광산(金鑛山)에서 채굴하게 하였다. 28년에 단제가 장백산에 올라 큰 돌을 세우고 그의 공덕을 세겼다.

29년에 임금이 심양(瀋陽) 태수를 불러 말하기를 "경이 심양을 지키는 동안에 오늘까지도 헐뜯는 말이 끊이지 않아서 내가 사람을 시켜 심양을 살피니, 밭과 들이 크게 개발되었으며, 백성들이 잘 살고 소와 말이 많이 번식되었다. 이것은 경이 내 좌우 신하에게 아첨하지 않은 까닭이다." 하고 벼슬을 높이고 상을 주었다.

청해(靑海) 태수를 불러 말하기를 "경이 청해를 지키는 동안에 오늘까지도 칭찬의 소리가 끊이지 않아서 내가 사람을 보내어 청해를 살펴보니, 밭과 들이 황폐해지고 백성은 가난하고 가축이 번식하지 않으니, 이것은 경이 내 주위 사람들에게 아첨하여 자랑했기 때문이다.

겉모양만 잘 나타 내는 사람을 세상이 다 미워하는데 하물며 군주된 사람이야 어떻겠는가. 내가 이미 경의 재능을 알고 있으니, 경이 일부러 한일이 아니라 생각한다. 다시 청해에 가서 백성을 선하게 다스리라."하고 청해로 보냈다.

창해(滄海) 태수를 불러 "경이 창해를 지키면서 오늘까지 칭찬도 없고 헐뜯는 말도 없으니, 관원된 도리는 임금에 충성하고 백성을 잘 다스리는 데 있으니, 책임을 망각하고 벼슬자리에 앉아 녹을 탐하는 자는 신하가 할 일이 아니다. 경은 명심하라." 하고 창해로 보내니, 이때부터 모든 관직에 재능과 인덕이 없는 자가 관직을 차지하고 놀고 먹는 자가 없어졌다.

36년에 숙부 고선(古仙)이 반란을 꾀하다가 발각되어 자살하였다. 40년에 동생 벌심(伐心)을 달단왕(達但王)으로 봉하였다. 51년에 임금이 승하하고, 태자가 제위에 오르니 제16세 단제이다.

제16세 단제 위나 (재위 58년)

첫 해에 맏아들 여을(余乙)을 태자로 봉하였다. 유위자(有爲子)의 아들 유덕자(有德子)를 태자태부로 임명하였다. 이해 여름에 임금께서 국정을 쇄신하고 군기를 바로잡았다. 외척이 휘두르는 권한을 없애고 인재를 등용하여 민폐를 없애며, 사치를 금지시키고 농사와 누에 기르기를 장려하니, 나라는 비록 오래되었으나 그 기상은 매우 새로워졌다.

3년에 궁성의 남쪽 문루가 너무 오래되고 누추하여 다시 중건하기를 좌우 신하들이 아뢰니, 임금이 "국가는 만민의 집이고 재산이다."하고 불허하였다. 4년에 임금께서 덕으로 나라를 다스리니, 상(商: 殷)나라에서 사신을 보내와 국정을 시찰하였다.

16년에 병략가 신우천(新尤天)가 아뢰기를 "군대는 나라의 큰일을 하기 때문에, 생사를 좌우하는 바탕이고, 존망을 좌우하는 변수가 됨으로 잠시라도 소홀히 할 수 없는 일입니다.

나라가 크다고 해서 전쟁을 좋아하면 반드시 망하고, 백성이 아무리 많다 해도 전쟁이 생긴다는 것을 잊어버리면 반드시 위태롭게 될 것이니, 마땅히 장병을 훈련시켜서 불시에 위급상황을 대비하는 것이 만전을 기하는 대책입니다."하고 새로운 병서 한 질을 바치니, 임금께서 받고 신우천을 상장으로 임명하였다.

28년에 여러나라의 제후들을 영고탑에 모이게 하여 회의를 하였다. 황극을(黃克乙)이 다음과 같이 아뢰었다.

"사람이 스스로 경망하면 사람들이 업신여기고, 나라가 스스로 무력을 행사하면 반드시 사람들도 힘으로 상대하니, 고목에 벌레가 생기고 썩은 물에 구더기가 생기는 것과 같이 법이 오래되면 폐단이 생기고, 도가 오래되면 마귀의 유혹이 생기기 때문에, 나라의 기강을 새롭게 정치와 법을 개혁해야 할 것입니다.

오래된 이념과 사상으로 하는 정치로는 문명사회에 사는 백성을 다스리지 못할 것이며, 쓸모없는 도덕으로는 복잡한 세상을 교화시킬 수 없으니, 마치 육지에서 배를 움직이는 자는 힘만 들고 얻는 것이 없으며, 겨울에 갈포옷을 입는 자는 몸이 얼어 기가 떨어지는 것과 같습니다.

옛날과 지금이 물과 육지, 겨울과 여름처럼 아주 다른데, 옛날에 사용하던 정치와 법을 혁신하지 않습니까. 우리 나라가 건국된지 천년이 가깝도록 외국의 침략을 받지 않은 것은, 다 선열과 성제의 유덕입니다. 그러나 오늘날의 백성들은 안락을 오래 누리고 있어 환란을 모르고 있으며, 문약에 빠져 용맹한 힘을 발휘하지 않으니 문명이 점점 퇴보하고 있습니다.

그러니 이와같이 말하지 않으면 경박한 자들이 은나라 문화 유행에 적어서 끝내는 음모자들의 농간과 권력남용에 나라가 망하는 참화가 있게 될 것입니다. 폐하께서는 이런 것을 유념하옵소서."

임금께서 그 말을 신중히 받아들여 법전을 새로 고치고, 황극을을 수상으로 임명하였다.

45년에 풍년이 들었다. 임금이 임명한 모든 기왕(杞王)[47]과 제후들이 다 조정에 들어와 임금에게 알현하였다. 제후들을 보고

---

47) 기왕(杞王) : 주나라 무왕이 하나라 우 임금의 후예를 기왕에 봉하여 우 임금의 제사를 받들게 하였다. 하(夏)나라의 말세가 기국(杞國)이다.

묻기를 "너희들이 다스리는 나라의 민생형편은 어떠한가." 하니, 제후들이 한결같이 대답하기를 "집집마다 잘 살고 있어 별다른 우려가 없고, 다만 하늘이 기울까 하여 우려할 따름입니다."하니, 임금이 웃었다. 후에 사람들이 우려할 것 없는 일을 가리켜 기우(杞憂)라 하였다. 58년에 임금이 승하하고, 태자가 제위에 오르니 제17세 단제이다.

제17세 단제 여을 (재위 68년)

첫 해에 맏아들 동엄(冬嚴)을 태자로 봉하였다. 3년에 엄년(嚴年)이 쳐들어와서 군사를 보내 토벌하였다.

6년에 큰 흉년이 들어 큰 창고의 곡식을 풀어 백성들을 구제하였다. 7년에 임금께서 천하에서 최고로 고결한 인격자가 누구냐고 송술(宋術)에게 물으니, "세상에서 최고로 고결한 인격자는 없으나 그래도 고수노(高叟老)가 이에 해당될 것 같습니다." 하였다. 임금이 "내가 장차 불러서 논의해 보겠다."하였다.

10년 봄에 임금이 고수노를 불러 정사를 물으니, 고수노는 대답하기를 "정사는 백성을 다스리는 도입니다. 비록 한 정부안에 있다 해도 지방의 멀고 가까움에 따라 서로 달라, 백성의 지적 수준이 문명한지 미개한지의 정도가 같지 않아서 일률적인 방법으로 다스리기가 어렵습니다.

가령, 젖먹이는 젖이 아니면 키울 수 없고 어른은 밥이 아니면 배부르지 않으며,노인은 고기가 아니면 영양이 부족하고, 병자는 약이 아니면 치료할 수 없습니다. 그러므로 각 지방의 수준 정도에 합당한 정치를 하여야만 나라를 다스려 천하를 태평하게 하는 비법입니다.

대체로 정치는 백성들을 가르쳐 이끄는 일이며 법률은 백성을 징벌로 다스리는것이니, 먼저 가르치지 않고 징벌로 다스리는 것을 우선한다면 이것은 백성을 법망안에 가두는 것과 같아서, 어진이가 제위에 있으면서 어찌 백성을 법으로만 다스릴려고 합니까.

(백성을) 교도하는 방법은 대략 몇 가지 있습니다. 지적수준이 낮은 백성은 먹고 사는 것을 가장 중요하게 여기기 때문에 항상 먹고 입는 것을 풍족하게 한 후에 예의를 가르치며 법과 원칙으로 이끌어야 합니다. 서로 도와주면서 순종케하는 것이 마치 물이 낮은데로 흐르것과 같아서 산에는 도적이 없고 길에 떨어진 물건도 가져가지 않을 것입니다.

이것이 양민(養民)[48]의 정치입니다. 만일 백성이 항산(恒産)[49]이 없으면 항심(恒心: 늘 지닐 수 잇는 떳떳한 마음)이 없어지고, 항심이 없으면 남을 속이는 일과 도적질을 마음대로 하게 됩니다. 배가 고파도 먹을 것이 없고, 추워도 입을 옷이 없으면 아무

---

48) 양민(養民) : 백성을 보살펴 잘 살게 만듬 - 『논어』 公冶長(공야장)편에 나오는 공자의 정치사상.
49) 항산(恒産) : 백성이 생활을 유지할 수 있는 재산과 생업 - 『맹자』 등문공장(滕文公章)에 나오는 '항산이 있는 자가 항심이 있다(有恒産者有恒心)'에서 유래된 말.

리 자비로운 아버지일지라도 자식을 기를 수 없는데, 군주가 어떻게 백성을 보호하며 다스리겠습니까. 옛말에 창고가 가득차 있어야 예절을 갖추고, 옷과 먹는 것이 만족해야 영욕을 안다 했습니다.

옛날의 어질고 덕이 뛰어난 황제와 정치나 행정에 밝고 현명한 임금은 생산을 늘려 백성을 잘 살게 하는 것을 정치의 요소로 삼고, 혹은 세금을 낮추고 대부(貸賦)하여 주며, 물가와 물자를 알맞게 조절하며 가축을 빌려주는 등 해야 할 일을 게을리 하지 않는 것은, 나라의 재정을 위해서가 아니라 백성의 생활을 풍족하게 하기 위한 것입니다.

백성으로 하여금 정신을 가다듬어 일어나게하는 것은, 마치 양봉할 때 벌통에 꿀을 넣어주는 것과 같아 (백성들이) 감동받게 하면 힘든 것도 잊고 생업에 매진하게 될 것이니, 이것은 상을 주지 않고도 백성을 움직이게 하는 방법입니다.

그 다음 상위계층 사람들에게는 인권을 옹호하는 정치를 해야 합니다. 의식주 해결만으로 만족하게 여기지 않으므로 인권을 존중해줌으로써 그 인격을 존중하여 정치에 참여할 기회를 주고, 평상시 과거를 보아 평생의 포부를 펼치게 하면, 공사에 매진하여 나라를 위하여 몸을 바칠 날을 손꼽아 기다릴 것입니다.

또한 장병을 양성하는 데는 특권을 허락하여 백성으로 하여금 그 위풍을 우러러보며 사모하는 마음을 갖게 하는 국립사관학교를 세워 백성들이 수업하게 하면 이것이 군대를 다스리는 정치입니다.

 또 높은 관직에 있는 자는, 그 지도의 책임이 자기에게 있는 줄 알고 백성을 사랑하는 마음으로 업무를 하면 이것이 나를 버리고 공적으로 봉사하는 것입니다. 이와 같이 군관군민이 일치되어 행정이 이루어지면 곧 사위일체의 정치입니다. 항상 세상의 큰 흐름과 환경에 따라 비록 사소한 차이가 있기는 하나, 국시(國是)[50]를 잊지 않으면 빈틈없는 완전한 정치가 되는 것입니다."하니, 임금이 옳다 하고, 국태사로 임명하였다.

 18년에 고수노가 정치와 법률 원론 38편을 바치니, 임금이 크게 기뻐하며 국민들로 하여금 학습하게 하였다. 20년에 일식이 있었다. 38년에 은나라 사절이 입조하니, 사신을 보내어 사례하였다.

 42년에 나라가 태평하고 무사하니 이 때에 동등한 나라는 은나라 하나뿐이며, 그 외 나라는 모두 따르며 복종하는 나라이며, 기타 나머지는 제후들이 다스리는 나라였다.

 하루는 임금이 조용히 고수노에게 묻기를 "인생 백년이 마치 흰갈매기가 틈새로 잠깐 지나가는 것과 같고, (누구나) 다 백발이 되어 귀하고 천한 차이가 없는 것인데, 사람이 홀연이 죽으면 어디로 가게 되는가."하니, 고수노가 대답하기를

 "사람은 천지간에 만물중에 하나입니다. 만물은 종류가 무궁

---

50) 국시(國是) : 국민이 지지하는 국가의 이념과 국정의 근본방침.

하고 시간의 흐름이 끝이 없고 경계가 정해진 것이 없어 시작과 마침을 고정할 수 없습니다.

그러므로 크게 지혜로은 자는 멀고 가까운 것을 다 볼 수 있어 (보이는 것이) 작아도 (그 양이) 적다고 하지 않으며 커도 많다고 하지 않는 것은, 그 양이 무한함을 알기 때문이다. (이것은) 옛부터 지금까지 증명된 것이지만 (그 깨달음을 얻는 때가) 아득히 멀어도 근심하지 않으며, 모두 거두어들여도 다 차지 않음은 시간의 멈춤이 없는 것을 알기 때문입니다.

차있고 비어있음을 아는 것 때문에 (깨달음을) 얻어도 기뻐하지 않으며, (깨달음을 얻지 못해도) 근심하지 않는 것은, 사물을 잘 분별하고 헤아리는 슬기로움을 갖는 것이 헛되고 덧없음(無常)을 아는 마음의 평정을 얻는 도에 통달했기에 살아 있어도 기뻐하지 않으며 죽는다 해도 나뻐하지 않으니 이는 처음과 끝이 정해져 있지 않음을 아는 까닭입니다.

사람의 알고 있는 것을 따저보면 그가 모르는 것에 미치지 못하며, 태어나 살고 있는 때가 태어나기 전과 같지 않지만, 그러나 태어나 살고 있는 자는 책임과 의무를 다하도록 (생명을 주신 부모와 나라에) 받칠 제물이니, 사람의 몸은 그 책임을 위하여 사용할 도구입니다. 책임을 다하기 위하여 그 몸을 써서 목적을 달성하면, 몸은 비록 죽는다해도 전체적인 자아의 정신에는 해침이 없을 것입니다.

관료와 백성 및 장수와 병사는 나라의 큰 사업을 위하여 분담

토록 하는 편리한 방법입니다. 절대적인 책임으로 보면 관민장병은 서로 같은 한 몸이니 무슨 차별이 있겠습니까. 관료는 높고 백성은 낮으며 장수는 존귀하고 병졸은 천하다는 생각은, 나라가 가난해지고 군사가 약해질 수 있는 나쁜 원인입니다. 옛말에 백성이 성품이 어질고 사물의 이치나 도리에 밝음은 군주의 용렬하고 우매함보다 낫다고 하였으니, 평범한 백성이라 할지라도 의무와 책임을 다하는 자는, 군주라도 업신여겨서는 안됩니다. 그 이유는 그들에게도 절대로 존중할만한 가치가 있기 때문입니다.

사람이 자기의 의무와 책임에 진력한 후에 세상을 떠나 천궁에 가면, 사회에서 활동한 일과 영혼의 존재가 잊혀지지 않을 것이니, 어찌 인생이 잠깐 백발이 되는 것을 한스럽게 생각하겠습니까. 백발은 사회에서 활동한 것의 징표이니 사람이 할 일을 하지 않고 공연히 백발만 탄식하는 것은 부끄러울 따름입니다.

그러나 폐하의 위대한 공적과 대업은 우러러 하늘에 부끄럽지 않고, 내려다보아도 사람에게 부끄럽지 않습니다."하니, 임금이 이르기를 "이 말은 나에게 약이 된다."하고 더욱 정사에 힘셨다.

52년 봄에 임금께서 백산(白山)에 가볼 때에, 백산의 봉토 지역을 지키는 관리가 아뢰기를 "성인이 되심을 축하드리며 성인으로 하여금 장수하며 재물과 복을 받으시고 자녀를 많이 두소서." 하니, 임금이 "사양하노라. 오래 살면 이웃에 욕이 되고, 재물과 복이 많으면 사람의 원한을 사게 되고, 자녀가 많으면 사람의 허물을 받게 된다. 천하에 도가 살아 있으면 백성과 함께 즐거워하게 되고, 천하에 도가 없으면 도를 닦고 덕을 기르다가, 늙어 세상을 뜨면 천궁에 가는 것이 인생의 행복이다."하셨다. 68년에 임금이 승하하고, 태자가 제위에 오르니 제18세 단제이다.

제18세 단제 동엄 (재위 49년)

첫 해에 맏아들 종년(縱年)을 태자로 봉하였다. 2년에 은나라 사절이 조정에 들어와 알현하니 사자를 보내어 답례하였다. 5년에 고수노에게 나라 역사(國史) 18권을 편찬하게 하였다. 10년에 약목(若木)을 수상으로, 금내물(金乃勿)을 상장으로 임명하였다.
  20년에 임금이 서쪽 변방을 을 시찰할 때에, 사람을 서장(西藏)에 보내어 함문경(咸文經)을 구하여 왔다. 49년에 임금이 승하하고, 태자가 제위에 오르니 제19세 단제이다.

제19세 단제 종년 (재위 55년)

첫 해에 맏아들 고홀(固忽)을 태자로, 동생 종선(縱鮮)을 청아왕(菁莪王)으로 봉하였다. 청아왕의 증손이 서여(西餘)로서 조선기자(朝鮮奇子)의 태조(太祖)가 되었다. 3년에 나라 글을 배우는 서당을 세워 백성들에게 학습하게 하였다.
  10년에 패엽전(貝葉錢: 조개로 만든 옛날 화폐)을 만들었다. 16년에 제조공장을 세우고, 닥나무 껍질로 종이를 만들고 칡 껍질로 베를 짜 옷감을 만들었다. 24년에 남쪽나라(越) 상인(裳人)이 조정에 들어와 알현하였다.

26년에 배 만드는 공장을 송화강 남쪽 기슭에 세웠다. 55년에 임금이 승하하고, 태자가 제위에 오르니 제20세 단제이다.

제20세 단제 고홀 (재위 43년)

첫 해에 맏아들 소태(蘇台)를 태자로 봉하였다. 은나라 사절이 조정에 들어와 알현하니 사신을 보내어 답례하였다. 4년에 북쪽 흉노가 나라의 경계 지역에서 우두머리 행세를 함으로 군사를 보내어 토벌하였다. 11년 가을에 흰무지개가 태양위에 떳다.

28년에 임금께서 서남쪽으로 행차하여, 은나라 수도에 이르렀고 다음 달에 돌아왔다. 36년에 별궁을 영고탑[51]에 지었다. 40년에 공을홀(工乙忽)이 천하 지도를 제작하여 바쳤다. 43년에 임금이 승하하고, 태자가 제위에 오르니 제21세 단제이다.

제21세 단제 소태 (재위 52년)

첫 해에 맏아들 색불루(索弗婁)를 태자로 봉하고, 상유덕(尙有德)을 태자태부로 임명하였다. 3년에 공을 세운 신하 여심심(黎

---

51) 영고탑(寧古塔): 지금 만주 목단강(牧丹江) 아래의 영안(寧安)

尋心)을 창해군(滄海君)으로 봉하였다. 13년에 동해 바닷가에 힘센 장사가 있었는데, 키가 아홉자나 되고 천 사람의 힘을 가졌다 하여, 임금께서 사람을 시켜 불러다가 변방을 지키는 장수로 임명하니 절인적(絶人跡)이라 불렀다.

44년에 은나라 사절이 왔다. 51년에 동생 홀라(忽那)를 회을왕(回乙王)으로 봉하였다. 52년에 임금이 승하고 태자가 제위에 오르니 제22세 단제이다.

제22세 단제 색불루 (재위 48년)

첫 해에 맏아들 아홀(阿忽)을 태자로 봉하였다. 6년에 육우(陸右)가 아뢰기를 "길림(吉林)은 천년 동안 도읍한 땅인데 큰 운이 이미 다 가고 영고탑은 왕의 기운이 서려 있으니, 영고탑으로 도읍을 옮기는 것이 타당합니다." 하였다. 단제가 이 말을 듣고 사람을 시켜 영고탑에 성을 쌓았다.

10년 10월에 누런 안개가 끼었다. 36년에 반역을 도모하는 하는 신하 신독(神督)이 군사를 일으켜 궁성에 쳐들어옴으로 단제가 영고탑에 피난하였다. 이때부터 많은 사람들이 영고탑에 이주하여 살게 되어 동북방의 큰 도읍지가 되었다. 48년에 임금이 승하고, 태자가 제위에 오르니 제23세 단제이다.

제23세 단제 아홀 (재위 75년)

첫 해에 맏아들 연나(延那)를 태자로 봉하녔고, 오한(吳漢)으로 태자태부를 임명하였다. 4년에 은나라 사절이 입조하였다. 5년에 중신회의를 열고 영고탑으로 도읍을 옮길 것을 토의하였다. 12년에 돌궐(突厥)[52] 사절이 조정에 들어와 알현하니 후하게 대접하였다.

19년에 신독의 아들이 쳐들어왔으나 아덕(亞德)이 그의 목을 베었다. 25년에 송화강 연안의 각 공장을 수리하였다. 32년에 군관학교를 설립하고 병법에관한 학문을 가르쳤다. 53년에 단제가 영고탑을 시찰하고 정전법[53]을 가르쳤다. 61년에 영고탑을 다시 수리하였다.

70년에 크게 가물어 창고에 쌓아두었던 곡식을 풀어 백성을 구제하였다. 75년에 훌륭한 재상인 아덕(亞德)이 임금을 보좌하니 나라가 태평해졌다. 76년에 임금이 승하하고 태자가 제위에 오르니 제24세 단제이다.

---

52) 돌궐(突厥) : 알타이산맥 부근에서 몽고고원에서 중앙아시아에 걸쳐 터키계 유목 민족국가.
53) 정전법(井田法) : 고대에 국가에서 실시한 토지 조세제도

제24세 단제 연나 (재위 11년)

첫 해에 동생 솔나(率那)를 태자로 봉하고, 오한(吳漢)으로 태자태부로 임명하였다. 4년에 은나라 사절이 입조하였다. 8년에 남만[54]의 사신이 조정에 들어와 알현하였다. 10년에 조대원(趙大元)이 정치원론 10권을 바쳤다. 11년에 임금이 승하하고 태자가 제위에 오르니 제25세 단제이다.

제25세 단제 솔나 (재위 39년)

첫 해에 맏아들 추로(鄒魯)를 태자로 봉하였다. 2년에 임금이 영고탑에 행차하였다. 39년에 임금께서 영고탑으로 도읍을 옮겼다. 전기 단군조선 제1세 단제부터 25세 솔나의 39년간까지 25대의 역년(曆年)이 1214년이다.[55]

---

54) 남만(南蠻) : 월남(越南)이라고도 부르는데 지금의 베트남 지역을 말한다.
55) 전 단군조선의 역대 임금의 재위 기간을 정확히 계산해 보면 1222년 간이다.

제2편 상고사(上古史)

■ 후기 단군조선(後期 檀君朝鮮)

제1세 단제 솔나

후기 단군조선 제1세 단제 솔나는 전기 단군조선 제23세 단제 아홀의 둘째 아들이며, 제24세 연나의 동생이다. 단군 기원 1214년 7월 15일 영고탑에 도읍을 옮겼다. 임금께서 무예가 용맹하며 현명하고 사리에 밝다. 또한, 강직하고 공평하며 정치적 행위가 일관성이 있고 법률과 제도의 시행이 평탄하게 어진 정치를 베풀어 백성을 어루만지셨다.

5년 봄에 조서를 내리어 "임금이 백성이 없으면 누구를 다스리며 백성은 군주가 없으면 누구를 받들겠는가. 백성이 국가의 기본이며 임금은 국가의 중심이니, 기본이 없으면 중심이 소용없고 중심이 없으면 기본이 의지할 데가 없기 때문에, 오직 임금과 신하는 상하가 일심동체가 되어야 완전한 국가를 이룰 수 있다. 그러니 나와 백성은 마땅히 함께 힘써 희망찬 내일을 맞이하게 하라."하였다.

6년에 국민의 세금을 반으로 감하였다. 7년에 농사가 풍년이 들어 나라 창고의 재물이 여유가 있었으며 큰 창고에는 곡식이 가득하였다. 노인은 영가를 부르고 아이들은 춤을 추니 봄바람에 꽃 향기가 그윽함과 같았다.

8년에 임금께서 홍운성(洪雲性)에게 묻기를 "바른 신하와 바르지 못한 신하를 어떻게 구별하는가."하니, 대답하기를 "(부당한 명령에도) 사리와 분별로 굴복하지 않는 자가 바른 신하이며 위엄 앞에 맹종하는 자는 거짓 신하입니다. 임금은 물의 근원이며 신하는 물의 흐름이니, 근원을 흐리게 하고서 그 흐름이 맑기를 원하는 자는 얻지 못할 것이니, 임금께서 어진 후에야 신하가 바르게 되나이다."하니, 임금이 "옳다" 하였다.

9년에 임금이 조용히 홍운성에게 묻기를 "어떻게 하면 국운이 오래 가겠는가."하니, 대답하기를 "비록 천하를 얻었다 해도 인의로 나라를 다스려야만 국운이 오래 이어질 것입니다. 만일 거짓을 숭상하고 허위로 다스리면 국운이 짧아질 것입니다. 천하를 올바르게 또는 그 반대로 얻을 수는 있으나, 나라를 지키고 발전시킬려면 필히 순리대로 해야 합니다. 세습으로 나라를 다스리는 임금께서는 이것을 아셔야 합니다."하니, 임금께서 "옳다."하였다.

15년에 기자조선(奇子朝鮮) 사절이 입조했다. 19년에 누런학이 소나무 밭에 깃들었다. 20년에 밭 곡식이 풍년이 들어 줄기

하나에 이삭이 다섯 개나 되는 것도 있었다. 22년에 조윤국(趙允國)을 수상으로, 감라덕(甘羅德)을 상장으로 임명하였다.

28년에 임금께서 조윤국에게 묻기를 "어떻게 하면 슬기롭고 어진 신하가 되며 어떻게 하면 충성스러운 신하가 되느냐."하니, 대답하기를 "임금과 신하가 한 마음으로 협의하여 백성과 나라를 다스려 모두 복이 많고 즐거움을 누리게 하면 슬기롭고 어진 신하이며, 임금에게 비위를 맞추지 않고 조정에서 올바른 소리를 하며 나라의 위기때에 죽음도 두려워하지 않으면 충성스러운 신하입니다.

사람이 자기 용모를 보고자 하면 반드시 맑은 거울을 사용해야 합니다. 임금이 자신의 과실을 알고저하면 반드시 슬기롭고 어진 신하를 가까이 하여야 합니다. 현명한 임금이 있어야 슬기롭고 어진 신하가 있게 되고 총명한 임금이 있어야 충성스러운 신하가 있게 되는 법입니다."하니 임금이 "옳고 옳다."하였다. 50년에 임금이 승하하고, 태자가 제위에 오르니 제2세 단제이다.

제2세 단제 추로 (재위 65년)

첫 해에 맏아들 두밀(豆密)을 태자로 봉하고, 자운(紫雲)을 태자태부로 임명했다. 2년에 강주문(姜周文)이 아뢰기를 "옛날에 팽오가 산을 파고 물을 다스리는데 백성의 원한이 없는 것은, 사람들 모두에게 공평한 공동이익이 되게 했기 때문입니다. 오늘 폐하께서 궁궐을 건축함으로 백성의 원성이 많은 것은, 사사로운 일에 치우쳐 백성들을 괴롭히며 자기만을 이롭게 하고자 하기 때문입니다.

　백성들의 임금된 분이 백성들을 괴롭히고 자기만을 이롭게 하는 마음이 있으면, 이것은 부신장주[1] 하는 것과 같은 어리석은 짓입니다. 어진 임금은 백성들을 이롭게 하고 자기를 이롭게 하지 않으며, 어두운 임금은 자기를 이롭게 하고 백성들을 이롭게 하지 않습니다.

　사람을 이롭게 하면 경청하 사람이 되고, 경청을 겸하면 듣지 못하는 것이 없게 되고, 자기를 이롭게 하면 한쪽 말만 듣게 되고 한쪽 말만 들으면 담장을 바라보고 서 있는 것과 같아서, 가까이 있는 (신하의) 충언도 듣지 못하는데 먼곳에 있는 (백성들의) 소리를 어떻게 듣겠습니까. 그러므로 명철한 임금은 묻기를 좋아하며 가까이서 (신하의) 하는 말을 살피기를 좋아하며, 사람을 이롭게 하고 자기를 이롭게 하지 않으므로 모든 간신(奸臣)이 자신을 숨기지 못합니다.

　어두운 임금은 (아부하는) 한쪽편만 믿고 모든 신하들에게 널리 묻지 않기 때문에, (임금의) 그 작은 견해가 대나무 통속으로 하늘을 엿보는 것과 같아서 비록 현명한 신하와 어진 보좌관이

---

1) 부신장주(剖身藏珠) : 아름다운 구슬을 얻어 몸을 가르고 그 속에 구슬을 간직하는 것.

옆에 있어도 버리고 쓰지 않으니, 도리어 사람이 없는 것만 같지 못합니다.

 그러니 누구와 더불어 천하를 의논하겠습니까. 원하옵기는, 폐하께서는 어질고 명석한 선비의 기를 북돋아 주시고, 여러 사람의 의견을 받아들여 잘못된 것은 버리고, 좋은 것은 취하여 정사를 돌보신다면, 천하는 태평할 것입니다."라고 말하니 임금께서 옳은 말이라고 하였다.

 4년에 임금께서 이사금(尼師今)에게 묻기를 "음악에 흥망의 곡조가 있는가."하고 물으니, 대답하기를

 "옛날 성군과 영명한 왕이 물질적인 것으로 사람을 교화하기도 했습니다. 음악은 능히 사람을 감동시키므로 기쁘고 즐겁게 사는 사람이 들으면 기쁜 마음이 생기고, 걱정과 슬픔이 있는 사람이 들으면 슬픈 마음이 생깁니다. 그러니 슬픔과 즐거움은 사람의 마음에 있는 것이지 음악에 있는 것은 아닙니다.

 그러므로 장차 나라를 부흥시키는 정치를 하면 백성들의 마음이 기뻐서 음악을 들으면 즐거워 할 것이며, 나라를 망하게 하는 정치를 하면 백성들의 마음이 우울하여 음악을 들어도 기쁘지 않을 것입니다 세상 사람들이 시대의 현상을 보아 흥하고 망할 곡조임을 알 따름이니, 사실은 그것이 음악에 있지 않고 사람의 마음에 있는 것입니다. 그러기 때문에 태평시대에는 비록 슬픈 곡을 연주한다 해도, 기쁘고 즐거운 흥이 솟아나게 되는 것입니다."하니, 단제가 옳다고 하였다.

8년에 신하들이 조정에 들어가 알현하니, 단제가 신하들에게 "백성들의 마음을 잘 살피지 않으면 큰 화가 생길 것이니 모든 일에 주의하라."하였다. 이 분부를 듣고 신하들이 모두 기쁜 마음으로 복종하였다.

15년에 오성원(吳聖源)이 아뢰기를 "오랫동안 평안하여 백성들이 교만하고 방자하며 버릇이 없어 가르쳐도 감화되지 않습니다. 그러나 전란을 겪은 백성은 고생을 함께해서 걱정해주면 감화되기 쉽습니다. 비유하면 굶주린 자에게는 음식이 달고 배부른 자에게는 맛있는 음식이 없습니다.

오늘에 이르러 나라가 태평한지 이미 오래되어 백성들이 교만하고 방자하며 버릇이 없어 가르치기가 매우 어려우니, 폐하께서 민정을 잘 살피시어 교만하고 방자하며 버릇이 없는 관습을 없애기 바랍니다."하니, 단제가 그 말을 따랐다.

20년에 기자조선 사절이 입조하였다. 28년에 달단(韃靼: 몽골계 타타르 부족)의 추장이 입조하였다. 40년에 고주만(高朱滿)이 글을 올려 아뢰기를

"사람을 잘 살펴서 써야 합니다. 군자 하나를 쓰면 군자가 다 모이고, 소인 하나를 쓰면 소인들이 다투어 오게 됩니다. 천하가 어지러워 편안하지 못하면 (사람들이) 재물만 취하고 (올바른) 행동을 하지 않으니, 천하가 평정되면 재주와 덕을 겸비한 사람이 아니면 써서는 안됩니다.

신이 요즘 모든 관리들의 움직임을 보니 폐하 앞에서 (정치에

대해) 말하는 것이 삼분의 일도 안됩니다. 하물며 간관(간언하는 직책의 관리)도 책망을 받을까 하여 바른 말을 아뢰지 못하오니 폐하의 특별한 허락이 없으면 어떻게 가까이 정을 나누겠습니까. 엎드려 바라는 것은, 폐하께서는 온화한 표정으로 백성을 사랑하시고, 선비들에게는 몸을 낮추시면 간관이 뜻을 다하여 천하의 사정을 낱낱이 아뢸 것입니다."하니, 임금이 그 뜻을 따랐다. 65년에 임금이 승하하고, 태자가 제위에 오르니 제3세 단제이다.

제3세 단제 두밀 (재위 26년)

첫 해에 해모(奚牟)를 태자로 봉하고, 황극명(黃克明)을 태자태부로, 한진거(韓眞渠)를 수상으로, 김일황(金日黃)을 상장으로 임명하였다. 3년에 정지선(鄭知先)이 아뢰기를 "(임금께 올리는) 상서가 격렬하고 절실하지 않으면 임금의 마음을 움직일 수 없고, (임금께) 아뢰는 말도 절실하지 않으면 임금의 마음을 감동시킬 수 없으니, 임금이 그런 실정을 살피지 못하고 가끔 그 신하에게 죄를 묻는 일이 있습니다.

그러므로 올바른 언로가 막히고 충언의 말을 들을 수 없게 됩니다. 속담에 젖먹이의 말도 성인은 듣는다고 했으니, 청하옵건데 폐하께서는 간절하고 절실한 말을 잘 들으시기 바랍니다." 하니 임금께서 "정말 옳은 말"이라고 하였다.

8년에 심한 가뭄 뒤에 큰 비가 내려 백성들이 거두어들일 곡식이 없어, 조서를 내리시어 창고에 쌓아 두었던 곡식을 풀어 백성을 구제하였다. 26년에 임금이 승하하고, 태자가 제위에 오르니 제4세 단제이다.

제4세 단제 해모 (재위 28년)

첫 해에 맏아들 마휴(摩休)를 태자로 봉하고, 황노명(黃老明)을 태자태부로 임명하였다. 3년에 황노명이 아뢰기를
"임금된 사람이 시작은 선량하게 하는 자가 많으나 끝에 가서는 선량하게 하는 자가 적습니다. 제위에 오르기는 쉬우나 지켜 나가기가 어찌 힘들지 않겠습니까. 이것이 걱정되면 정성을 다하여 사람을 사랑하고, 안일해지면 방자하여 사물을 소홀히 여기게 됩니다.
사람을 사랑하면 원수와도 마음이 하나가 될 수 있고, 사물을 소홀히 여기면 친척이라도 헤어지게 되니, 만일 위엄만으로 다스린다면 겉으로는 따르는 척 하나 내심으로는 복종하지 않습니다.
임금의 행실은 가령, 욕심이 일어났을 때는 이미 부족한 것으로 생각하고, 넘침이 보여지면 그쳐야 할 것을 생각하며, 높은 자리에 있으면 아랫 사람에게 겸손할 것을 생각하며, 가득차면 덜 것을 생각하고, 방탕하게 되면 절제를 생각하고, 안락하면 음행을 멀리 할 생각을 하며, 그릇된 것과 거짓을 보면 스스로 바

르게 할 것을 생각하며, 상 줄 때에는 기뻐서 지나치게 잘난체 하는 마음이 생길 것을 생각하며, 형벌을 줄 때에는 노하여 과격 해질까를 생각하시옵소서. 이런 여러 생각을 고려하여 어진 사람을 뽑고 능력있는 사람에게 맡기면 빈말이 아니라 정말 잘 다스려질 것입니다."하니, 임금께서 칭찬하기를 그치지 않으셨다.

8년에 탁암(卓岩)이 돌로 북(鼓)을 만들어 바쳤다. 9년에 기자조선 사절이 입조하였다. 10년에 황노명이 아뢰기를

"폐하께서 선량하게 하는 마음가짐이 옛날에 미치지 못하고, 도를 듣고 잘못함을 고치는 일은 지난 날보다 못하고, 벌을 주실 때는 진노하시므로 휴식할 틈이 없습니다.

옛 말에 신분이 높은데 더 높은 것을 기대하지 말며, 부유한데 더 많은 것은 것을 바라지 말라한 것이 헛된 얘기가 아닙니다. 옛날에 하나라가 어지러움이 있기 전에는 스스로 전란은 없다고 장담하였으며, 전란이 일어나도 스스로 망하지 않는다 하였으며, 부역이 많고 교만과 사치가 지나쳐 재난이 닥쳤는데도 깨닫지 못했습니다.

용모를 비추어 보려면 맑은 물이 필요하고, 실패를 알고자 하면 멸망한 나라만한 것이 없습니다. 원하옵기는, 폐하께서는 하나라를 거울 삼아 사치를 몰아내고 검소한 생활을 하게 하며, 충실하고 현명한 신하와 친하고 간사한 자들을 멀리하여 현재의 평온할 때 앞으로 닥칠 일을 대비하여 둔다면, 이것으로 국가가 철석같은 간성이 되는 것입니다."하니, 임금께서 칭찬을 아끼지

않으셨다.

11년 여름에 태풍이 불어 폭우가 쏟아지니, 육지에 물고기가 어지럽게 흩어져 있었다. 13년에 황노명이 또 아뢰기를

"말하는 것과 동시에 그 말을 믿는 것은 믿는 것이 말하기 전에 있었기 때문이며, 명령을 내림과 동시에 행동하는 것은 그 행동하는 것이 명령하지 않아도 있는 것입니다. 폐하께서 백성을 다스리신지 13년 동안에 덕으로써 감화시키는 일이 부족한 것은 오직 좌우 신하가 정성을 다하지 못한 까닭입니다.

지금 법을 만들고 집행하는 것과 행정을 군자와 같은 사람에게 맡겨도 잘되는 때도 있고 잘 안되는 때도 있는데, 가끔 소인배에게 위임하십니다. 따라서 군자를 대할 때에 가볍게 하고 멀리하며, 소인배를 대할 때에는 두텁고 친근하게 합니다. (군자를) 친밀하게 하면 못하는 말이 없고 멀리하면 소통되지 않습니다. 뛰어나지 못한 사람이라 할지라도 왜 작은 지혜조차 없겠습니까. 그러므로 나라를 경영할 수 있는 인재가 아니고는 미래에 닥칠 일을 깊이 헤아리지 못할 것이니, 비록 (국정에) 온 정성을 다한다해도 실패하는 때도 있는데, 하물며 마음이 간사한 사람이 정사에 참여한다면 그 피해가 어찌 가볍겠습니까.

간혹 군자라도 조그마한 과실이 없을 수 없는 일인데, 그 과실이 올바른 길로 가는 것을 해치지 않도록 행정을 펴 나가기만 한다면, 이것은 도에 가까워지는 것입니다. 군자라도 불신하여 의심한다면, 이것은 곧은 나무를 세우고 그 모양이 곧지 않음을 의

심하는 것과 어찌 다르겠습니까.

 폐하, 능히 군자를 진실하게 예우의 도로 신용하면 어찌 정치를 잘못할 것을 근심하겠습니까. 나라가 위태로운 때가 언제 닥칠지 알 수 없는 일인데, 스스로 평안하다 하는 것은 마치 제비가 지붕 위에 있으면서 기둥에 불이 붙는 것을 알지 못하고, 어미와 새끼가 서로 즐기는 것과 같으니, 임금이 된 분은 반드시 장래 일을 깊이 헤아리시기를 바랍니다."하니, 임금께서 칭찬하시고, 황노명을 국태사로 임명하였다.

 18년에 가락(駕洛: 弁韓)의 사절이 입조했다. 28년에 임금이 승하하고, 태자가 제위에 오르니 제5세 단제이다.

제5세 단제 마휴 (재위 34년)

 첫 해에 동생 나휴(奈休)를 태제(太弟)로 봉하고, 이장선(李長善)을 태자태부로 임명하였다. 2년에 주태원(周太元)이 아뢰기를 "옛날 오랜 세월을 이어온 나라는 은혜를 사람들 마음 속에 심었기 때문에 절대로 망하지 않았으며, 단명한 나라는 은혜를 사람들 마음 속에 심지 못하였기 때문입니다. 은혜라는 것은 당장은 아무 이익이 없으나 장래에는 크게 보상이 있는 보화입니다.

 뿌리가 깊으면 잎이 무성하고 근본이 단단하면 자손이 번성하는 것이니, 폐하께서는 마땅히 선대의 현명한 임금의 다스림을 이어 자손만대의 터를 견고하게 하옵소서, 그러함에 어찌 눈앞의 일만 보겠습니까.

현재의 집과 사람의 수가 옛날의 10분의 6에도 미치지 못하는 이유는, 백성들이 부역에 급급하여 형이 나가면 아우가 돌아오고, 서로는 길에서나 겨우 만나는 형편입니다. 폐하께서 조서를 내리어 그 피해를 덜어 주고자 하였으나, 토목사업을 그치지 않으면 백성들이 휴식할 수 없을 것입니다.

제가 옛 글을 봤더니, 옛부터 지금까지 백성의 원한이 모여 도적이 되면 망하지 않은 나라가 없습니다. 제후나 왕이된 자가 현재 어질지 못함에도 옛날의 어질지 못한 일을 비웃고, 현재 덕이 없음에도 옛날의 덕이 없는 일들을 비웃으니, 인덕은 옛날과 지금이 같지 않은 듯합니다.

옛날에 9년 홍수가 있었어도 오히려 쌓아둔 것들이 많았고 백성들의 원성이 별로없더니, 오늘날에는 해마다 풍년이 들어도 창고에 곡식이 없고 백성들의 원성이 있는 것은, 폐하께서 급하지 않은 공적 일과 업무를 많이 하기 때문입니다. 나라의 흥망이 흉년과 풍년에 있지 않고 오직 백성들의 괴로움과 즐거움에 있습니다.

그러므로 백성들의 괴로움을 돌보는 것이 먼저할 일이며, 백성들이 부유해지고 여력이 있을 때가지 기다렸다가 공무를 해야 할 것이며, 강제로 시행해서는 안될 것입니다. 폐하께서 반드시 나라가 장구하게 이어나갈 수 있는 계획을 세우시려면, 먼저 은혜로써 민심을 묶어 먼 미래까지 민심이 해이하지 않도록 하시기 바랍니다." 하니, 임금께서 칭찬하였다.

8년 여름에 지진이 일어났다. 9년 가을에 남쪽 바다의 조수가 석자(三尺)나 물러났다. 15년에 고문술(高文述)이 아뢰기를

"군신이 함께 천하를 얻으려면 수많은 어려움을 극복해야 하기 때문에 (나라를) 창업하는 것의 어려움을 알 수 있고, 천하를 함께 다스리는 군신은 나라의 교만과 사치가 부귀에서 생겨나고, 재앙과 난리는 (정치의) 소홀함에서 생겨난다는 것을 현실에서 봤기 때문에 왕조를 지켜나가는 일이 매우 어렵다는 것을 알게 되는 것입니다.

그러니 군신된 자가 창업의 어려움과 수성의 어려움도 알고, 때와 정세를 따라 국가를 안전하게 보전한다면 훌륭한 임금과 좋은 신하가 될 수 있습니다." 하니, 임금이 "옳다"하였다. 29년에 훌륭한 재상인 신운선(申雲善)이 임금을 잘 보좌하여 나라가 태평하였다. 34년에 임금이 승하하고, 태자가 제위에 오르니 제6세 단제이다.

제6세 단제 나휴 (재위 35년)

첫 해에 맏아들 등을(登乙)을 태자로 봉하였다. 2년에 기자조선 사람 40명이 수도에 들어와 관광하였다. 5년에 북쪽 흉노가 사신을 보내어 상호 교류를 원하여 허락하였다. 10년에 동쪽 돌궐이 사신을 보내어 수호조약을 청하므로 이를 허락하였다.

20년에 박달마(朴達摩)가 아뢰기를

"백성의 문화향상과 발전은 오직 정치와 학문이 일치되어야 가능합니다. 대개 정치는 개념이며 학문은 구체적인 것입니다. 정치의 위신은 백성으로 하여금 법을 준수하라 하면 준수하게 하고, 친밀하게 하도록 하면 친밀하게 따릅니다. 정치는 더욱 잘 할 수 있는 길이 있고, 학문은 더욱 깊이 들어가는 경향이 있기 때문에, 인간의 실정에 맞도록 구체적인 생활을 통하여 서로 구체적이고 뚜렷한 상태로 결합되면 이것이 정치와 학문이 일치하는 것입니다. 그러므로 곧 백성들의 윤리가 그 실행하는 정치의 사정 여하에 따라 실생활에 그대로 실행되는 것이 마치 육체의 혈액순환과 같습니다.

그러기에 개념적 정치 이념이 구체적인 생활에 용해되면, 생활이 곧 이념이 되고 이념은 곧 생활화됩니다. 요컨대 이념이 개인의 실사정에 용해되면 문화가 생활이 되고 문화가 행동이 됩니다. 그런 후에야 학문은 정치의 선구적 역할이 되고 정치는 학문을 부흥시키는 역할을 할 것입니다.

때문에 정치와 학문은 서로 밀접한 관계가 있는 것인데, 지금 사람들은 이것을 알지 못하고 정치의 권위에만 추종하는 정치에 빠져서 학문의 사명을 잊고, 주체를 잃은 학문에만 야합하고자 합니다. 이에 은나라 학문이 이 기회를 타고 들어와 오히려 백성의 생활에 해가 되고 있습니다. 엎드려 비오니, 폐하께서는 실생활에 도움이 안되는 (은나라의) 학문을 멀리 하시고, (우리가) 필요로 하는 학문은 바로 세우시어 백성의 실생활을 도우시기 바랍니다."하니, 임금께서 "옳다"하시고 도움이 안되는 (은나라의) 무용한 학문을 멀리 배척하였다.

28년에 주태보(周太甫)가 새로운 주역서 13권을 단제에게 바쳤다. 그 편집내용은 태양태음설(太陽太陰說)과 현공설(懸空說)과 복서(卜書)와 천문설(天文說)과 지수설(地水說)이다. 임금께서 훑어보시고 불쾌하여 말하기를 "후세에 이 글로써 세상을 어지럽게 하는 자가 있으리라."하였다. 35년에 임금이 승하하고, 태자가 제위에 오르니 제7세 단제이다.

제7세 단제 등을 (재위 25년)

첫 해에 맏아들 추밀(鄒密)을 태자로 봉하였다. 2년에 조자문(曹子文)이 아뢰기를 "정치와 법률은 서로 밀접한 관계가 있으나, 행정관과 사법관은 각각 그 직책이 달라야 서로 권한을 빼앗으려 하지 않아 정치와 법률이 명백하고 공정하게 시행될 것입니다."하니, 임금께서 "옳다"하며, 입법과 사법과 행정 기관을 각각 독립토록 하니 정치와 법률이 공평하게 되었다.

5년에 오개(吳介)를 상장으로 임명하니, 오개가 용병을 잘 하기 때문에 사람들이 용병의 신선이라 불렀다. 16년에 기린이 상림원에 와서 놀고 있는데 그 성품이 선량하여 살아 있는 풀을 밟지 않았다.

20년에 고삼도(高三道), 복승자(卜承子), 양화상(楊花相) 등 훌륭한 신하들이 단제를 보좌하였다. 25년에 임금이 승하하고 태자가 제위에 오르니 제8세 단제이다.

제8세 단제 추밀 (재위 30년)

첫 해에 맏아들 감물(甘勿)을 태자로 봉하고, 고삼도(高三道)를 태자태부로 임명하였다. 기자조선 사절이 입조하였다. 3년에 선비족의 하나인 문고(們古) 추장이 입조하였다. 4년에 북적(北狄)이 쳐들어오자 곧 물리쳤다.

6년에 주(周)나라 망명객 호선(胡先)이 입국하였다. 9년에 진(秦)나라 사람 원회(原檜)가 입경하였다. 12년에 초(楚)나라 대부 이문기(李文起)가 입경하였다. 13년 3월에 일식이 있었다. 15년에 농사의 작황이 크게 흉년이었다.

26년에 권력을 휘두르는 신하 손흥렬(孫興烈)이 반란을 일으키자 군대를 보내 토벌하였다. 30년에 임금이 승하하고, 태자가 제위에 오르니 제9세 단제이다.

제9세 단제 감물 (재위 24년)

첫 해에 맏아들 오루문(奧婁門)을 태자로 봉하였다. 2년에 주나라 상인 한직(韓直)이 호랑이 가죽과 코끼리 가죽을 많이 가지고 와서 임금께 바쳤다. 3년에 송(宋)나라 사람 우문술(宇文述)이 와서 주나라 제후들 간에 전란이 일어난 것을 말하였다.

7년에 시조 단군묘를 영고탑 서쪽에 건립하였다. 8년에 순길(舜吉)이 약을 만들었는데 장생불노단이라 불렀다. 9년에 임금께서 고삼도(古三道)에게 묻기를 "나라의 재상 자격은 어떠한 사람이라야 하는가."하고 물으니, 대답하기를

"살고 있는 것이 화목한가를 보며, 일에 통달해도 그 처신함을 보며, 부유해도 남에게 베푸는가를 보며, 가난해도 그가 취하는 행동을 보고, 곤궁해도 그가 내색하지 않는 바를 보고, 평안할때 음행하지 않는가를 보며, 전란이 있을 때 나라를 구하는 바를 보며, 급해도 서두르지 않는가를 보며, 높은 자리에 있을 때 그가 과오가 있는 가를 봐야 합니다. 이 아홉가지를 보고 선택하시면 됩니다."했다.

16년에 임금께서 조용히 고삼도에게 묻기를 "현인을 잘 선택하는 방법에 무엇부터 먼저 하면 좋겠는가."하고 물으니, 대답하기를

"가까이 하여 그 겸손함을 보고, 멀리하여 그 신용을 보며, 갑자기 물어 그 말재주를 보며, 급한 업무를 주어 어떻게 처리하는가를 보며, 전란이 있을 때 그 용맹을 보며, 술에 취하게 하여 그 태도를 보며, 여색으로 시험하여 그 몸가짐을 보며, 재물로써 시험하여 그 청렴함을 보며, 글을 통하여 그 학문을 보며, 말로 물어 그 변론을 보며, 잡사람과 같이 있게 하여 그 절개를 관찰하

여야 합니다. 이 열한가지가 구비되었으면 현자라고 할 수 있습니다." 임금이 웃으며 말하기를 "그 방법외에는 없느냐" 하였다.

18년에 조(趙)나라 사람 염선관(廉先官)이 귀한 보석을 가지고 입조했다. 19년에 위(魏)나라 사람 범문(范文)이 망명하여 입국하였다. 20년에 환관 조석(趙錫)이 형벌을 받아 죽었다. 24년에 임금이 승하하고, 태자가 제위에 오르니 제10세 단제이다.

제10세 단제 오루문 (재위 23년)

첫 해에 맏아들 사벌(沙伐)을 태자로 봉하고, 서정년(徐正年)을 태자태전으로, 황태명(黃太明)을 승상으로, 강자삼(姜子三)은 상장으로 임명하였다. 4년에 오곡이 풍년이 들어 백성이 노래하기를 "하늘에는 해가 떠서 밝은 빛을 비추고, 나라에는 임금이 계셔 은덕이 빛나니, 우리 쌀알같은 백성들은 그 은혜에 목욕합니다." 하였다.

8년에 채(蔡)나라[2] 사람 을보천(乙普天)이 복술서를 가지고 입경하였다. 9년에 노(魯)나라 문인 공명지(孔明之)가 중국 서적을 가지고 입조하였다. 10년에 두개의 해가 함께 떠오르는 것같이

---

[2] 채(蔡): 서주시대부터 존재하던 나라로 周(주)나라의 무왕 때 문왕의 5남인 채숙도가 봉토를 받아 건국(BC. 11세기~BC. 447)하였다. 위치 河南省(하남성) 되었으며, 작위는 후작이다. 수도는 하남성 상채현에 있다가 나중에 신채로 천도하였다.

(지평선에) 누런 안개가 사방을 덮었다.

21년에 백건적(白巾賊)의 난이 있어, 단제가 견적(遣迪)으로 피난갔다가 이듬해 8월에 다시 환궁하였다. 23년에 임금이 승하하고, 태자가 제위에 오르니 제11세 단제이다.

제11세 단제 사벌 (재위 68년)

첫 해에 맏아들 매륵(買勒)을 태자로 봉하였다. 제(齊)나라 사람 누경(屢景)이 하나라와 은나라 옛 서적를 가지고 입국하였다. 3년에 한(韓) 나라 사람 주태후(周太候)가 신농(神農)의 약처방을 가지고 입조하였다. 4년에 위나라 대부 백측(伯則)이 입조하였다.

6년에 황충과 홍수가 있었다. 8년 4월에 일식이 있었다. 11년에 오(吳)나라 태사 서춘문(徐春文)이 입국하였다. 14년에 큰 호랑이가 궁궐 담장을 넘어왔다.

16년에 좌복야(左僕射) 조태국(趙太國)의 집 뒷뜰 땅 위에 연(連)이 돋앉는데, 태국이 아들을 낳으니 이름을 육연(陸連)이라 하였다. 28년에 위나라 사람 적인문(狄人問)이 새로운 천문학 책을 가지고 입경하였다. 36년에 송나라 사람이 악기를 가지고 입경하였다. 40년에 주나라 사절이 입조하였다.

45년에 홍수가 있어 산이 무너지고, 골짜기가 메워지는 변이 생겼다. 48년에 진나라 사람 명문병(明文柄)이 와서, 주공(周公)의 나라의 문물과 제도의 법도가 잘 구비되었다고 하니, 임금께서 좋다고 하였다.

50년에 초나라 문인 문술(文術)이 입경하였다. 60년에 견융(犬戎)[3]이 변경을 침범하여, 군사를 보내어 물리쳤다. 61년에 임금께서 기자조선에 행차하시어 한달이 지나서 황궁하셨다. 62년에 조육련(趙陸蓮)을 승상으로 임명하였다. 68년에 임금이 승하하고, 태자가 왕위에 오르니 제12세 단제시다.

제12세 단제 매륵 (재위 58년)

첫 해에 맏아들 마물(麻勿)을 태자로 봉하였다. 여름에 주나라 사절이 입조하였다. 3년 봄에 연(燕)나라 왕이 사절을 보내어 국정을 관찰하고 돌아갔다.

4년에 서세모(徐世謀)가 아뢰기를

"지금 제후중에는 폐하의 명을 따르지 않는 자가 많고 또 이웃 주나라가 미약하며, 그가 책봉한 자제들이 서로 원수같이 다투고 있습니다. 신이 지난 봄에 국명을 받고 주나라에 들어가 그 대세를 보았는데, 서로 전쟁할 기미가 있으므로, 제가 주나라 태재(太宰)에게 중앙정부를 충실히 하고 강고하게 하여야 할 것을 말하였더니, 태재가 신의 말을 들었습니다.

귀국하여 우리의 형편을 깊이 생각하니 주나라와 나라 사정이

---

3) 견융(犬戎) : 중국 은나라, 주나라 시대 섬서성 부근에 살던 족속

매우 흡사합니다. 엎드려 바라오니, 폐하께서는 밝혀 살피시기 바랍니다."하였다. 임금께서 그 말을 받아들여, 다시 주나라에 사절을 보내어 협약을 맺었다.

6년에 초나라 사람 오자도(吳子度)가 목면 종자를 가지고 입국하였다. 10년에 화(華)나라 사람 설삼덕(辥三德)이 말하기를 "사람은 죽어도 영혼은 없어지지 않는다."는 말을 전하였다.

13년에 채저명(蔡著明)이 정치와 형법에관한 책을 전하였다. 20년에 당장경(唐莊京) 학사 두 사람이 입경하였다. 25년 오경박사(五經博士) 우문충(宇文忠)이 토지를측량하고, 지도를 만들어 바쳤다.

26년에 몽고(蒙古)의 대부 환선(桓善)을 제후로 봉하였다. 28년에 지진과 해일이 있었다. 32년에 서쪽 민가에서 소가 발이 여덟게 달린 송아지를 낳았다. 35년에 동해변에 용마가 나타났는데, 등에 별이 새겨져 있었다.

38년에 한나라 사람 장세덕(張世德)이 미녀와 진주를 바치니, 임금이 이르기를 "언약없이 제물을 바치는 것은 반드시 그 속에 간사한 계략이 있다."하고 물리쳤다. 40년에 북적(北狄)[4]이 반란을 일으켜, 군사를 보내 토벌하여 평정하였다.

55년에 손숙문(孫叔文)이 의학과 화학 책을 저술하여 바쳤다. 58년에 임금이 승하고, 태자가 제위에 오르니 제 13세 단제이다.

---

4) 북적(北狄) : 중국 사람들이 중국 북쪽에 있는 종족을 이렇게 불렀다.

제13세 단제 마물(麻勿) (재위 56년)

첫 해에 맏아들 다물(多勿)을 태자로 봉하였다. 진(秦)나라 사절이 입조하였다. 4년에 토목공사를 크게 일으켜 궁궐을 중건하였다. 5년에 방공전(方孔錢)을 주물로 부어서 만들었다. 8년에 모문후(毛文候) 유례(有禮)가 반란을 일으켜 군사를 보내어 토벌하였다.

10년에 주나라 공주를 왕비로 삼았다. 13년에 진나라 사람 석무득(昔無得)이 천리마를 가지고 와서 단제에게 바쳤다. 15년에 열성제(列聖帝)의 송덕비를 동문 밖에 세웠다. 18년에 이선량(李善良)을 승상으로 임명하였다. 19년에 종묘의 기물을 도적질한 어떤 자를 감형 유배보내니 이때부터 법집행이 너그럽고 공평하여 백성이 다 그 덕을 기리었다.

『궁액기(宮掖記)』에 25년에 궁궐 동산에 큰 뱀이 들어와 죽었다. 궁궐 뜰안에 큰 거미가 있었는데 큰 뱀이 와서 거미를 잡아먹으려 하자, 거미줄 아래 엎드려 위를 향해 입을 열고 독기를 토하였다. 몇날 못되어 뱀이 죽고 거미는 여전히 살아 있었다. 사람들이 이상하게 여겨 뱀의 배를 가르고 검사해 보니, 배 안에 큰 석웅황(石雄黃) 한뭉치가 있는 것을 보고 거미가 복수하고자, 뱀을 죽이는 유일한 독약이 석웅황을 알고 구하여 묘한 계책으로 먹여 죽인 것을 알게 되었다.

38년에 성 북쪽 땅이 내려앉아 큰 연못이 되고 큰 샘이 솟아나

배를 띄울 수 있는 정도였다. 48년에 도인 황학노(黃鶴老)가 신선의 술책이 있어, 풍력으로 40리를 오고 가니 용사(龍師)라 하였다.

50년에 장백산에 양선자(養仙子)라는 숨어사는 사람이 있었는데, 나이 160살에 이르렀어도 피부가 어린아이와 같았다. 56년에 임금이 승하하고, 태자가 제위에 오르니 제14세 단제이다.

제14세 단제 다물 (재위45년)

첫 해에 맏아들 두홀(豆忽)을 태자로 봉하였다. 3년에 기자조선 사절이 입조하였다. 8년에 위나라 박사 진덕기(陳德基)가 입경하였다. 10년에 정(鄭)나라 사람 신도회(申屠懷)가 많은 사람을 거느리고 와서 살았다.

15년에 흰 학이 궁궐 안의 소나무에 와서 살더니, 음악 소리를 듣고 내려와 춤을 추었다. 18년에 문인 표상술(表相述)을 5개 성의 판윤(五城判尹)으로 임명하였다. 20년에 조나라 사람 염관(廉冠)이 가족을 거느리고 입국하였다.

26년에 송나라 사람 황노술(黃老述)의 딸이 아버지의 명을 받들어 입국하여 태자궁 안에서 함께 살았다. 30년에 문해광(文海廣)의 필법이 매우 뛰어나서 대부열(大夫烈)에 올랐다. 32년에 오추정(吳秋亭)이 그림을 잘 그리므로 문원상서(文院上書)로 임명하였다.

33년에 표상술(表相述)이 아뢰기를

"새의 둥지를 뒤집어 놓으면 알이 떨어져 성할 리 없고, 나라가 망한 속에서는 평안한 백성이 있을 수 없습니다. 불타는 집과 물이 새는 배에서 근심을 같이 하지 않을 사람이 없고, 음식이 떨어져 여러날 굶주리면 병이 나지 않을 몸이 없으니, 국가는 천하의 큰 그릇입니다. 만일 한번 기울면 사람의 힘으로 갑자기 바로 세우기는 어렵습니다. 그리기에 훌륭한 왕이 기울기 전에 힘쓰는 것은 앞으로 기울어질 우려가 있기 때문입니다. 폐하께서는 밝게 살피시기 바랍니다." 임금께서 이 말을 따라, 국정을 밝히 살피셨다.

표상술의 시(詩)

孤燈滄海夜　외로운 등불은 밤바다를 밝히고,
秋雨讀兵書　가을비 내리는데 병서만 읽네.
洗劍掛石壁　칼을 씻어 석벽에 거니,
雷聲動天地　우레 소리 천지를 진동하도다.

35년에 진(晋)나라 사람 김일선(金日善)이 천문지리학을 가지고 입조하였다. 40년에 제나라 상인 노일명(老一明)이 고급 비단을 싣고와 임금께 바쳤다. 42년 초 나라에서 망명한 번석문(樊釋文)이 황금 40근을 가지고 입국하였다. 45년에 임금이 승하고, 태자가 제위에 오르니 제15세 단제이다.

제15세 단제 두홀 (재위 36년)

첫 해에 맏아들 달음(達音)을 태자로 봉하였다. 연나라 사절이 입조하였다. 2년에 초나라 사절이 입조하였다. 4년에 슬후(膝侯)의 아들 섭이(攝珥)가 입조하였다.

10년에 송나라 사람 정상충(鄭尙忠)이 자기 나라 사람 50명을 거느리고 입국하였다. 11년에 크게 가뭄이 들었다. 13년에 위나라와 제나라 사절이 왔다. 15년에 진(晋)나라와 조나라 사절이 왔다.

21년 8월에 일식이 있었다. 30년에 진충노(秦忠老)가 아뢰기를 "천하를 통치하는 도는 풍속을 바르게 하며, 어진 인재를 얻는 것에 있는 것이니, 가장 시급한 일은 각종 학교를 설립하여 국민의 영재들이 공부하게 하여, 각 부문에 적합한 인재를 양성하여 활용하면 치국평천하가 될 날을 기다리며 이루어 질 것입니다." 하니, 임금께서 "그렇다"하고 각종 학교를 많이 세워 백성을 교육하니 외국인도 와서 유학하는 자가 많았다.

36년에 임금이 승하하고, 태자가 제위에 오르니 제16세 단제이다.

제16세 단제 달음 (재위 18년)

첫 해에 맏아들 음차(音次)를 태자로 봉하였다. 진(晋)나라 사절이 입조하였다. 3년에 윤복지(尹卜地)가 도덕경을 저술하여 임금에게 바쳤다. 5년에 초나라 사절이 입조하였다. 6년에 견융부족이 와서 복종하였다.

10년에 진개(秦開)가 치국요람을 저술하여 임금에게 바쳤다. 18년에 임금이 승하하고, 태자가 제위에 오르니 제17세 단제이다.

제17세 단제 음차 (재위 20년)

첫 해에 맏아들 을우지(乙于支)를 태자로 봉하였다. 2년에 연나라 사절이 입조하였다. 15년에 한(韓) 나라 사절이 입조하였다. 20년에 임금이 승하하고, 태자가 제위에 오르니 제18세 단제이다.

제18세 단제 을우지 (재위 10년)

첫 해에 맏아들 물리(勿理)를 태자로 봉하였다. 정나라 사절이 입조하였다. 3년에 철학자 이일선(李一善)이 천리경(天理經)을 저술하여 임금에게 바쳤다. 5년에 백호돈(白好敦)이 지리와 광물에대한 책을 저술하여 임금께 바치고, 아뢰기를 "우리나라 안에 가는 곳마다 지하에 황금이 있습니다."하였다.

8년에 임금께서 이일선에게 묻기를 "지금 이웃나라와 교류가 전보다 복잡하니, 어떻게 하면 한 눈에 그 사람들이 선한 사람

인가 아닌가를 알아서 원만하게 교제할 수 있겠는가."하니, 대답하기를 "사람을 안다는 것은 하늘을 아는 것보다 더 어렵습니다. 하늘에는 음양과 풍운의 변화가 있기 때문에 사실을 잘 경험해 보면 대강 예측할 수 있으나, 사람의 마음은 아침 저녁으로 변하기 때문에 알기 어렵습니다. 사람의 성질은 각기 다르니 상대방의 성질을 확실히 알아내어 교제하면 착오가 없을 것입니다."하였다.

10년에 임금이 승하하고, 태자가 제위에 오르니 제19세 단제이다.

제19세 단제 물리 (재위 25년)

첫 해에 맏아들 구물(丘勿)을 태자로 봉하였다. 제나라 대부 전굉(田宏)이 망명하여 입국하였다. 2년에 조나라 사람 형필(荊泌)이 무리를 거느리고 와서 살았다. 4년에 기자조선 사절이 입조하였다.

15년에 북적이 사신을 보내어 입조하였다. 18년에 오곡이 풍년이 들어 정치가 밝아지고 인심이 화목하여짐으로 내외학문이 몰려들어와 새로운 사상이 많이 일어나 다양한 사상 시대가 되었다.

25년에 임금이 승하하고, 태자가 제위에 오르니 제20세 단제이다.

제20세 단제 구물 (재위 40년)

첫 해에 맏아들 여루(余婁)를 태자로 봉하였다. 2년에 정나라 사절이 입조하였다. 3년 2월에 일식이 있었다. 7년에 위나라 박사 소문경(蘇文卿)이 입조하였다. 25년에 홍수가 일어나 밭농사가 크게 흉년이 들었다.

38년에 기자조선 사절이 입조하였다. 40년에 임금이 승하하고, 태자가 제위에 오르니 제21세 단제이다.

제21세 단제 여루 (재위 55년)

첫 해에 맏아들 보을(普乙)을 태자로 봉하였다. 제나라 사절이 입조하였다. 4년에 법령을 개정하여 천하에 공포하였는데, 이것을 대동율령(大同律令)이라 하였다. 6년에 큰 흉년이 들어 창고의 쌀을 다 풀어 빈민을 구제하였다.

10년에 달고 맛있는 샘이 태묘(太廟: 종묘)앞에서 솟아 나왔다. 12년에 곽태원(郭太原)이 양생(養生)에대한 책을 저술하여 임금에게 바쳤다. 18년에 온천이 궁성 남쪽 삼사(一舍는 30里)쯤 되는 곳에서 새로 솟아났다.

21년에 기자조선 사절이 입조하였다. 23년에 대부례(大夫禮)를 대산후(大山侯)로 봉하였다. 25년에 크게 가물어 초목이 말랐다. 28년에 장소부(莊召夫)가 의학에대한 책을 저술하여 임금에게 바쳤다. 35년에 송나라 학사 오문은(吳文偃)이 입경하였다. 42년에 노나라 학자 소문술(蘇文述)이 예기(禮記)를 가지고 입조하였다. 45년에 노나라 사람 안사득(顔思得)이 주역을 가지고 입경하였다.

48년 8월에 두 개의 해가 뜨는 것 같은 해돋이가 있었다. 50년에 북쪽 견융이 쳐들어와 군사를 보내어 물리쳤다. 52년에 임금께서 중국에 행차하여 열국의 형세를 관찰하고 환궁하였다. 55년에 임금이 승하하고, 태자가 제위에 오르니 제22세 단제이다.

제22세 단제 보을 (재위 46년)

첫 해에 맏아들 고열가(古列加)를 태자로 봉하였다. 기자조선 사절이 입조하였다.

4년에 백두산이 밤에 큰소리가 나고 천지의 물이 넘쳤다. 6년에 혼서경(混西經)이 쳐들어 왔으나 물리쳤다. 10년에 오성계(吳成桂)가 반역하였다가 잡혀 죽었다.

13년에 장노술(張老術)이 아름다운 옥과 미녀를 바치니 임금께서 매우 총애하였다. 15년에 황충이 밭곡식을 다 먹어 버렸다. 20년에 정나라 사람 정발(鄭拔)이 음악 악보를 가지고 입국하였다. 23년에 북풍이 크게 불어 나무가 꺾어지고 집이 무너졌다.

28년 4월에 붉은 흙이 섞인 비가 쏟아졌다. 30년에 국정이 문란하여 정권이 외척 환윤(桓允)에게 돌아갔다. 34년에 궁전이 저절로 무너져 깔려죽는 자가 많았다. 38년에 도성에 큰 불이 일어나 집 5천 여 호가 타버렸다.

46년에 5월에 반역하는 신하 한개(韓介)가 임금을 시해하고 정권을 잡았다. 태자 고열가(시호는 영품리왕; 寧稟離王)가 군사를 이끌고 한개를 죽이고, 8월 15일에 제위에 오르니 제23세 단제이다.

제23세 단제 고열가 (재위 58년)

2년에 임금께서 국정을 친히 집행하여 외척의 권위를 축소시키고, 어진 사람을 기용하며 유능한 사람에게 정사를 맡겨 백성을 다스렸다. 5년에 견융이 불복종하므로 군사를 보내어 물리쳐 평정하였다. 10년에 기자조선 사절이 입조하였다. 16년에 위(衛)나라 사절이 입조하였다.

20년에 풍년이 들고 동해에서 고기 잡는것이 매우 많았다. 31년에 각처에 신원함(申寃函)을 설치하여, 억울한 일을 당한자들이 투서하도록 하였다. 40년에 어사(御使: 어명을 받은 관리)를 시켜 민간에 암행하여 부정한 사건을 비밀리에 탐지하여 바로 잡았다.

45년에 연나라 대부 형운(荊雲)이 망명하여 입국하였다. 48년에 윗대 단제 사당(先檀帝廟)을 도성의 남쪽에 세웠다. 58년에 임금이 승하하였다. 대를 이을 후사가 없어 종실인 해모수(解慕

漱)⁵⁾가 옛 도읍지 부여에서 반기를 들어 나라를 세우고 북부여라 칭하였다.

후기 단군조선은 이것으로 대가 끊기니, 1세 솔나로부터 고열가에 이르기까지 23대 875년간이다. (전단조 1214년에 후단조 875년, 모두 2089년 간이다.)⁶⁾

---

5) 해모수(解慕漱): 북부여의 첫 단제로서 하백(河伯)의 맏딸 유화(柳花)와 관계하여 고구려 시조 주몽을 낳았다.
6) 전단조(前檀朝), 후단조(後檀朝)는 전기 단군조선과 후기 단군조선을 말한다.

제3편 상고사(上古史)

기자조선(奇子朝鮮)

제1세 기자 서여 (재위 61년)

기자(奇子)[1]의 성(姓)은 혼(桓)이며 이름은 서여(西余)이다. 전기 단군조선 19세 단제 종년(縱年)의 아우인 청아왕 종선(菁莪王縱鮮)의 증손이다. 그 성품이 성현과같이 명철하고 문무를 겸비

---

[1] 기자(奇子): 서기전 1285년에 색불루가 22대 단군으로 즉위하자 이번에는 상장군 서우여가 군대를 일으켰다. 색불루 단군이 직접 토벌에 나섰으나 승패 없이 화해가 이루어졌다. 색불루 단군이서우여에게 삼조선의 하나인 '번조선'의 번한을 제안하고 받아들여지자 서우여를 '번한'에 임명했다. 이때부터 시작된 서우여의 '번조선'을 '단기고사'(대야발 편저)에서는 '기자조선'으로 따로 분류하였다.
기자조선(奇子朝鮮)이라는 이름은 소태 단군이 서우여를 신임하여 살수 땅에 봉하면서 내린 기수(奇首)의 칭호에서 비롯된 것으로 보이며, 정변으로 부여 신궁에서 스스로 단군에 즉위한 색불루 에 비하여 서우여의 '기자조선'이 소태 단군의 정통성을 잇고 있다는 역사인식의 표출인 것이다. 그러나 후기 단군조선에서 '진, 막, 번조선'의 삼조선 체제는 그대로 유지되고 있고 색불루 단군은진조선을 직할통치하고 삼조선 전체를 통치하는 대단군이므로, '기자조선'은 삼조선의 하나인 번조선의 별칭으로 인식하고 있다.

하였으며 신과같이 지혜가 현명하고, 인덕이 만방에 퍼지고, 금수에까지 미치며 모든 백성과 친하며 백성을 사랑하였다. 전기 단군조선 25세 39년에 제위에 올라 평양(平壤) 왕검성(王儉城)에 도읍을 정하고, 나라를 조선(朝鮮)이라 하였다. (기자라는 뜻은 태양의 아들이며 황손을 말한다.)

첫 해에 미서(微西)에게 명을 내려 정전법을 만들어 공포하고 백성들에게 농사일에 힘쓰도록 독려하였으며, 납세의 의무를 알게하여 소득의 9분의 1을 바치게 하였다.

맏아들 아락(阿洛)을 태자로 봉하고 운양후(雲養侯)를 태자태부로 임명하였다. 그 다음 세 아들에게 각각 한(韓)·선우(鮮于)·기(奇)라는 성(姓)을 내려주었다. 4년에 평양에 대학을 세우고 백성들에게 정치와 법도를 가르쳤다.

5년에 여덟가지 법으로 백성에게 가르치니, 살인한 자는 죽이고, 사람을 상하게 한 자는 곡식으로 갚고, 강도질 한 자는 그 집에 들어가 노비가 되고, 도둑질한 자 본인만 노비가 되고, 남자는 밖에 나가 농사를 짓고, 여자는 집안에서 베틀로 천을 짜는 일을 하고, 혼인은 일부일처로 하며, 상호 지켜야 할 도리를 갖추어 서로 침해하지 말라 하였다. 한번 노예가 되면 그 후에 노예 신분에서 벗어났어도 결혼할 때에 그것을 수치로 여겼다.

10년에 어질고 착한 자를 뽑아 정사에 참여하게 하여, 인덕과 충렬로 교화시키니 길에 떨어진 물건을 줍지 않았으며 밤에 문을 닫지 않고 살았다. 11년에 전기 단군조선의 5세 단군능을 강동(江東)에 개축하였다.

12년에 1세 국조단군전을 평양에 세우고 단군의 화상을 모셨다. 23년에 처음으로 왕실의 종친들을 왕후로 봉하였다. 34년에 평양 서쪽 성에 보통문을 건립하고 버드나무와 뽕나무를 많이 심었다.

38년에 상(은)나라 상인이 와서 말하기를 "은나라 정치가 문란하고, 법의 기강이 해이하여 백성이 안심하고 살 수 있는 땅을 얻을 수 없으니, 조선에 와서 살면 좋겠다."하여, 이때부터 은나라에서 이민오는 사람이 적지 않았다.

39년에 소나벌(蘇奈伐)을 수상으로, 몽득리(蒙得利)를 상장으로 임명하였다. 40년에 후단조 사절이오니 상국의 예로써 대우하였다. 41년에 서비리족(叙非利族)이 변경을 침공하니, 몽득리를 구원병으로 보내어 물리쳤다.

48년에 양병헌(楊兵憲)이 아뢰기를 "만물 중에 사람이 가장 귀한 것은 예의가 있기 때문입니다. 사람이 예의가 없으면 짐승에 가까우니 무엇이 귀하겠습니까. 그러기에 모든 성군 조상이 천하를 다스리실 때에, 예의로써 백성을 가르치는 요소를 삼아 천년이 넘도록 길이 복지를 누리며 오늘에 이르렀습니다.

청원합니다. 폐하께서 예의를 극히 중하게 여기시어 백성들이 이것을 익혀 아름다움을 이루게 하시고, 진실로 날로 새롭게 더욱더 나날이 새롭게하여 오래 이어온 이 나라가 명운을 유지하게 하옵소서."하니,

임금께서 그 말을 받아들이고, 예의로써 백성을 가르치니 이 때부터 백성들이 예의에 밝았으며 법을 어기는 자가 적었다.

58년에 세금의 반을 감하고, 백성을 더욱 의와 용맹과 공적으로 봉사케 하는데 힘쓰게 하니, 백성들이 전투에는 용맹스럽고 사사로운 다툼은 피하였다. 61년에 임금이 승하하고, 태자가 제위에 오르니 제2세 기자이다.

제2세 기자 아락 (재위 40년)

첫 해에 맏아들 솔귀(率歸)를 태자로 봉하였다. 2년에 대동문을 대동강변에 건립하고 평양성을 개축하였다. 5년에 토목공사를 크게 일으켜 신청궁(新淸宮)을 건축하니, 많은 사람들이 고역에 시달려 원성이 나라 안에 가득하였다.

10년에 나라의 경계를 정하였는데, 북은 후단조에 접하고, 동쪽·남쪽·서쪽은 큰 바다이다. 13년에 이선간(李仙干)를 보내어 동북쪽에 있는 오랑캐(胡)를 쳐서 꺾었다. 18년에 마이서(馬以西)를 보내어 북적을 토벌하였다.

20년에 정벌에 힘쓰며, 토목공사를 크게 일으키니 백성들의 부역이 과중하여지고, 세금을 미납하는 일이 있으므로 엄부진상(嚴父陳祥: 수금자)을 보내어 미납된 세금을 독촉하여 징수하였다.

36년에 상나라 사절이 입조하니, 사자를 보내어 사례하였다. 40년에 소문라(召文羅)가 아뢰기를 "중국의 상나라 군주 수(受:

紂王)가 무도하여 백성들의 신망을 크게 잃었으니, 멀지 않아 망할 것입니다. 청원하옵건데. 폐하께서 군사를 일으켜 토벌한다면 대업을 이룰 수 있을 것입니다."하니, 임금께서 "생각하고 있는지 오래되었다."하시고, 더욱 병사를 훈련시키며 각종 병기를 준비하다가 그해 8월 임금이 승하하고, 태자가 제위에 오르니 제3세 기자이다.

제3세 기자 솔귀(率歸) (재위 48년)

첫 해에 맏아들 임나(任那)를 태자로 봉하였다. 임금께서 다년간 백성들이 궁핍해지고 병력이 약해진 것을 알고, 나라 안을 다스리는데 힘써 농업과 상업을 권장하고 산업을 장려하며 세금을 낮추니 그 동안 궁핍하던 백성들의 살림이 점차 넉넉해졌다.

43년에 서주(西周) 무왕(武王)이 강자아(姜子牙: 강태공)을 얻은 후에 상나라의 수(受: 紂)[2]를 치고자 하는 마음이 있어, 제후를 기산(岐山) 아래에 모이게 하니, 기약없이 모인 자가 800명이었다. 모두 주(紂)를 치는 것이 옳다고 결의하고 공격하려고 하니 백성들이 그 정세를 알고 피난하여 입국하는 자가 많았다. 몇 년 안가서 주나라 무왕에게 멸망하였다.

45년에 상나라 주의 친척인 기자(箕子: 子胥餘)가 주나라의 신

---

2) 주(紂): 상(은)나라 마지막 왕

하될 마음이 없어 동쪽으로 나아 가니, 강달(姜達)과 궁흠(弓欽) 등 50명이 따라와 요수(遼水: 서요하)변에 이르러 머물렀다. 임금께서 그 사정을 가련하게 여겨 요서(遼西)의 한 모퉁이에 거주하게 하였다.

상나라 백성들 중에 기자를 받드는 자들이 모여 살면서 (그곳을) 기자정(箕子井)과 기자경(箕子畊)이라 하였다. 46년에 주나라에 사신을 보내어 우방으로서의 친교를 맺었다. 48년에 임금께서 승하하고, 태자가 제위에 오르니 제4세 기자이다.

제4세 기자 임나 (재위 31년)

첫해에 맏아들 노단(魯丹)을 태자로 봉하고, 선우명(鮮于明)을 태자태부로 임명하였다. 4년에 임금께서 선우명에게 주역의 오묘한 의미를 묻기를 "주나라 사람이 역서를 가지고 와서 말하기를, 무극에서 태극이 생기고 태극에서 양의[兩儀: 양(陽)과 음(陰)]가 생기고, 양의에서 사상[四象: 음양의 네가지 상태, 태양(太陽)·소양(少陽)·태음(太陰)·소음(小陰)]이 생기고 사상에서 오행[五行: 금(金)·목(木)·수(水)·화(火)·토(土)]이 생기고, 오행에서 팔괘[八卦: 건(乾)·태(兌)·이(離)·진(震)·손(巽)·감(坎)·간(艮)·곤(坤)]가 생기니, 만물이 다 음양의 정기로 되어 있다 하며, 만물의 길흉화복을 괘로 맞추어 능히 과거·현재·미래의 일을 어김없이 알아 맞춘다하니 이것이 사실인가." 하였다.

선우명이 대답하기를 "소위 주나라의 역서라는 것은 공간과 시간학설에 불과한 것입니다. 대개 음양이라는 것은 해와 달이 비쳤다 가렸다 하는 현상에 이름을 붙인 것이니, 곧 밝고 어두운 두 현상을 지칭하는 것입니다. 밝고 어두운 두 가지 현상의 자체는 실체가 없는 것이니, 실체가 없는 것이 어찌 만물을 생성하는 이치가 있겠습니까.

천하만국의 위치가 동쪽 혹은 서쪽 그리고 남쪽과 북쪽에도 있어, 그 위치가 같지 않기 때문에 (그곳에) 해와 달이 비치는 각도 또한 같지 않으니, 항상 주야가 평균되는 곳도 있고, 춘하추동 사계절의 차이와 주야의 구별이 생기는 곳도 있습니다. 그 밝고 어두움의 시간차가 있을지라도(반년씩 밤과 낮이 되는 곳도 있음) 밝고 어두움의 함수는 어떤 지방을 막론하고 다 같으며, 춥거나 덥거나 하는 기간 또한 같을 것입니다.

성인이 이것을 알고 역을 만들 때에, 음과 양의 상대적 이치를 천도(天道: 하늘이 운행하는 방법)에 응하게 하여, 역의 도를 정하여서 일음(一陰)과 일양(一陽)을 이룰 뿐입니다.

그러므로 음양을 만물의 부모라 할 수 없고 다만 생물의 기온을 조화하는 작용이 있기 때문에, 만물을 성장하게 할 수 있습니다. 이와 같이 음양이 만물의 부모가 되지 못하는데 오행이 어찌 만물의 근본적인 기(氣)가 되겠습니까.

대개 하늘·땅·해·달·별·흙·돌·쇠·물(天地日月星辰土石金水) 등은 다 우주 속에 있는 같은 물질이니, 이미 형성된 물질인 쇠·나무·

물·불·흙(金木水火土)가 어찌 변하여 다른 물질을 이루겠습니까. 하늘이 허다한 원소로써 만물을 만들어낸다는 것은 있을 수 있으나, 이미 몇 개의 원소가 합하여 물질을 형성한 오행 등이 어찌 또 변하여 다른 물질을 형성할 수 있겠습니까.

이것은 다스려 께우침의 이치에 이르지 못한 것이며 운수나 길흉을 점괘로 보는것은 허공에 뜬 학설에 불과합니다. 다섯 수를 기본으로 하고 이것을 대연수(大衍數)라 하여, 대연중에 가장 적은 50을 기본수로 합니다. 이것을 뽑아 괘를 만들때에, 먼저 공간설로 위치를 알기 위하여 곱하기 곱셈을 응용하여 위치의 크고 작음을 알고, 시간설로 시간적으로 오래 지체하게 할것인지 빨리 뽑게 할것인지을 알기 위하여 사사설(四四揲: 손가락 4개로 수를 세는 방법)로 하여 정반비례법(正反比例法: 수학에서 상대적인 비례법)을 써서, 오래 지체하게 할것인지 빨리 뽑게 할 것인지를 간략히 아는 마술적인 형식을 취하여 길흉을 판단하게 되니, 길한 사람이 뽑으면 길조가 있다고 할 것이고, 흉사가 있는 사람이 뽑으면 흉조가 있다 할 것입니다.

폐하, 홀로 이웃 상나라와 주나라의 전쟁사를 보시옵소서. 주(紂)는 갑자일(甲子日)에 망하고 발(發)[3]은 갑자일에 흥하였으니, 이것이 곧 증거입니다.

하늘에 죄를 지면 빌 곳이 땅에도 없으며 피할 데도 없으니,

---

3) 발(發): 주나라를 건국한 왕

덕 있는 자의 하는일은 점(卜)치는 것을 하지 않아도 좋은 일이 생기고 덕 없는 자의 하는 일은 점치는 것을 항상 가까이 해도 흉한 일이 생깁니다.

대개 역(易)은 옛날 성인이 군자와 소인배에게 착한 일을 권하고 악한 일을 징벌하기 위하여, 천지의 형상을 취하여 건곤(乾坤)을 주체로 하고 괘를 만든 것이나, 이 역의 그림이 있기 전에도 역이 있었습니다. 태초에 비어 있는 공간을 생각하면 그 오묘함이 헤아릴 수 없게 운행합니다.

(공간이) 비어있는 것을 비어있지 않은 것으로 생각하여, 이 가짜 형상을 태초에 만들어진 것으로 알고, (건곤의 태극의) 그림을 만들기 전에 명상하여 자연의 변화를 관찰하고, 무(無)로부터 유(有)에 이르러 태초의 조판(肇判: 우주를 창조할 때 사물의 생성과 운행질서를 만드는 것)을 이룹니다.

존비(尊卑: 예절과 신분의 높고 낮음)를 건곤(乾坤)으로 정하고 육합(六合: 상하, 동서남북)을 포함하여 깊은 의미를 부여하고, 이의(二儀: 양과 음)를 (기둥으로) 박아서 문(門)을 삼아 가볍고 맑은 것은 위로 올라가 기가 되고, 무겁고 탁한 것은 아래로 가라앉아 질(質)이 되어야 전에 말한 시작도 없고 나중에 끝이 없어, 육합이 비록 넓으나 그 안을 떠날 수 없고, 짐승의 털같이 아주 작은 것도 도를 받아들인 후에야 형체를 이룰 수 있다는 것을 성인이면 능히 알 수 있었야 합니다.

중국의 성인이 이것을 관찰하고, 가상적인 건곤의 괘를 만들고, 효(爻)를 헤아려 계산하고 운행하는 방법을 말하나 이는 근거가 없고 이치에 맞지 않는 것을 억지로 맞추어 자신들이 유리하게 만물에 적용토록 한 것입니다.

 그렇지만 정성이 지극하여 점괘를 믿고 사리와 체면으로 감응하며 이 세상에 덕을 베풀면 길하고 흉한것(吉凶)을 가려 낼 수 있겠습니다. 그러나 정성이 없고 다만 잔머리를 굴려 점괘가 만들어 길하고 흉한 것을 알고자 하면, 이것은 파도를 헤치고 달을 찾는 것과 같아서 진리를 파악하지 못하고, 도리어 혹세무민(惑世誣民: 사람을 속여 미혹시키고 세상을 어지럽힘)하는 도구가 되어, 후세 사람들을 미신에 사로잡히게 하여 많은 해를 끼치게 될 것입니다."하니, 임금께서 "옳다" 하셨다.

 8년에 천단(天壇)4)을 동문(장경문)밖에 만들고 하느님(上帝)께 제사를 드리고, 천하에 조서를 내려 백성들에게 각기 고을마다 천단을 세우되 하늘은 첫 번째(一)이고 땅은 두 번째(二)이므로 이에 맞게 아래에는 돌 두 개를 놓고 위에는 돌 하나를 덮으라 하였다.

 해마다 10월 3일에 천단에 모여 하느님께 제사하고 거기에서

---

4) 천단(天壇): 천단은 입석돌 두 개로 지석을 세우고 평평한 덮게돌 하나를 올려 덮혀 놓은 것이라설명되어 있어 지금의 고인돌(지석묘)로 볼 수 있다. 고인돌은 원래 하늘에 제사드리기 위해 세워 졌으며 또 거기에 최고의 군장을 매장하였다. 이 풍속은 가장 많은 고인돌을 보유하고 있는 고조 선의 한반도와 만주에서 시작되어 동북아시아로부터 남방과 유럽가지 퍼져나간 것으로 추정하고있다.

북을 치며 노래를 부르기를, "정성으로 천단 쌓고 하느님께 감사 기도 하세, 임금님이 황실에 좋은 운이 오래 어이지기를 비오니 만만세로다. 백성을 돌봄이여, 풍년을 즐거워하도다." 하며 춤을 추었다. (만주실록 滿洲實錄)

10년에 위요(魏堯) 등 뛰어난 인재 18명을 주나라 호경(鎬京)에 보내어 견학하게 하였다. 15년에 후단조 사절이 입경하니 모국의 예로서 대우하였다.

16년에 수상 우문술(右文述)이 보필을 매우 잘 하니, 나라를 다스리는 법도가 주 나라와 서로 같으므로 우방으로서 우의가 점점 두터워 졌다. 31년에 임금께서 승하하고, 태자가 제위에 오르니 제5세 기자이다.

제5세 기자 노단 (재위 13년)

첫 해에 맏아들 마밀(馬密)을 태자로 봉하였다. 2년에 상나라에서 망명한 자서여의 아들이 입경하니, 임금께서 불러 만나시고 마음속에 한없는 의분을 느끼셨다. 5년에 주나라 사절이 입조하였다. 6년에 임금께서 동쪽 군현에 행차하였는데, 금강산에 이르러 산수의 아름다움을 보시고 극찬하였다.

10년에 북적(北狄)이 국경을 넘어 침략하니 노일돌(路日突)을 구원병으로 보내어 물리쳤다. 13년에 임금께서 승하하고, 태자가 제위에 오르니 제6세 기자이다.

제6세 기자 마밀 (재위 18년)

첫 해에 맏아들 모불(牟弗)을 태자로 봉하고, 고선자(高先子)를 수상으로, 노일돌을 상장으로 임명하였다. 2년 7월에 일식이 있었다. 8년에 후단조 사절이 오니 사신을 보내어 사례하였다. 10년에 상장 노일돌을 보내어 유주(幽州)와 영주(營州)를 차지하였다. 셋째 아우 마석간(馬石干)을 제후로 봉하였다. 18년에 임금께서 승하하고, 태자가 제위에 오르니 제7세 기자이다.

제7세 기자 모불 (재위 20년)

첫 해에 맏아들 을나(乙柰)를 태자로 봉하였다. 주나라 사람 원호(元昊)가 옛 시(古詩) 20장을 가지고 와서 임금께 바쳤다. 8년에 장성자(長成子)가 성리학을 저술하여 임금께 바쳤다. 9년에 천문대를 세우고 감성관을 배치하여 기후에 맞도록 농사용 달력을 명료하게 만들었다.

11년에 교지국(交趾國)사람이 표류하여 남해안에 들어왔다. 12년에 노문흘(老文屹)을 국사로 임명하였다. 15년에 노문흘이 나라를 다스리는 경륜과 법에대해 13편을 저술하여 임금께 바치니, 그 내용의 요점은 지·인·용(智·仁·勇)과 궁리·정심·수기(窮理·正心·修己)와 치국평천하의 도였는데 임금께서 칭찬하셨다. 20년에 임금께서 승하하고, 태자가 제위에 오르니 제8세 기자이다.

제8세 기자 을나 (재위 40년)

첫 해에 맏아들 마휴(摩休)를 태자로 봉하였다. 후단조 사절이 오니 사신을 보내어 사례하였다. 6년 여름에 지진이 일어났다. 8년에 주나라 사절이 입조하였다. 25년에 한문자(韓文子)가 천문에 대한 책을 저술하여 임금께 바쳤다.
30년에 주나라 사절이 입조하였다. 40년에 임금께서 승하하고, 태자가 제위에 오르니 제9세 기자이다.

제9세 기자 마휴 (재위 2년)

첫 해에 맏아들 등나(登那)를 태자로 봉하였다. 2년에 임금께서 승하하고, 태자가 제위에 오르니 제10세 기자이다.

제10세 기자 등나 (재위 29년)

첫 해에 맏아들 해수(奚水)를 태자로 봉하고, 진하자(秦何子)를 태자태부로 임명하였다. 아우 등로(登魯)를 가락후(駕洛侯)로 봉하고, 둘째 아우 등원(登元)을 신주후(神州侯: 제주도의 제후)로 봉하였다.
3년에 진하자(秦何子)가 철학과 윤리에관한 책을 저술하여 임금께 바쳤다. 5년에 황운곡(黃雲谷)이 성선설(性善說)을, 노문한

(老文罕)은 성악설(性惡說)을, 오공오(吳空悟)는 무성설(無性說)에대해 자신의 사상을 밝히며 책으로 저술하여 임금께 바쳤다.

6년에 신자원(申自元)은 형명서(刑名書)를, 왕정고(王定高)는 신정론(新定論)을, 한나물(韓柰勿)은 신법론(新法論)에대한 책을 저술하여 임금께 바치니, 이때부터 많은 학자들이 자신의 사상을 발표하였다.

18년에 이극회(李克會)가 글을 올려 부모삼년 장례법을 시행하기를 권하니 임금께서 허락하셨다. 19년에 고죽국[5] 사람이 와서 백이와 숙제[6]가 의리를 지켜 주 나라 곡식을 먹지 않고, 수양산에서 고사리를 먹고 살다가 죽은 일을 말하니, 임금께서 들으시고 이르기를 "참 세상에 다시없는 의절을 지닌 두 의인이다."하였다. 29년에 임금께서 승하하고, 태자가 제위에 오르니 제11세 기자이다.

---

[5] 고죽국(孤竹國): 중국에서는 은나라의 제후국이라고 한다. 그러나 우리나라 학계에서는 고조선의제후국으로 보고있다. 고죽국의 영역은 중국 하북성 노용현과 열하성 조양현에 이르는 지역으로설정하고 있다.
[6] 백이(伯夷)·숙제(叔齊): 단군조선의 제후국인 고죽국(지금의 하북성 난하 유역)의 왕자로서 동이족이다. 주(周)나라 무왕이 상나라 폭군 주왕(紂王)을 쳐서 멸망시키고(서기전 1122년) 천하의 반을 차지하자 백이·숙제는 이 역성혁명을 인정할 수 없다며 수양산으로 들어가 최후를 마쳤다.

제11세 기자 해수 (재위 10년)

첫 해에 맏아들 물한(勿韓)을 태자로 봉하였다. 5년에 백악산(白岳山: 九月山)에 삼성전(三聖殿)을 세우고 환인·환웅·환검의 신위를 모시고 제사하였다. (당장경의 부근에 있는 산) 7년에 후단조 사절이 입조하였다. 10년에 임금께서 승하하고, 태자가 제위에 오르니 제12세 기자이다.

제12세 기자 물한 (제위 21년)

첫 해에 아우 오문루(奧門婁)를 태자로 봉하였다. 3년에 공손성(公孫成)이 농사관련 책을 저술하여 임금께 바쳤다. 21년에 임금께서 승하하고, 태자가 제위에 오르니 제13세 기자이다.

제13세 기자 오문루 (재위 48년)

첫 해에 맏아들 누사(婁沙)를 태자로 봉하였다. 4년에 조비자(曹丕子)가 신선술에 대하여 아뢰기를 "도(道)의 정(精)은 고요하며 신령하고, 도의 극(極)은 현묘하고 묵묵하며, 신(神)의 정은 고요하고 맑으니, 그 정은 막는 일이 없어야 오래 살 것이며, 마음에 (특별한) 느낌을 갖지 않아 정신이 몸을 지켜야 몸이 오래 살 것입니다.

몸 안의 (수련을) 신중히 하고 외부의 (잡념을) 닫고, (정신과 몸이) 일체가 되도록 해야 (정신과 몸이) 뒤섞이지 않으며, 욕심이 많으면 화가 되는 것이니, 정신을 지켜 평화롭게 하는 것이 오래 사는 도입니다." 하니, 임금께서 "이것은 한가한 사람의 일이라."하였다.

48년에 임금께서 승하하고, 태자가 제위에 오르니 제14세 기자이다.

제14세 기자 누사 (재위 28년)

첫 해에 맏아들 이벌(伊伐)을 태자로 봉하였다. 3년에 후단조 태자가 입경하니, 모국의 예의로서 후하게 대접하였다. 4년에 임금께서 태자를 영고탑에 보내시어 서로 같은 조상 같은 자손의 옛 정을 나누었다. 5년에 백태보(白泰普)에게 나라의 역사를 편찬하게 하니 전부 92편이었다. 10년에 봄에 후단조의 임금께서 오시니, 이때가 후단조 제11세 단제 때였다. 두 임금께서 천단에 함께 오르시어 조상의 신령께 경배하시고 그해 4월에 귀국하셨다.

11년에 왕비께서 백성들에게 명령을 내렸다. "뒷뜰에 항아리를 묻고 사흘에 쌀 한 되씩 저장하였다가, 갑자기 쓸 일을 위해 준비하라."하였다. 이듬해에 크게 흉년이 들어 밭에서 거둘 곡식이 없어 항아리 안에 있는 쌀로 생명을 구하니, 왕비의 올바른 선견지명에 감사하였다.

12년에 임금께서 후단조와 더불어 한 뿌리의 자손임을 감동하여 형제의 시를 지으니, 이것이 오언시(五言詩)의 시작이다.

형은 반드시 그 아우를 사랑하고	兄須愛其弟
아우는 마땅히 그 형을 공경할지라	弟必恭其兄
항상 자그마한 일로	當以毫毛事
골육의 정을 상하지 말지라	莫傷骨肉情
말도 한 구유에서 먹고	馬猶同槽食
기러기도 또한 한 줄을 이루나니	雁亦一行成
방안에서 비록 즐기나	宅室雖云樂
부인의 말을 삼가 들으라	婦言愼勿聽

15년에 돌궐의 사절이 입경하니, 국빈으로 후하게 대접하였다. 18년에 임금께서 국정을 더욱 밝게 살피시니, 천하는 태평하고 사방이 무사하였다. 어진 재상 한문거(韓文渠)가 충성스럽게 보필하니 임금과 신하가 서로 공로를 사양하였다. 28년에 임금께서 승하하고, 태자가 제위에 오르니 제15세 기자이다.

제15세 기자 이벌 (재위 26년)

첫 해에 아륵(阿勒)을 태자로 봉하고, 한문거(韓文渠)를 국태사로, 왕좌명(王佐明)을 수상으로, 고력합(高力合)을 상장으로 임명

하였다. 2년에 한문거가 글로 아뢰기를

"도·덕·인·의·예(道·德·仁·義·禮)의 다섯가지는 일체이니, 이것이 나라를 다스려 천하를 태평하게 하는 도구입니다.

도란, 사람이 살아가기위한 도리를 말하니 만물이 그 이치를 알지 못하여도 따라가게 되는 것입니다.

덕이란, 사람이 얻어야 되는 것이니 만물이 저마다 얻고저 하는 욕망을 갖어도, 끝내는 혼자 깨달음을 얻게 되는 것입니다.

인이란, 사람이 가까이 해야 할 것이니 측은한 마음이 있어, 그 (사람의) 태어남과 성장(生成)을 도와주는 것입니다.

의란, 사람이 마땅히 해야 할 것이니 성공한 삶을 갖었다 해도, 당연히 선과 악에대한 상벌이 있어야 할 것입니다.

예란, 사람이 실천해야 할 것이니 일찍 일어나며 밤이 되면 잠을 자는 것처럼, 인륜의 질서를 지키는 것입니다.

이 다섯가지가 구비되면 법률이 필요없으나, 도가 없어지면 인이 생겨나고, 인이 없어지면 의가 나타나고, 의가 없어지면 예가 생긴다 하였습니다. 따라서 예라는 것은 사계절의 변화와 같아서 항상 그 시대에 따라서 변하기 때문에, 그 때가 아니면 도리어 폐해가 되는 것이므로, 말세를 당하면 법률이 없을 수 없습니다.

법이란, 백성을 다스리는 권위이므로 법이 백성에게 신망을 받지 못하면 백성을 다스리지 못할 것입니다. 그러므로 나라를 다스리는데 가장 중요한 것은 법을 잘 만드는 것이 제일이며, 신뢰되어야 할 것은 법을 잘 집행하는 것보다 더한 것이 없습니다.

좋은 것은 널리 의논하는 것 보다 더 좋은 것이 없고, 나쁜 재난은 다시 오지 않는 것이 좋고, 즐거움은 선하게 사는 것 보다 더 즐거운 일이 없으며, 신(神)을 섬기는 일은 치성을 다해야 하는 것이고, 형세를 잘 살펴야 밝은 세상이 이루어지고, 백성을 부하게 하는 것 이상 좋은 일이 없고, 병사를 강하게 하는 것 이상으로 (전쟁에서) 승리는 없습니다.

이 일을 하고자 하시면 먼저 사람들의 마음을 얻어야 하는데 사람의 마음을 얻어야 하는데는 몇 가지 요점이 있습니다. 즐기는 것을 끊으며 욕심을 금해야 하는데 그 이유는 민폐를 끼치는 것을 없애야 하기 때문이며, 재앙을 억제하고 악한 짓을 못하게 함은 자신의 허물을 스스로 책망하도록 하는 것이며, 술을 금하며 여색을 막는 것은 (인성이) 더러운 것을 없애기 위함입니다.

싫은 것은 피하고 의심스러운 것을 멀리하는 것은 착오없게 하기 위함입니다. 학문을 널리 익히기 위해 간절히 질문하는 것은 지식을 넓히기 위해서이며, 행동을 고상하게 하며 말을 자상하게 하는 것은 수신하는 길이며, 공손하고 검소하며 겸손하고 절약하는 것은 자신을 지키는 길입니다.

깊이 헤아리고 앞일을 염려하는 것은 난처하게 어려움이 생기지 않게 하기 위해서이며, 어진 것을 가까이 하고 바른 것을 사귀는 것은 (인격이) 기울어지는 것을 받쳐 세우는 일이며, 악을 숨기고 선을 나타내 주는 것은 사람을 대접하는 일입니다.

재주있는 사람에게 일을 맡기며 능한 사람을 부리는 것은 사물을 잘 경영하게 하기 위함입니다. 간사한 것을 멀리하고 거짓을 물리치는 것은 난세가 생기지 않게 하는 일입니다. 옛 것을 쌓아 새것을 알게 하는 것은 이치를 가리는 것이며, 변화를 감지하고 대소를 분별하게 하는 것은 맺힌 정사를 풀어 주기 위함입니다.

그렇기 때문에 옛날의 성현같은 제왕과 밝은 왕께서 겸손한 언사와 후한 예물로 어진 현사를 대우할 때에, '일목삼악발, 일반삼토포(一沐三握髮, 一飯三吐哺)'[7]의 예를 갖춘다면 누가 감화하지 않았겠습니까. 그러니 임금되신 분은 깊이 생각하며 힘써서 행하지 않을 수 없습니다.

지금 이웃나라 주왕조에 전국시대가 되었으니, 그 영향이 우리 나라에 적지 않습니다. 지금 폐하의 좌우에 있는 모든 신하는 다 전 임금의 옛 신하입니다. 전 임금께서 남긴 덕을 생각하여 받들기를 게을리하지 않으며 진심을 다하여 충성스럽게 보좌하고 있으니, 진실로 귀를 기울이시어 여러 대의 임금시대의 유업을 견고하게 하시며, 지사들의 의로운 기운을 널리 펴게 하시며, 스스로의 긍지를 갖게하여 충성스럽게 하는 바른 말을 막지 마소서.

신도 역시 전 임금의 신하로서 나이 90이 넘어 오랫동안 병상

---

7) 一沐三握髮, 一飯三吐哺 : 주나라 성왕(成王)시절 주공단이 아들인 백금을 노나라에 보낼 때 아들에게 당부한 말이었다. "머리를 감다가 손님이 찾아오면 곧바로 머리 감는 것을 중단하고 흘러내린 머리를 감싸쥐고 3번이나 손님을 맞이했고, 밥을 먹다가도 손님이 찾아오면 곧바로 입안에 씹던 밥을 뱉어내고 3번이나 손님을 영접했다"는 고사성어.

에 누워 고통스럽게 신음하고 있사오니, 생명을 아침과 저녁으로 다투고 있습니다. 다시는 폐하를 가까이 할 수 없기에 고통을 억지로 참고 몇 말씀 드리고자 하오나 정신이 혼미하여 고할 바를 알지 못하겠습니다."하였다.

임금께서 끝까지 들으시고 슬프게 여기시며 칭찬하여 감탄하시기를 "새도 죽을 때에 그 우는 것이 슬프고 사람도 죽을 때에 그 말이 선하다 하더니, 이제 한문거의 말이 선하고 아름답도다."하시고, 사람을 시켜 문병하게 하였는데, 그날 바로 한문거가 죽으니 국장으로 장례토록 명하셨다.

8년에 진(秦)나라 사람 범서개(范西開)가 입경하여 진나라의 부국강병을 설명하였다. 15년에 임금께서 태백산에 오르시어 성스러운 조상의 크신 은혜와 거룩한 덕을 기리는 마음을 이기지 못하여 천단을 쌓고 하늘에 제사한 후에 환궁하셨다. 26년에 임금께서 승하하시고, 태자가 왕위에 오르니 제16세 기자이다.

제16세 기자 아륵 (재위 28년)

첫 해에 마휴(麻休)를 태자로 봉하고 석륵상(石勒祥)을 수상으로, 을병고(乙丙古)를 상장으로 임명하였다. 3년에 대동법율(大同法律)을 제정하여 백성들에게 공포하였다. 6년에 주나라 사절이 오니, 사신을 보내어 사례하였다.

8년에 수상 석륵상이 글을 올려 아뢰기를 "맡긴 일을 알맞게 처리하는 것을 권(權)이라 하고, 일을 처리하는데 적절하게 한 것을 의(義)라 합니다. 권으로써 변화에 대응하며, 의로써 일을 바르게 하는 것은 다 나라를 위하는 도입니다.

　도에 같이 있으면 안되는 것은 시비를 따지는 것이며, 일을 함께 하는데 안되는 것은 이해를 따지는 것입니다. 다만 이해로 일을 급하게 하면서, 시비를 원치 않으면 의를 상할 것입니다. 시비를 주된 목적으로 삼아, 이해로 따지면 변화에 대응하는 권을 어길 것입니다. 그러나 권은 규정이 없고 중간을 택하는 것이 쉽지 않습니다. 의는 항상 제한이 없고 적절하게 하는 것이 어렵기 때문에, 그 중간을 구하여 합의하면, 시(是)와 의(義)가 다 그 안에 있습니다.

　진실로 나라가 편해지고 백성에게 이롭다면 다 할만한 일입니다. 나라를 편안하게 하지 못하고 그 백성을 보호하지 못하면, 이것은 다 행하여서는 안되는 일입니다. 그 권과 의를 알고 처리하면 천하에 어찌 결단하기 어려운 일이 있겠습니까.

　혹시 일을 처리할 때 잘잘못을 자세히 가리기 어렵고, 이해를 분별하기 어려워 취할지 말지를 결정이 어려우면, 그 경중과 완급이 있을 따름이니, 무슨 근심이 있겠습니까. 대개 중하고 급하면 마땅히 얻을 것이며 가볍고 급하지 않으면 마땅히 버릴 것입니다.

　그러기에 한 사람을 죽여 모든 백성을 평안하게 할 수 있으면 죽일 수도 있고, 한 푼을 써서 만금을 얻을 수 있다면 써도 되는 것입니다. 지금 나라의 정세가 중하고 급한 것이 많은데 중하고 급한 것을 하지 않고, 중하지 않고 급하지도 않은 일에 힘쓰니, 마치 호랑이가 갑자기 나타났는데 다만 여우인 줄 알고 하는 것과 같습니다.

이제 천하가 조용해진 듯하나 이웃 (중국의) 여러 나라들이 늘 전쟁을 하고 있으니, 그 혼란한 영향을 피하기 어렵습니다. 대개 국가는 천하의 큰 그릇이요, 법은 천하의 공적인 제도입니다. 한 번 법을 가볍게 여기면 천하의 법을 운용하는 일이 가벼워지므로, 이같이 법이 바르지 못하면 백성이 법을 불신할 것입니다. 백성이 법을 불신하면 장래 무슨 방법으로 천하를 다스리겠습니까.

그러나 법이 가혹하면 백성이 다 법에 눌리게 됩니다. 만일 임금이 그 백성을 아주 하찮게 보면 백성이 그 임금을 원수같이 보게 될 것이며, 임금과 신하가 서로 원수가 되면 한나라 조정의 대신들이 서로 적대적 국가와 같이 될 것입니다.

원하옵건데, 폐하께서는 형벌을 줄이시고, 덕정을 너그럽게 베푸시어, 백성들이 법이 가혹하다는 원성이 없고, 공평하고 정직하여 모든 일에 치우침이 없으며, 일을 처리하는데 마음을 모으면, 선대 임금의 치적과 같이 다시 부흥할 수 있을 것입니다." 하니 임금께서 이 말을 받아 들이셨다.

28년에 임금께서 승하하시고, 태자가 왕위에 오르니 제17세 기자이다.

제17세 기자 마휴 (재위 27년)

첫 해에 맏아들 다두(多斗)를 태자로 봉하였다. 후단조 사절이 입경하니, 사신을 보내어 사례하였다. 3년에 영견갑(英堅甲)을 수상으로, 홍문선(洪文善)을 상장으로 임명하였다.

5년에 조명성(趙明星)이 글을 올려 아뢰기를

"땅이 기름지지 못하면 큰 나무를 볼 수 없고, 물이 얕으면 큰 고기가 놀 수 없고, 나무가 없으면 큰 새가 깃들지 않으며, 수풀이 우거지지 않으면 짐승이 살지 않습니다.

산이 뾰족하면 무너지고, 못에 물이 차면 넘치고, 옥을 버리고 돌을 취하는 자는 장님의 눈이며, 땅을 보지 않고 달리는 자는 넘어지고, 기둥이 약하면 집이 무너지고, (임금을) 보좌하는 것이 약하면 나라가 기울어집니다.

(사람의) 발이 차면 심장이 나빠지고, 사람들이 원망하면 나라가 망하고, 뿌리가 마르면 가지가 죽고, 백성들의 원성이 높아지면 나라가 쇄잔해지고, 차가 뒤집어질 때 같이 쫓아가는 자는 넘어질 것이고, 망하는 나라와 더불어 일을 같이 하는 자는 멸망하게 되니, 이것은 다 눈으로 똑똑히 보아온 사실입니다.

신의 생각으로는 이웃 상나라가 망한 것은 사람들이 고달프고 나라가 약해졌기 때문이며, 주나라가 흥하는 것은 백성이 평안하고 나라가 부하기 때문입니다. 저 상나라 주왕(紂王)의 사람됨을 보면, 말을 많고 잘못된 정사를 펼치고, 힘이 좋아 굽은 쇠고

랑이를 펼 수 있으나, 그 말재주와 주먹의 힘이 보통사람을 훨씬 넘었서도 나라가 망하여 불에 타 죽는 화를 당한 것은 무슨 까닭이겠습니까.

윗자리에 앉아 있어도 항상 지조가 없으며 아랫사람을 쓸 때에 의심이 많으며, 높은 자리를 의지하여 사람들을 업신여기고, 친하고 믿을 사람이 아무도 없어, 믿어야 할 사람은 의심하며 믿어서는 안될 사람을 믿으며, 여색에 유혹되어 주견이 없고, 간신들의 권력에 농간되어 정치상의 명령이 서지 못하고, 제왕의 몸으로 하찮은 필부의 대열에 스스로 서서, 필부의 몸이되어 천자의 일을 하고자하는 것은 마치 모기가 태산을 짊어지는 것과 같아서 스스로 멸망하고야 맙니다.

앞 차가 넘어지는 것은 뒷 차의 경계가 되고, 이웃 나라가 망하는 것은 (주변의) 남아 있는 나라들의 거울이 되는 것입니다. 위험을 두려워 할 줄 하는 자는 몸을 안전하게 하는 도가 알고, 망하는 것을 두려워하는 자는 나라를 보존할 방법을 찾는 것입니다.

사람이 하는 일에 도가 있으면 길하고 도가 없으면 흉하니, 길하면 모든 복이 모여들고 흉하면 만가지 화가 따릅니다. 원하옵건데, 폐하께서는 과거에 있었던 (나라의 흥망사) 일을 거 울 삼아 잘 살피시며 시급한 일을 자세히 의논하시고, 도로써 백성을 다스리면, 천하의 백성이 도를 따르는 것이 마치 물이 아래로 흐르는 것 같이 될 것입니다. 그러면 무슨 난관이 있겠습니까." 하니, 임금께서 칭찬을 그치지 않으셨다.

6년에 강을 건너갈 때에 황룡이 출현하였다. 10년에 크게 풍년이 들어 콩 한 줄기에 두되를 수확하니 일승두(一升豆)라 하였다. 15년에 백두산 꼭대기에 초목이 다 말라 흰머리(白頭)와 같았다.(滿洲散史)

27년에 임금께서 승하하고, 태자가 제위에 오르니 제18세 기자이다.

제18세 기자 다두 (재위 43년)

첫 해에 맏아들 나이(奈伊)를 태자로 봉하고, 마속량(馬粟糧)을 수상으로, 개서문(蓋西文)을 상장으로 임명하였다. 4년에 장일병(張一炳)이 상서를 올리니 "임금이 천하를 다스리는 도는 하늘의 법을 본 받을 따름입니다. 하늘의 도는 사계절이 운행하여 만물이 생장하는데, 봄과 여름에는 나서 자라며 가을과 겨울에는 숙성되고 잎이 말라 떨어져지니, 그 생기를 열고 닫는 조화를 부립니다.

옛 성스럽고 밝은 제왕은 이 도의 법을 따르는고로 혜택을 베푸는 어진 정치는 봄과 여름을 본받고 법령과 형벌은 가을과 겨울을 본받아 가르치고 규율을 삼았습니다. 한번의 삶과 한번의 죽음은 적당히 일하고 쉬게한다는 굳은 확신과 정확한 판단이라는 것을 알아야 교화가 이루어지는 것입니다.

만일 충분히 베푸는 제왕의 덕으로 백성들을 어루만져 주지 않고 법령과 형벌로만 다스린다면, 이것은 하늘에 사계절이 없는 것과 같은 것이므로 어찌 조화가 이루어지겠습니까.

한 나라를 몸에 비유하면, 임금은 머리이며 신하는 손과 발입니다. 평소에 아무 일도 없어 마음과 정신이 한가로우면 손과 발의 운동이 게을러지나 갑자기 환란을 만나면 손과 발의 동작이 민첩해집니다.

이것으로 미루어 볼 때, 천하 만사에 더러운 일은 안일한데서 생기고, 맑고 깨끗한 것은 나쁜 폐단을 뜯어고치는 데서 이루어지는 것이니, 위로는 하늘의 사계절을 본 받으며 아래로는 사람의 일을 살피고, 안일함을 조심하며 그 쇄신을 생각하시어 앞과 뒤, 급하고 급하지 않는 것을 알아야 합니다. 급하고 급하지 않는 것을 구별 못하면 충성스러운 말과 좋은 의견도 정치에 도움을 주지 못하며, 앞과 뒤가 어긋나면 경론과 모략도 효력을 얻지 못하게 되니, 조정에서 해야 할 급선무는 먼저 기강을 세워야 모든 일을 바르게 돌이킬 수 있습니다.

세상에서 말하는 왕도(王道)와 패도(覇道)는 크고 작은 차이를 말하는 것인데, 왕도는 인(仁)으로써 근본을 삼기 때문에 능히 천하를 다스리고도 남음이 있고, 패도는 이익을 으뜸으로 삼으니 나라를 다스려도 잘 다스려지지 않습니다. 왕도는 일어나는 것이 더디기 때문에 오래 다스려 나갈 수 있으나 패도는 그 일어나는 것이 빠르지만 패망하는 것도 빠릅니다. 왕도의 마지막은 유약하고 패도의 마지막은 강폭합니다.

대개 하늘의 운수가 옛날과 지금이 달라, 국가의 치안도 또한 옛날과 지금이 같지 않습니다. 왕도는 경서와 법으로 하고 패도는 권모술수에서 생겨났으나, 권모술수도 지나치지 않고 알맞으면 성인의 도이니, 왕도와 패도를 함께 쓰는 것이 후세의 법이 될 것입니다. 학문과 무예를 아울러 쓰는 것은 (나라를) 오래도록 이어갈 수 있는 방법입니다.

그러나 요즘에 이르러 살펴보면 세상 형편이 많이 달라진 것은 알지 못하고, 입으로는 패도를 물리치고 왕도를 행한다 하여, 성군의 치세로 다스는 것 같이 선전하나, 그 치적을 보면 실제 효과는 하나도 없고 경거망동에 불과합니다.

조정으로 말하면 관직과 작위의 계급만 논하며 인재의 어질고 어리석음을 묻지 않고, 녹봉이 많고 적음의 득실을 계산합니다. 학자들은 조정을 비웃으며, 가난과 부귀만 공론하다가 요행히 관직을 얻으면 공적인 일임을 빙자하여 사적인 이득을 취합니다.

과격한자는 무례하고 무법하며 (때로는) 자폭하거나 자살하기도 하며, 스스로 잘난체하여 흉칙한 짓을 마음대로 합니다. 풍속으로 말하자면 윤리가 무너지고 부끄러움을 모르니, 사치한 풍습과 주색잡기가 민간에 널리 성행하여 (미래를) 멀리 보는 원대한 뜻이 없습니다.

무인으로 말하면 군국주의로 무력과 군대 장비를 강화해야 하나 여러나라들과의 협력과 화합은 말과 글뿐입니다. 경제와 경리로 말하면 창고에 저장된 쌀이 없고 백성들이 쌀을 살 돈이 없으며 (모두) 사리사욕에만 몰두하니, 어찌 국운의 보전을 바라겠습니까.

아! 모든 백성의 즐겁고 괴로움이 다 폐하께 달려 있는데 어찌 한가로이 느긋하게만 계시고 용단을 내리지 않습니까. 옛말에 나라를 다스리는데 가장 중요한 것은 기강이니, 기율을 세우며 기강이 잡힌 후에 법령을 집행하며 교화가 이루어진다고 하였으니 이는 기강의 필요를 말하는 것입니다. 조정은 국가의 기강이며 임금은 모든 백성의 기강입니다. 폐하께서 천하를 다스리고자 하신다면 임금의 기강을 잊지 마시기 바랍니다.

장군된 자는 백만의 무리를 거느리고 적진에 나아가 적과 대치할 때 반드시 상벌을 공정히 행하고 병권을 위임받아 삼군을 장악한 후에야 크게 공을 이룰 수 있을 것입니다. 오늘 폐하께서는 억만의 백성을 거느리시고 천하를 다스려 태평하게 하고자 하시는 이 때에, 살리고 죽이는 것과 주고 빼앗는 통치권이 명확하지 못하면, 업무의 중요한 기조가 마음에서 서로 어긋나며 경륜의 의지가 서로 틀려지게 될 것입니다. 그러니 기강을 어떻게 바로 잡으며 풍속을 어떻게 선하게 만들고, 나쁜 폐단을 어떻게 그치게 하며 많은 신하들을 어떻게 감독하겠습니까.

우리나라 대대로 이어 내려온 임금께는 하늘에 순응하시며 사람을 유순하게 대하시어, 개국 이래로 왕위가 계승되어 폐하에 이르도록 나라가 태평함이 오래되었습니다. 그래서 모든 관료들이 전례만 따르니 자연이 마음이 안일해지고 사상이 해이해지는 것은 예나 지금이나 다를 바 없는 이치입니다.

원하옵건데, 폐하께서는 깊은 물속에 계시는 것처럼 하며, 얇은 얼음을 밟는 듯 조심하여 옛 임금들의 넓은 은혜와 크신 덕을 이어나가야 할 것입니다. 깊이 생각하옵소서."하니, 임금께서 그 말을 받아들이시고 국정을 쇄신하여 40년 동안 나라를 다스리고 군을 강하게 만들어 나라가 부흥하는 시대가 되었다. 43년에 임금께서 승하하고, 태자가 제위에 오르니 제19세 기자이다.

제19세 기자 나이 (재위 20년)

첫 해에 맏아들 차음(次音)을 태자로 봉하였다. 봄에 일식이 있었다. 3년 봄에 나이 많은 분들을 찾아가서 80세 이상은 쌀과 고기를, 90세 이상은 비단을 내리시었다. 그 때에 140살의 노인이 있었는데 피부의 윤택이 어린아이와 같았다.

10년에 후단조 사절이 오니, 모국의 예로 대우하였다. 16년에 주나라 사람 30명이 입경하여 경치를 구경하였다. 20년에 임금께서 승하하고, 태자가 제위에 오르니 제20세 기자이다.

제20세 기자 차음 (재위 10년)

첫해에 맏아들 불리(不理)를 태자로 봉하고, 위문숙(魏文叔)을 태자태부로 임명하였다. 2년 여름에 안남(安南)나라 사람 여러

득(黎利得)이 표류하여 남해안에 이르렀다. (金國征宋記)

5년에 동쪽 숲속에서 밤에 흰 학이 울어 왕비가 가보니 금궤가 있었다. 열어보니 한 동자가 있었는데 이름은 호박이었다. 왕비는 이를 데려다 길렀다. 10년에 임금께서 승하하고, 태자가 제위에 오르니 제21세 기자이다.

제21세 기자 불리 (재위 36년)

첫해에 맏아들 여을(余乙)을 태자로 봉하였다. 2년에 도자기와 돌기구를 제조하니 매우 아름다웠다. 8년에 상유후(尙留侯)가 반란을 일으키니 물리쳐 평정하였다. 16년에 동해에서 인어를 잡았다. 그 모양이 사람과 흡사하고, 말은 통하지 않았으나 사람을 보고 눈물을 흘리므로 명하여 물에 놓아주었다.

28년에 신독국(身毒國) 사람이 야광주를 가지고 와서 바쳤다. 36년에 임금께서 승하하고, 태자가 제위위에 오르니 제22세 기자이다.

제22세 기자 여을 (재위 29년)

첫해에 맏아들 엄루(嚴婁)를 태자로 봉하였다. 2년에 서북쪽에서 금광이 발견되어 사람들이 많이 캤다. 이 소문이 나라 밖에까지 알려져, 동방에 황금나라가 있어 소의 머리에까지 금으로 장식한다 하였다.

5년에 강동에 돌과 흙을 가공하는 공장을 세웠다. 돌가루와 흙을 모래와 물로 혼합하여 말리면 돌과 같이 단단해졌다. 19년에 청류벽 위에 읍강루(挹江樓)를 세우고, 성안에는 버드나무를 많이 심었다. 29년에 임금께서 승하하고, 태자가 제위에 오르니 제23세 기자이다.

제23세 기자 엄루 (재위 28년)

첫 해에 맏아들 감위(甘尉)를 태자로 봉하였다. 3년에 평양성을 개축하고, 1세 기자묘를 고쳐 쌓았다. 5년에 몽고 사절이 입경하니, 후하게 대접하였다. 8년에 대학을 세워 백성들에게 정치와 법도를 가르쳤다.

11년에 후단조 사절이 입경하니, 특별히 사신을 보내어 사례하였다. 28년에 임금께서 승하하고, 태자가 제위에 오르니 제24세 기자이다.

제24세 기자 감위 (재위 6년)

첫해에 맏아들 술리(述理)를 태자로 봉하고, 해문관(海文官)을 태자태부로, 서내벌(徐乃伐)을 수상으로, 김력(金力)을 상장으로 임명하였다. 2년에 을달(乙達)이 반란을 일으키니, 김력을 보내어 물리쳐 평정하였다. 6년에 임금께서 승하하고, 태자가 제위에 오르니 제25세 기자이다.

제25세 기자 술리 (재위 10년)

첫해에 맏아들 아갑(阿甲)을 태자로 봉하였다. 임금이 북쪽으로 행차하여 달안군(達安郡)에 이르니, 매언자(賣言者: 돈을 받고 좋은 말을 해주는 학자)가 있었다. 임금이 불러 좋은 말을 듣는데 얼마냐고 물으시니 천금이라 하였다.

임금이 한마디 듣기를 원하였다. 그 자가 말하기를 "모든 일을 시작할 때에 마땅히 장래의 일을 생각하라."하니, 임금이 왕궁에 돌아와서 이 말을 좌우명으로 삼고 모든 그릇에 이 말을 새겨 넣었다가 후일에 죽음을 면하고, 그 말로써 종신토록 잠언(箴言: 가르쳐서 훈계가 되는 말)으로 삼았다.

> 옛 역사에, 임금의 숙부가 임금을 암살하고자 하여 독약을 찻잔에 넣고 시종을 시켜 임금에게 드리라 했다. 시종이 찻잔에 새긴 글을 보고 마음이 두렵고 송구스러워 손을 떨으니, 임금이 보고 이유를 물으니 시종이 사실대로 고백했다. 임금이 시종의 죄를 특별히 용서하고 숙부를 멀리 귀양보냈다.

10년에 임금이 승하하고, 태자가 제위에 오르니 제26세 기자이다.

제26세 기자 아갑 (재위 15년)

첫 해에 맏아들 고태(固台)를 태자로 봉하고, 원한삼(元漢三)을 태자태부로 임명하였다. 2년에 임금이 제사를 지내는 것과 신이 내리는 이치를 원한삼에게 물으니, 대답하기를 "사람이 죽으면 혼(魂)은 올라가고 넋(魄)은 내려오며, 정기는 비록 흩어지나 곧 소멸하지 않기 때문에, 사람의 정성과 공경이 지극하면 돌아가 신분을 오게 합니다. 옛 사람의 말에 지성이면 감천이라 하였는데, 제사 지내는 사람의 정성이 없으면 하지 말아라 합니다.

만일 정성이 있으면 그 신이 (제사지내는 사람의) 마음의 줄을 따라 내려오게 됩니다. 이미 흩어진 혼백은 진실로 듣고 보며 생각할 수 없으나, 제사하는 사람이 그가 있던 곳에서 이야기와 음성으로 그가 즐겨하던 것을 묵념하여 상호 영적으로 감응하면 직접 보는 듯 할 때에 신령이 반드시 감동하여 내려오게 됩니다." 하였다.

임금께서 "경은 하나는 알고 둘은 모르는 도다. 대개 신은 음양과 이기를 초월하여 한 개의 신으로 독자적으로 존재하며 자유로운 상태가 되는데, 어찌 사람의 마음에 의뢰한 후에야 나타나겠는가, 우주 안에 참 신이 있고, 사람 몸에 영혼이 있으니 산다는 것은 영혼의 빛이다.

생명이 우주 안에 흘러 항상 물체를 따라 생리작용이 밀접한 곳에 드러나 보일따름이니, 참 신이나 영혼은 영영 없어지지 않는 것인데 언제 흩어져 없어지겠는가. 지성이면 감천이라는 것은 사람이 영적 받침이 되는 신이 내려오게하는 기구로 볼 수 있으니, 신과 영이 밀접할 때에 정성으로 원하면 혹 감응하는 방법이나 수단이 될 수 있다." 하였다.

13년에 후단제 사절 고유선(高維先)이 단군의 화상과 단군실기(檀君實記)를 가지고 입경하였다. (金나라 黃子雲의 探古史에도 있다.) 15년에 임금이 승하하고, 태자가 제위에 오르니 제27세 기자이다.

제27세 기자 고태 (재위 14년)

첫 해에 맏아들 소태(蘇台)를 태자로 봉하였다. 3년에 주나라 사람 옥사성(玉謝成)이 노자의 도덕경을 가지고 왔다. 6년에 주나라 유생 20여 명이 평양에 와서 학문과 팔교(八敎)[8]를 견학하였다.

8년에 대학을 세워 예와 악으로써 백성을 교화하였다. 14년에 임금이 승하하고, 태자가 제위에 오르니 제28세 기자이다.

---

8) 팔교(八敎): 제1세 기자 서여 5년에 백성들에게 내린 8개의 법을 말한다.
  1. 살인하지 말며 2. 사람을 상하게 하면 곡식으로 갚고 3. 강도한 자는 그 집의 노비가 되며 4. 절도한 자는 자기만 노비가 되며 5. 남자는 밖에 나가 농사짓고 6. 여자는 안에서 베를 짜고 7. 혼인은 한 남자가 부인 한명만 거느리고 8. 명분을 서로 침해하지 말라.

제28세 기자 소태 (재위 18년)

첫 해에 맏아들 마간(馬干)을 태자로 봉하였다. 3년에 주나라 감나(甘柰)가 입국하여 정전법(井田法)을 견학하고 돌아갔다. 이때부터 두 나라의 정전제도가 서로 비슷하였다.

5년에 입법·사법·행정을 시행하니, 나라가 태평하고 백성이 평안하였다. 18년에 임금께서 승하하고, 태자가 제위에 오르니 제29세 기자이다.

제29세 기자 마간 (재위 11년)

첫 해에 맏아들 천한(天韓)을 태자로 봉하고, 조정국(趙正國)을 태자태부로, 오선용(吳先龍)을 수상으로, 기문한(奇文韓)을 상장으로 임명하였다.

4년에 임금께서 실천도덕을 조정국에게 물으시니, 대답하기를 "도덕이라는 것은 사람의 마음속에 제일 높은 자리를 차지하고 있는 것입니다. 경험을 초월하여 순수한 이성에 존재하는 것이니, 사람으로는 전연 알지 못하는것이 많습니다.

그러나 실천도덕이라는 것은 확실하게 실재하며 세계에도 실재하여 도덕적인 세계를 만들기 때문에, 도덕의 율법은 그 위에 다른 것이 없는 율법이며, 실천윤리는 명령하는 법칙입니다. 때문에 도덕율법을 따르지 않을 수 없는 것입니다.

대개 자연율법은 필연의 형식으로 표현하고, 도덕율법은 당위성이 있는 형식으로 표현하는 것이니, 도덕율법이라는 것은 그 의지가 항상 자기의 자율법칙과 함께 생기는 것입니다. 이 자율법칙은 목적과 결과가 어떻든 당연히 지켜야 할 것입니다.

그러므로 도덕은 그 인과관념을 초월하여 실체를 따라서 온 것이며, 선(善)이라는 것은 도덕율법에 의하여 결정한 것이니, 자신의 유일한 목적입니다. 그렇기 때문에 마땅히 실행하지 않으면 안되는 것이며, 가장 높은 명령에 의해 이기적인 사욕을 금지하여야 합니다.

미(美)라는 것은, 모든 욕구를 초얼하여 우리 인간이 관심을 갖지 않아도 쾌감을 불러 일으키는 것입니다. 진(眞)이라는 것은, 안도 없고 바깥도 없으며 나지도 않고 죽지도 않는 것입니다. 인간의 삶이 이 진과 선과 미를 구비하여야 덕이 몸에 윤택해지며, 능히 도덕을 행한다 할 것입니다."하니, 임금께서 "옳다"하셨다. (突厥史 참고)

6년 여름에 큰 바람이 일어나 농작물이 큰 피해를 입어 창고의 곡식을 풀어 백성을 구제하였다. 11년에 임금께서 승하하고, 태자가 제위에 오르니 제30세 기자이다.

제30세 기자 천한 (재위 10년)

첫 해에 맏아들 노물(老勿)을 태자로 봉하였다. 8년에 임금께서 동쪽 군현에 행차하다가, 산수의 경치가 아름답고 맑아 칭찬하시고 기뻐하셨다. 10년에 임금께서 승하하고, 태자가 제위에 오르니 제31세 기자이다.

제31세 기자 노물 (재위 15년)

첫 해에 맏아들 도을(道乙)을 태자로 봉하였다. 2년에 주나라 사람 노진선(魯進善)이 춘추와 예기 서적을 임금께 바쳤다. 8년에 제나라 사람 공안명(孔安明)이 공자교(유교를 말함)를 들여와 전하고, 조나라 사람 인명선(茵明善)은 황노비서를 들여와 전하였다. 15년에 임금께서 승하하고, 태자가 제위에 오르니 제32세 기자이다.

제32세 기자 도을 (재위 15년)

첫 해에 맏아들 술휴(述休)를 태자로 봉하였다. 월(越)나라 사람이 갖가지 색깔의 비단을 가지고 와서 황금과 바꿔갔다. 2년에 노달국(老達國) 사절이 입조하였다. (高句麗留記)

4년에 인구를 조사하니 그 수가 4천3백 여만 명이나 되었다. 10년에 아우 도경(道景)을 안봉후(安奉侯)로 삼았다.

15년에 임금께서 승하하고, 태자가 제위에 오르니 제33세 기자이다.

제33세 기자 술휴 (재위 34년)

첫 해에 맏아들 사량(沙良)을 태자로 봉하였다. 5년에 성이 있는 지역을 순찰하니, 동쪽은 문수봉(文秀峰), 남쪽은 파장(坡長), 서쪽은 서제산(西祭山), 북쪽은 대성산(大聖山)이었다.

25년에 천단을 남문 밖에 쌓고, 하느님과 국조께 제사하였다.

34년에 임금께서 승하하고, 태자가 제위에 오르니 제34세 기자이다.

제34세 기자 사량 (재위 18년)

첫 해에 맏아들 지한(地韓)을 태자로 봉하였다. 위(魏)나라 사람 연우술(延于述)이 음양서를 가지고 입경하였다. 5년에 서정국(徐定國)을 수상으로, 곽상보(郭相輔)를 상장으로 임명하였다.

18년에 임금께서 승하하고, 태자가 제위에 오르니 제35세 기자이다.

제35세 기자 지한 (재위 15년)

첫 해에 맏아들 인한(人韓)을 태자로 봉하였다. 2년에 백숭희(白崇喜)가 아뢰기를 "유학자는 진취적이 되지 못하니, 더불어 옛 그대로를 지켜나가야 할 것이기에, 폐하께서는 유생을 부르시어 예법과 음악을 일으키시기 바랍니다."하니, 임금께서 그대로 따르셨다.

8년에 임금께서 글씨 쓰기를 좋아하니, 5년 동안에 훌륭한 글씨체를 이루어 이것을 용호체(龍虎體)라 하였다.

15년에 임금께서 승하하고, 태자가 제위에 오르니 제36세 기자이다.

제36세 기자 인한 (재위 38년)

첫 해에 맏아들 서위(西尉)를 태자로 봉하였다. 그 해 가을해 정부기관을 개편하여 입법·사법·행정·고시(考試)와 감찰의 오원제(五院制)를 조직하고, 최고 정치 자문처를 개조하였다. 5년에 법정대학을 설립하여 백성에게 법과 정치를 가르쳤다.

6년에 의학과 농학 학교를 증설하였다. 15년에 북부여 사절이 입경하여 정부기관의 개편을 보고 부러운 마음으로 우러러 사모하며 귀국하여 그 사실을 임금께 아뢰니, 임금께서 이르시기를 "나도 정부기관을 개조하고자하여 깊이 생각한지 오래 되었는데, 오늘 돌아온 사신의 말을 들으니 바로 나의 생각과 같다."하시고, 다시 기자조선에 사절을 보내어, 개조한 정부기관을 모범으로 삼고자 기록하여 가지고 귀국하였다.

26년에 주나라가 쇠약해져서 봉건제후가 된 동생과 자식들이 서로 원수같이 전쟁을 하니, 모든 백성들이 병역에 눌려서 이를 피해 들어오는 사람이 많았다. 35년에 일식이 있었다.

38년에 임금께서 승하하고, 태자가 왕위에 오르니 제37세 기자이다.

제37세 기자 서위 (재위 25년)

첫 해에 맏아들 가색(可索)을 태자로 봉하고, 심무경(沈無競)을 태자태부로, 황성(黃成)을 수상으로, 조선(趙先)을 상장으로, 염인상(廉仁相)을 좌보(左輔)로, 이락(李洛)을 우보(右輔)로 임명하였다.

3년에 가락국 제후가 반란을 일으키니, 조선을 보내어 물리쳐 평정하였다. 5년에 북부여 사절이 들어오니, 사신을 보내어 사례하였다. 10년에 법령을 개정하였다. 16년에 지방마다 스스로 통치하는 제도를 실시하였다.

18년에 김유국(金有國)이 동의대감을 편찬하였다. 23년에 강자문(姜子文)이 아뢰기를 "본래 사람의 마음은 선한데 마음이 악한 것은, 아득한 옛날부터 어리석고 어두운 종자의 뿌리가 깊이 박힌지 오래되어 깊은 곳에까지 스며들었기 때문입니다. 그래서 처음에 생명을 받을 때에는 숨어 있는 악한 뿌리에 잠복하였다가, 세상을 왕래하게 되면서 사람의 악한 행위에 물들게 되며, 버릇으로 굳어진 사회적 습관과 서로 어울리는 것이 나날이 거듭되어 점점 깊어지게 되는 것입니다.

그러니 비록 선한 뿌리가 있다해도, 항상 악한 뿌리가 이기게 되므로 커나갈 수가 없으니, 도덕을 가까이 하고자 하는 자는 (좋지 않은) 옛 습관을 단호히 버리는 것을 으뜸으로 삼아야 합니다."하였다.

25년에 임금께서 승하하고, 태자가 제위에 오르니 제38세 기자이다.

제38세 기자 가색 (재위 58년)

첫해에 맏아들 산한(山韓)을 태자로 봉하고, 아우 가진(可眞)을 안평후(安平侯)로 임명하였다. 2년에 한윤국(韓允國)이 도덕요람 32권을 지어 임금께 바치며 아뢰기를 "복은 맑고 검소한데서 생기고, 덕은 검소하고 낮추는데서 생기고, 도는 평안하고 고요함에서 생기고, 명은 온화하고 맑은데서 생기고, 근심은 많은 욕심에서 생기고, 허물은 경솔하고 교만한데서 생기고, 화는 몹시 가난한데서 생기고, 죄는 어질지 못한데에서 생기니, 이것을 알고 행하는 자는 실천하는 도덕자가 될 것입니다."하니, 임금께서 "옳다"하였다.

3년 봄에 방사(方士) 노식(盧植)이 단서(丹書: 도술서) 40종류를 바치며 아뢰기를 "복기(伏氣), 태식(胎息), 잠신(潛神), 유술(柔術), 기합술(氣合術), 연단(鍊丹), 복사(辟邪) 등이 다 호신술입니다."하니, 임금께서 "이것은 제왕이 할 일이 아니다. 일시적으로 위급을 면하기 위한 무술이다."하시고, 군부에 보내어 참고하여 쓰라 하였다.

6년 이때에 철학사상이 대두하여 우주의 진리를 각자의 사고로 해석하였고 여러 학설이 각기 나와 세상 사람들의 정신을 혼미하게 하였다. 14년에 북부여 사절이 입경하였다. 16년에 연(燕)나라에서 망명한 서문중(徐文仲)이 입국하여 지방의 낮은 관리가 되어 영해(寧海)에 살았다. 이때 연나라로부터 와서 사는 사람이 많았다.

24년에 위(衛)나라 사람 이세성(李世成)이 칠서비지 서적을 가지고 입경하였다. 28년에 초나라 사람 오광(吳廣)이 제자백가의 책을 가지고 입국하였다. 36년에 공신인 색정(索靖)을 정평후(定平侯)로 임명하였다.

40년에 노을문(老乙文)이 상서를 올려 아뢰기를 "천하대세가 가장 크게 그리고심대하고 격렬한 것은 그 것이 일어나는 이치로 볼 때 어쩔 수 없는 출발한 것입니다. 우리나라가 중국과 대치하여 수 천년 동안 우호국으로 지내온 것은, 서로의 문화수준이 같기 때문입니다.

주나라가 통일한 후, 그 나라의 예악법도의 제도와 문물이 훌륭히 구비되어 점점 우리 나라를 초월한 점이 있으므로, 천하백성들의 마음이 중화를 희망하여 중화의 전성시대가 됨으로서 우리 나라에 두려운 느낌을 주고 있습니다.

그러므로 주나라 무왕이 제후로 봉한 동생과 자식들이 매우 많았는데, 대를 이을 자가 탐탁치않아 서로 공격하기를 원수같이 하고, 제후가 왕의 칭호를 함부로 일컬으니, 그 가운데 패권을 잡은 자는 진(晋), 초(楚), 연(燕), 제(齊), 한(韓), 위(魏), 조(趙)의 일곱 영웅들입니다.

이들은 날마다 전쟁만 일삼으니, 편할 날이 없어 전국시대가 되었습니다. 그 반면에 사상과 주의가 극도로 만연하여 학자마다 제각기 학설을 펼치니, 그 중에 으뜸으로 꼽힐만한 자의 것은 공자학, 노장학, 양묵학 등입니다.

그러나 그 학설은 간략하며 올바르게 나아가다 끝에 가서는 번거럽고 어려워 궤변학파와 명리학파가 많이 생겨 이단종횡공리학설[9]이 성행하여 백성은 진정한 애국심이 없어지고, 국가는 강하며 견고한 기초가 이루어지지 못하여 왕실의 위엄이 떨어지고, 살기가 하늘을 찌를듯하며 배타적인 사상이 열렬하여지고, 이것이 민족사상으로 바뀌어 다른 이민족은 배척하고 있습니다.

그런데 우리나라는 평안한 세상이 오래 계속되어 와서, 민심이 해이해졌습니다. (이로 인해) 자기나라의 정신을 잊어버리고, 맹목적으로 중화를 추종하는 습관이 심해지니 안타깝습니다.

사람은 보편적으로 옛 것은 버리고 새 것을 좋아하며, 중요한 것을 잊어버리고 중요치 않은 것에 집착하는 것을 능사로 여겨 정신

---

9) 이단종횡공리학설(異端縱橫功利學設): 이론(理論). 시류(時流)에 어긋나는 사상이 자유자재로 전개되고, 공명과 야욕으로 흐르는 학설

까지 혼란스러우니, 신은 이것이 근심이 되고 두려울 뿐입니다.

국가의 큰 환란은 백성들의 애국심이 죽은 것 이상 더 큰 것이 없으며, 애국심이 없는 민족은 죽어서 재된 나무와 같아서 활기가 없고 활기가 없는 민족은 국가를 보전할 수 없으니, 어찌 강력한 군대를 가진 다른 민족과 경쟁할 수 있겠습니까.

중국민족이 우리나라에 많이 들어 올지라도 교육과 산업이 진흥되면 부강하게 될 것은 능히 알 수 있는 일입니다. 그러나 우리 백성들에게 민족사상을 일깨워 실행시키지 않으면 한족(漢族)이 피난하여 들어올 뿐 아니라, (그들에게) 동화될 우려가 없지 않습니다.

우리 백성들에게 민족사상을 갖게 하면 필연 민족전쟁이 일어날 날이 멀지 않을 것입니다. 우리 민족은 한족을 상대로 만반의 준비를 한다면, 한족과 대립한 후에라도 우리 민족의 지위가 더욱 높아 질 것이니, 지금은 민족사상을 환기시켜야 할 때입니다. (이것이) 지연되면 자연이 뒤떨어질 염려가 있으니 어찌 편안히 앉아 있겠습니까.

옛 단군의 조상께서 아홉 동이족(九夷)의 추대를 받아 보위에 오르신 후 아홉 부족이 한가족처럼 되어, 사람들은 오래살고 꽃냄새가 풍기는 속에서 태평가를 부르며 지내더니, 후손들이 가깝게 친교하지 않고 각기 나라를 분할 받아가지고 여러지역으로 흩어져서 각각 다른 족속과 같이 되었습니다. 이것은 통일된 나라의 업적을 보전하는데 깊고 세밀한 정치를 못한 까닭입니다.

중국은 이와 반대로 통일의 업적을 잘 유지하여 민족사상이 통일되고 유교가 널리 지켜졌으니, 우리나라에 비하면 민족정신의 통일에 뚜렷한 차이가 있습니다.

그러나 몽고·돌궐과 흉노와 북융(北戎)10)은 분산되었다 할지라도, 우리 동방의 부여족은 사상이 하나가 되었으니, 우리 민족만이라도 화합하여 한족(漢族)을 대항하여도, 능히 우리나라의 독립 자주정신을 보전할 수 있지 않을까 생각합니다."하니, 임금께서 "옳다"하시고 민족사상을 백성에게 일으키게 하니, 이 정신이 영원히 없어지지 않아 우리 부여 문명을 일으켰다.

42년에 임금께서 구월산에 오르시어 서해의 해지는 광경을 보시고 시를 지으셨다.

老松寧死無秋色
(늙은 소나무 차라리 죽어도 가을 빛이 없는데)
落照雖殘勝月光
(떨어지는 노을은 비록 쇠잔해도 햇빛보다 나으네)

---

10) 북융(北戎): 동이족의 일원으로 산융(山戎)이라고도 불리는데 중국 춘추 시대에 존재한 부족으로, 현재의 요녕성 서북부와 하북성 동북부에서 활동하였다. 산융은 한때 강대해져 그 세력의 범위가 전국시대의 연나라, 조나라, 제나라의 사이에 있었다. 연나라를 자주 침범했으며, 기원전 705년에는 연나라를 넘어 제나라를 공격하기도 했다. 기원전 679년, 제환공이 제후들 사이에서 패권을 잡고, 산융이 기원전 664년에 연나라를 공격하자 제 환공은 토벌했다. 산융의 왕은 고죽국으로 도망갔고, 기원전 660년 제환공의 산융 정벌 때 고죽국도 동시에 멸망하였다.

58년에 임금께서 승하하고, 태자가 제위에 오르니 제39세 기자이다.

제39세 기자 산한 (재위18년)

첫 해에 맏아들 수한(水韓)을 태자로 봉고, 신전신(申專信)을 태자태부로, 홍농(洪農)을 수상으로, 한운(韓雲)을 상장(上將)으로, 연나라 사람 장선세(張先世)를 좌보익(左輔翼)으로 임명하였다. (장선세는 입국하여 오래된 후에 우리 백성이 되었다.)

4년 5월에 서북으로부터 큰바람이 일어나 모래와 돌을 날리며 진흙비가 내렸는데, 계란같은 우박이 쏟아져서 곡식이 모두 먹을 수 없게 되었고, 소와 말의 피해도 많았다. 8년에 서쪽 관문에 도적이 벌떼같이 일어나, 군사를 보내어 토벌하였다.

10년에 진(秦)에서 망명한 황보노(皇甫老)가 입국하였다. 18년에 임금께서 승하하고, 태자가 제위에 오르니 제40세 기자이다.

제40세 기자 수한 (재위 50년)

첫 해에 맏아들 기부(奇否)를 태자로 봉하였다. 2년에 연나라에서 망명한 위민(衛民)이 장선세의 주선으로 임금을 알현하였다. 5년에 중국의 진나라는 부강하고, 산동에 있는 5개 나라는 전쟁이 그치지 않으니, 피난하여 입국하는 자 많았다.

49년에 월남(越南) 사람이 동해 해안에 도착하였다. 50년에 임금께서 승하하고, 태자가 제위에 오르니 제41세 기자이다.

제41세 기자 기부 (재위 46년)

첫 해에 맏아들 마한(馬韓)을 태자로 봉하였다. 2년에 제나라 사람 원술(元術)이 입조하였는데, 원술은 묵적파(墨翟派: 墨子를 따르는 유파)인데 (묵자의) 겸애주의(兼愛主義)가 천하에 횡행하였다. 5년에 조나라 사람 황노명(黃老明)이 입경하니, 황노명은 양주파(楊朱派: 도가의 楊朱를 따르는 이기쾌락주의 유파)인데, 머리칼 하나를 뽑으면 천하가 이롭게 된다 해도 (이를 실천) 안 하는 무리이다.

25년에 진채(陳蔡) 지방의 사람들이 줄을 이어 입국하였다. 46년에 임금께서 승하하고, 태자가 제위에 오르니 제42세 기자이다.

제42세 기자 마한 (재위 25년)

첫 해에 아들 기준(奇準)을 태자로 봉하였다. 진나라에서 망명한 한덕(閑德)이 입국하였다. 21년에 장서운(張瑞雲)이 유묵선(儒墨仙)의 삼합도(三合道)를 주장하다가 형벌을 받았다. 25년에 중국의 진승(陳勝)과 항량(項梁)이 병사를 일으켜 천하에 큰 난을 일으키니, 연·제·조(燕·齊·趙) 백성들이 피난하여 입국하였다.

임금께서 서쪽 국경 모퉁이 한쪽을 주어 살게하니, 한(漢)이 노관(盧綰)을 왕으로 삼았으나, 노관이 한을 배반하고 흉노로 도망하였다. 연(燕)나라 사람 위만(衛滿: 원래 조선인으로 연나라로 망명하여 들어갔기 때문에 연나라 사람이라고 한다.)도 망명객으로 중국 옷을 입고 동쪽으로 건너와 조선에 입국하여, 태자 기준에게 항복하고 임금을 알현하여 거주할 곳을 요청하였다. 임금께서 허락하여 박사(博士)로 삼고, 서족 변방 백리땅을 주어 살게 하였다.

위만은 기자조선이 허약한 것을 엿보고, 사람을 보내어 급하게 아외기를 "한(漢)나라 병사들이 갑자기 쳐들어오니, 바라옵건데 임금님을 안전하게 모시겠습니다."하고, 연나라 망명자 수천 명을 거느리고 와서 습격하였다.

임금께서 불의의 변을 막을 수 없어서, 궁궐 사람들과 좌우 신하를 거느리고 배를 타고 피신하여 목지국(目支國: 마지)[11] 금마군(金馬郡)에 머물러 나라 이름을 마한(馬韓)이라 하였다. (제1세 기자부터 42세 기자까지 역년이 1,052년이었다)

---

11) 목지국(目支國): 삼한시대의 마한에 있던 작은 나라. 지금의 직산에 해당된다.

Part.4
배달족 역사

배달족 교과서 『상고시대』

■ 제1장 신시시대

제1과 민족이 흩어저 거주함

상고에 우리민족이 흑룡강(黑水) 남쪽과 발해 북편에 흩어저 거주하였다. 풀로 의복을 하고 나무과실을 먹으며 여름에는 나무 위에 집을 만들어 살고 겨울에는 동굴에 기거하였다. 사람들의 심성이 어리석으며 사리에 어둡고 지식이 정도가 낮아서 착한 일을 행하지 않고 사납고 거칠은 생활을 하였다.

제2과 신인(神人)이 내려옴

갑자년 상월에 하늘이 열리고 하느님께서 천부경 1개와 3가지 보물을 갖고 풍백, 우사, 운사, 뇌공을 인솔하여 사람으로 변해서 태백산(지금의 백두산) 신단수 아래에 내려와 사람들을 교육받게 하여 하느님의 도리를 가르치고 말하였다.

제3과 신인의 능력

신인이 곡식과 생명과 병과 형벌과 선악의 다섯가지 일을 주관하며 인간의 366가지 일을 다스리니 이때에 남녀와 부자와 군신이 서로 다르며 존중되고 음식과 의복과 거처의 제도가 정해졌고 두발을 땋아서 머리에 올리는 일을 행하였다.

제4과 부락 단위의 정치

신인이 다스리는 지역 내를 자주 순행하여 흩어져 거주하는 민족을 모아서 함께 거주토록 하여 부락 단위로 편성하니 구역 내 부락 단위가 대략 3천이다. 신인이 근검하여 봉정의 버들궁전에 있으면서 짚으로 새끼를 꼬고, 소를 타고 다니며 다스렸다.

제5과 신시의 명칭

그 때에는 국명과 임금의 지위는 없었다. 신인이 나라 안의 백성을 통치하시며 흩어진 백성들을 교화하여 돌아오게 함이 시장에 모이게 함과 같아 신시씨(神市氏)라 칭하였다. 신인이 세상에 내려와 스스로 건국하기 전까지 124년은 신시시대라 일컬었다.

제2장 배달시대

제1과 단군의 건국

무진년(戊辰年: 서기전 2333년) 10월에 인민이 신인을 추대하여 대군주로 삼고 국호를 지으니 바로 단방[檀訪: 배달(倍達)]이라 하였다. 도읍을 태백산 아래에 정하였다가 22년을 지나 경인년(庚寅年: 서기전 2311년)에 도읍을 평양으로 옮기고 국호를 조선(朝鮮)이라 개명하였다.

제2과 천도와 치수

임술년에 홍수가 범람하여 평양이 물에 잠겨서 도읍을 장당경[藏唐京: 지금 문화(文化)땅]으로 천도하였다. 홍수를 다스리는 것을 북쪽은 흑룡강에서 시작하여 남쪽은 우수(牛首: 지금 춘천 땅)에 이르렀고 동서는 바다에 다달았다. 도로를 만들고 민간이 거주하기가 편하게 하였다.

제3과 축성과 제단의 설치

병인년에 황태자 3인에게 명하여 혈구(穴口: 지금 강화)에 산성을 쌓고 또 마니산(강화의 산이름)에 제단을 만들고 하늘에 제사를 하였다. 또 근본을 찾는 일을 하도록 하니 제단의 모양은 위는 사각형이고 아래는 원형으로 돌로 쌓아 대대로 보호하여 현존하고 있다.

제4과 나라 경계를 정함

갑술년에 태자 부루를 파견하여 우국(虞國) 사신 하우(夏禹)를 양국의 경계가 되는 도산(塗山: 바로 隸의 땅내)에서 회동하여 나라 경계를 정하니 조선의 강역이 동쪽은 큰 바다이고 서쪽은 흥안령을 포함하며 남쪽은 발해에 달하였으며 북쪽은 흑룡강을 넘어 그 끝이 황량한 곳에 이르더라.

제5과 흘륭한 신하의 보좌

으뜸보좌역(元輔) 팽오(彭吳)는 토지를 관리하고 사관(史官) 신지(神志)는 옛 문서 기록을 담당하고 농관(農官) 고시(高矢)는 농사를 다스리고 악관(樂官) 특제(特提)는 가무를 선양하고 군장(君長) 여수기(余守己)와 상장(上將) 비천생(裨天生)은 각 부족의 생산을 관리하고, 숙신(肅愼)씨는 활과 화살을 만들고 옥저(沃沮)씨는 도끼와 창을 만들었다.

제6과 황후와 현명한 자녀

비서갑 황후(神后)는 방직을 장려하였으며 태자 부루(夫婁)는 질그릇 제작을 가르쳐 사용케 하였다. 황자 부소(扶蘇)는 의약을 담당하여 질병을 구하도록 하였고, 황자 부우(夫虞)는 수렵을 담당하여 맹수의 피해를 없게 하였으며, 황자 부여(夫餘)는 나라의 제사와 잔치 행사를 주관하야 민속을 숭상케 하였다.

제7과 나라와 제후국의 통치 제도

단군조선의 정치는 국내 행정은 원보(元輔)가 총괄하고 외교 업무는 군장(君長)과 상장(上長)과 민장(民長)이 주관하는데 군읍(郡邑)을 나라로 삼아 그 군장의 직책을 세습하게 제후와 같이 하였다. 세금과 공물을 납부하게 하는 것은 후세의 군현(郡縣)과 같게 하니 이것을 군국제도라 칭하였다.

제8과 제후국(君國)의 군장

부여와 숙신과 옥저 및 예(濊)와 맥(貊)과 한(韓)은 모두 제후국의 군장(君長)으로 하였으며 그 나라 국내에 많은 작은 군장을 두었다. 작은 군장의 이름을 부여는 대가(大加)라 하였으며, 예맥과 숙신은 대인(大人)이라 하고, 옥저는 삼노(三老)라 하며 한은 간(干)이라 칭하였다.

제9과 단군이 돌아가심

경자년 3월에 단군께서 아사달(지금 구월산)에 들어가 신(神)이 되어 하늘로 올라가셨다. 제위에 재임하신게 93년이요, 인간 세상에 계신 것이 무릇 217년이었다. 지금 구월산 정상에 큰 바위 받침대가 있으니 이를 단군 어천대라고 지칭한다.

제10과 칭호의 계승

부루 임금은 현명하고 복이 많아 나라안이 안녕하였으며 자손이 번성하고 대대로 은혜가 있어서 단군의 칭호를 세습받아 사용하니 정치가 순수하고 아름다워서 신령하고 상서로운 조짐이 보여서, 봉황이 나타남으로 중국의 지식인과 일반인들이 흠모하여 동방의 군자국이라 불렀다.

제11과 부족장의 통치 기술

조선 건국 454년 임인년에 일토산(一土山: 평양지역)에 있는 왕조명(王祖明: 구월산 치해지역) 박(泊)의 부족장이 돼서 치적이 많은데 밤나무를 식목하여 도구를 만들고 또 백성으로 하여

금 볏집을 묶어 지붕을 덮게 하니 백성이 편리하였으며 이 방법이 오래 전해졌다.

제12과 외지(국경 바깥지역)의 식민지

예국(濊國) 군장이 은나라 군주 소을(小乙) 때 국력이 쇠퇴하는지라 서주(徐州)지역을 점령하고 영자강 연안에 광대한 토지를 개척한 후 도읍지로 정하고 나라 명칭을 서(徐)[1]라 개칭하며 주민을 이주시키고 생업에 종사케하니 이것이 우리민족이 국경 밖 외지 활동의 시초이다.

제13과 예나라 사람들의 이주

예국의 한 개 부족이 예수(濊水: 지금의 嫩江)의 동에서 서로 이어지는 강안에 이주하여 거주시키고 동북으로 흑수(지금의 흑룡강)를 넘어가 토지를 개척하고 한예국(寒濊國)이라 칭하였으며 또한 한 개 부족이 동해연안 남쪽으로 이주하여 읍락을 형성하여 나라를 만들고 동예(東濊: 지금의 강릉)와 불내예(不耐濊)의 이름이 전해진다.

---

[1] 서(徐): 춘추전국시대에 존재하던 동이족의 나라로 지금의 장쑤성 쉬저우시에 위치하고 있다.

제14과 부여의 다른 이름

부여의 군장은 예의 옛땅(지금의 개원: 開原)이 비어있고 주인이 없어 이에 이땅에 도읍을 정하고 예의 주민을 안착시키니 지명으로 인하여 국명을 자연히 예로 변경되어 부여의 국명이 단절되고 부여의 옛 도읍지(지금의 아륵초개: 今阿勒楚喀 땅이다)도 폐허가 되었다.

제3장 부여시대

제1과 후단군의 북쪽에 천도

조선의 후단군 임금이 북쪽 강역을 통치키 위하여 부여의 옛 도읍지에 둥근 목책을 설치하고 을미년에 도읍지로 천도하니 지명으로 인하여 국호를 부여로 다시 개칭하니 조선의 국명은 경인년으로 시작하여 조선이 끝날 때까지 약 1천 26년을 이어왔다.

제2과 기자가 동쪽에서 오다

기묘년에 은나라(支那)가 망할 때 은의 신하 기자(箕子)가 주나라를 피하여 은의 유민을 이끌고 요수(遼水) 서쪽 평양(지금의 광영: 廣寧) 공터에 거주하며 지명으로 국호를 조선(평양을 총칭하는 이름)이라 하니 다른 종적의 이민의 시작이다. 기자의 자손이 번창하여 요수 동평양(지금의 요양)으로 이주하였다.

제3과 언왕의 주나라 정벌

서국(徐國)의 언왕(偃王)이 어질고 덕이 있어 조정에 찾아오는 군장이 50여 나라인데 주나라가 서국의 속국을 침범함으로 언왕이 군사를 인솔하고 주나라를 정벌하여 서족으로 하상(河上)

에 이르렀다. 주나라 목왕(穆王) 크게 놀라 화해를 청하여 (협상후) 동서를 나누어 동쪽의 여러 제후는 서국이 통치하게 되었다.

제4과 서국의 역사

서국과 주나라가 병립하며 대치하면서 옥과 비단 및 무기 등으로 상호 교류하였다. 주나라가 쇠약해지자 초(楚)의 영왕(靈王)이 신(申: 지명 이름)에서 제후들과 회합하니 서국도 그 회맹에 참여하였다. 그 후에 서국이 도읍을 낭야(瑯琊)로 옮기며 이웃한 작은 제후국을 치다가 초나라에 의하여 패망하고 말았다. 서국이 이어 온 역사는 1천여 년이었다.

제5과 기씨의 국토

기(箕)씨가 땅을 크게 개척하여 동쪽은 숙신(肅愼)·옥저(沃沮)에, 서쪽은 유주(幽州)·계주(薊州)와 경계를 하였으며, 서북은 예맥의 경계로 이어지고 북은 부여와 접하였으며 남쪽은 저탄(猪灘)[2]까지 이르러 한(韓)나라와 대치하였다. 말기에 이르러 유주와 계주 등 2천 리를 연(燕)나라 장수 진개(秦開)의 침공으로 잃게 되니 나라의 국력이 이때부터 쇠약해졌다.

---

2) 저탄은 평양 대동강의 별칭이다.

제6과 예맥의 용맹하고 강함

예국의 역사(力士) 여도령(黎道令)은 중국 사람 장량(張良)에게 원수를 갚아주기로 약속하고 120근 되는 철퇴로 진시황 영정(嬴政)[3]을 박랑사(博浪沙)에서 공격하였으나 그 부하를 잘못 맞혔다. 맥국의 효기(梟騎)는 한왕(漢王) 유방의 요청에 응하여 서초의 패왕 항우를 광무 벌판에서 격격하였다.

제7과 위만이 왕위를 찬탈함

조선왕 기준(箕準: 기자의 41세손)때에 연(燕)나라의 위만(衛滿)이 무리를 거느리고 상투를 틀고 조선 옷으로 변장하고 들어와 알현하자 규봉(圭封: 지명)의 100리를 거주하도록 주었다. (그 후) 위만이 군사를 이끌고 준왕을 습격하여 나라를 탈취하여 국호를 조선이라 하였다. 기씨조선이 이어 온 역사는 929년이다.

제8과 삼한의 분립

기준이 쫓기어 바다를 건너 남쪽 한(韓)나라 땅에 이르러 금마저(金馬渚: 지금의 익산)에 도성을 쌓고 나라 이름을 마한(馬韓)

---

[3] 영정(嬴政)은 진시황 본명이다.

이라 하였다. 이에 한나라의 땅이 서와 남으로 나뉘어져 서쪽 땅은 마한이 되고 남쪽 지역은 진한과 변한이 되었다. 이를 삼한이라 한다.

제9과 예맥의 변혁

예의 임금 남려가 위(衛)씨와 사이가 안좋아 28만 백성을 이끌고 한(漢)나라에 이르러 귀순하니 한나라 무제(武帝)가 그곳 서북쪽 개원(開原)에 창해군(滄海郡)을 설치하고 팽오매(彭吳買)를 보내 맥의 땅을 취하여 창해(滄海)로 길을 뚫어 통하게 하였다. 당시 인부들의 노역이 너무 커서 연나라와 제나라 사이 백성들의 폐해가 심해지기 시작했다.

제10과 위씨의 국가 개혁

위만의 손자 우거(右渠)가 군사의 위력과 재물의 힘으로 숙신 남쪽과 옥저 전부를 복속시켰다. 또한 예맥의 옛 땅을 쳐서 한나라와 전쟁하다가 멸망하였다. 위씨의 나라는 87년에 그쳤고, 그 땅은 낙랑, 임둔, 현토, 진번의 4군이 되었다.

제11과 사군의 분열

한나라가 사군을 통합하여 평주(平州)와 동부의 이부(二府)를 설치하고 기타 읍의 통치를 요수쪽으로 옮기어 설치하였다. 이 땅이 비워지자 무수한 부락들이 제각기 나라를 세웠다. 부여는 이 기회를 틈타 예와 위씨의 옛 땅을 점령하고 숙신과 옥저도 잃은 땅을 회복하였다.

제4장 상고 문화

제1과 신교(神敎)의 하늘 숭배

단군이 하늘에 제사하는 일을 행한 후에 그것이 대대로 이어져 매해 10월과 3월에 나라안에 크게 모여서 하늘에 제사하고 노래하고 춤추고 북치고 피리를 불었다. 이것을 부여에서는 영고(迎鼓)라 하고, 예와 맥에서는 '무천(舞天)이라 하였고, 진한과 변한에서는 계음(禊飮)이라 하였으니 그 예의범절이 아주 성대하였다.

제2과 신교의 아홉가지 맹서(九誓)

부여의 옛 풍속에 신교를 믿는 무리들이 봄, 가을로 모여 나이 순서대로 예식을 행하며 맹세하는 글을 읽고 모두 두 번 절했다. 그 맹세의 내용은 효도하지 않는 자는 내쫓고, 우애가 없는 자는 내쫓고, 믿지 않는 자는 내쫓고, 충성하지 않는 자는 내쫓고, 겸손하지 않는 자는 내쫓고, 덕을 행하는 일에 힘쓰며, 잘못하는 일은 규율로 처리하며, 환란이 일어날 것을 근심하며, 예의와 풍속을 바로 세우니 다같이 후덕한 상태가 되었다.

제3과 신교의 다섯가지 계율(五戒)

 신교의 계율이 엄하여 스승의 계명을 어기고 내쫓음을 당한 자를 손도(損徒)라 하여 동네 어귀의 문을 지나가지 못하게 하였다. 그 계율이 남녀의 직업과 학식의 정도에 따라 약간 다르기는 하나 후대에 크게 전해진 것은 임금에 충성하고, 어버이에 효도하며, 친구와 사귐은 신의로 하며, 싸움터에서는 물러나지 않으며, 살상을 하는 데는 가려서 해야 한다는 것이다.

제4과 신교의 여덟가지 계율(八關)

 대대로 신을 섬길 때에는 정성껏 청결하게 제사 공경과 겸손한 자세로 맹세하는 예식을 행하고 복을 빌었는데 그것을 팔관회(八關會)라 했다. 팔관은 곧 여덟 가지 죄를 짓지 말자는 것이다. 그것은 곧 '살생'과 '도적질하는 것'과 '음란한 행동'과 '허황되고 거짓으로하는 말'과 '술 마시는 것'과 '높은 자리를 탐내는 것'과 '사치로운 생활하는 것'과 '보고 듣는 것을 함부로 즐기는 일'이다.

제5과 문학과 기술 및 예술

 단군 시대에 신지(神誌)가 역사서(祕史) 한권을 저술하니, 이것이 상고시대 문예의 시작이라 우리 민족의 문명이 이에 의지하여 후일 왕수긍(王受兢)은 법학에 두각을 보이고, 소련(小連)과 대련(大連)은 예학으로 명성이 알려졌으며, 여왕(麗王)은 음악으로 이름이 날렸고, 조원리(曹元理)는 수학으로 사람들이 경탄하였다.

Part.5
단군세기(檀君世紀)

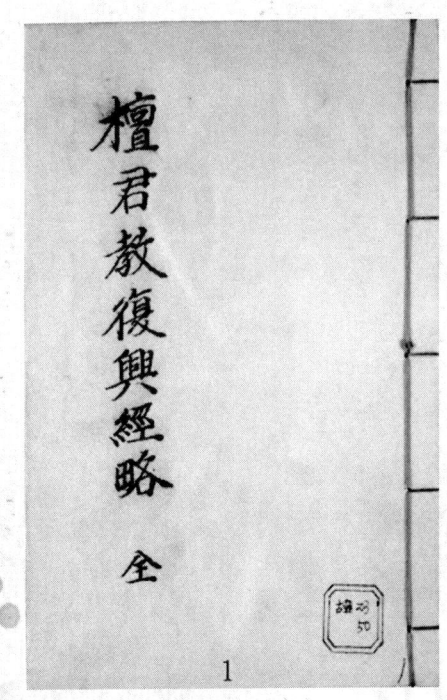

단군세기(檀君世紀)

　단군께서 상원갑자[1] 10월 3일에 하늘에서 내려오고 125년[2] 무진(戊辰)년에 임금[3]이 되었다. 217년에 하늘로 올라가니(御天) 재임기간이 93년이었다. (출처: 단군실기 檀君實記)
　이에 태자 부루(夫婁)가 가족과 제후들을 이끌고 하늘로 올라간 곳에서 제사를 지내고 다음해 신축(辛丑)년에 평양에서 즉위하니 2세 임금이다.
　신축년은 부루 임금의 원년이다. 부루가 즉위하여 아버지의 유지를 계승하여 천하를 통치할 때에 나라안을 순시하고 하늘에 제사지냄을 같은 예법으로 하며 도량을 준설하고 도로를 개설하며 농사와 양잠을 부흥시키고 목축을 장려하였다. 하늘의 이치를 가르치고 학문을 장려하니 문화가 크게 진보하여 그 명성과

---

1) 상원갑자(上元甲子): 음양설에서, 시대 변화의 큰 단위로 잡는 세 묶음의 육십갑자 가운데 첫째 육십갑자의 60년
2) 125년: 단군이 하늘에서 내려온 상원갑자년으로부터 125년
3) 임금(壬儉): 원문의 한자로 임검(壬儉)인데 학계에서는 이 단어를 『삼국유사』의 기록에따라 왕검(王 儉)으로 보고 단군왕검으로 기록하고 있으나 이 「단군세기」에서는 나라의 최고 통치자를 임금으로 불렀으며 이 단어를 한자로 표기할 때 임검(壬儉)으로 하였다.

소문이 더욱 드러났다. 시초에 부루가 제위를 물려 받을 때쯤 인근의 요임금이 남국(藍國)⁴⁾과 인접된 지역을 (자신의) 영주(榮州)로 삼은지 수십년이 되었는데 그 땅에 군대를 보내 쫓아버리니 그 시점에서 (주변) 제후들이 조정에 알현한자가 수십명이었다. 이러한 즐거운 사건들이 만들어지니 천신과 화합하는 것같은 희열을 갖게됨으로 하늘에 제사지내고 춤을 추었으며 도라(道羅)와 동무(東武)⁵⁾에게 영지를 나누어 주고 그 공로를 치하하니 (그 봉토가) 옥저(沃沮)와 비류(沸流)와 졸본(卒本) 나라이다. 제위 34년에 붕어하고 아들 가륵(嘉勒)이 제위에 올랐다.

을해(乙亥)년은 가륵임금 원년이다. 또한 성스러운 인품과 덕이 있어 아버지 임금의 도를 능히 계승하였다. 이때 하나라 군주가 인품과 덕을 잃어서 그 신하들이 반역하는 자가 있어 이에 식달(息達)로 하여금 남국과 진번의 군사를 이끌고 정벌하니 나라의 위신이 높아지고 널리 퍼졌다.

이에 하늘에 제사를 지내는 예식을 행하고 여러 신(神)들에게 두루 행하니 그 위덕이 널리 퍼지고 백성들이 그 공덕을 흠모하였다. 재위 51년에 돌아가고 아들 오사(烏斯)가 즉위하였다.

병인(丙寅)년은 오사 임금의 원년이다. 재위 49년에 돌아가고 아들 구을(丘乙)이 즉위하였다.

---

4) 남국(藍國)은 산동지역의 남중부지역에 위치하였다.
5) 도라(道羅)와 동무(東武)는 영주를 쳐서 단군조선에 복속시킨 두 장수의 이름이다.

을묘(乙卯)년은 구을 임금원년이다. 태백산에 봉지를 정하고 백성들이 침범치 못하게 하였다. 재위 35년에 돌아가시고 아들 달문(達門)이 즉위하였다.

경인(庚寅)년은 달문 임금 원년이다. 재위 32년에 돌아가시니 아들 한율(翰栗)이 재위에 올랐다.

임술(壬戌)은 한율 임금 원년이다. 재위 25년에 돌아가고 아들 우서한(于西翰)이 즉위 하였다.

정해(丁亥)년은 우서한 임금 원년이라 백성들로 하여금 곡식 90에 1을 세금으로 하였으며 폭넓게 있고없고를 가려서 보충토록 하였다. 재위 57년에 돌아가시고 아들 아술(阿述) 즉위 하였다.

갑신(甲申)년은 아슬 임금 원년이다. 인덕이 있어 백성들이 금지한 것을 어긴 자가 있으면 임금이 가라사대 "똥으로 땅을 더럽혀지더라도 이슬이 내리고나면 씻겨질 것이다"라고 벌하지 않으니 금지한 것을 어긴 자들이 그 은덕에 감화되었다. 재위 28년에 돌아가시고 아들 노을(魯乙)이 즉위하였다.

임자(壬子)년은 노을 임금 원년이라 초년에 동산을 만들고 가축 외의 동물을 기르다. 재위 23년에 돌아가시고 아들 도해(道奚)가 즉위하였다.

을해(乙亥)년은 도해임금 원년이다. 재위 36년에 돌아가시고 아들 아한(阿漢)이 즉위하였다.

신해(辛亥)년은 아한 임금 원년이다. 재위 27년에 돌아가시고 아들 흘달(屹達)이 즉위하였다.

술인(戊寅)년은 흘달 임금 원년이다. 재위 43년에 돌아가시고 아들 고불(古弗)이 즉위하였다.

신유(辛酉)년은 고불 임금 원년이다. 재위 29년에 돌아가시고 아들 벌음(伐音)이 즉위하였다.

경인(庚寅)년은 벌음 임금 원년이다. 이때에 하(夏)나라 왕이 특사를 보내 구원을 요청하니 미량(未良)으로 하여 군대를 인솔하여 구원을 하였더니 후에 또 군대 파병을 요청하니 그가 무도함으로 거절하였다. 상(商)나라 탕(湯)왕이 어진 정치를 함으로 임금이 말하기를 "인덕이 있는 왕이다"하고 화친하였다. 곡식 81에 1을 세금으로 하였다. 재위 33년에 돌아가시고 아들 위나(尉那)가 즉위하였다.

계해(癸亥)년은 위나 임금 원년이다. 재위 18년에 돌아가시고 아들 여을(余乙)이 즉위하였다.

신사(辛巳)년은 여을 임금 원년이다. 재위 63년에 돌아가시고 아들 동암(冬庵)이 즉위하였다.

갑신(甲申)년은 동암 임금 원년이다. 재위 20년에 돌아가시고 아들 구모소(緱牟蘇)가 즉위하였다.

갑진(甲辰)년은 구모소 임금 원년이다. 재위 25년에 돌아가시고 아들 고흘(固忽)이 즉위하였다.

기사(己巳)년은 고흘 임금 원년이다. 재위 11년에 돌아가시고 아들 소태(蘇台)가 즉위하였다.

경진(庚辰)은 소태 임금 원년이다. 임금이 서쪽으로 여러 지역을 순시하여 제후의 정치를 관찰하고 군대를 상(商)나라 땅에 주둔시겼다. 재위 33년에 돌아가고 아들 색불루(索弗婁)가 즉위하였다.

개축(癸丑)년은 색불루 원년이다. 상(商)나라와 전쟁을 하여 격파하고 이어서 화친하였더니 후에 다시 큰 전쟁이 일어나 격파하고 그 나라 경계안에 진입하여 드디어 해상에 이르러 주둔하니 서민들이 다시 그 땅에 돌아왔다. 재위 17년에 돌아가시고 아들 아홀(阿忽)이 즉위하였다.

경오(庚午)년은 아홀 임금 원년이다. 동생 고불가(固弗加)로 하여금 낙랑홀(樂浪忽)을 다스리게 하고 을가(熊加), 을손(乙孫)을 파견하여 남쪽을 정벌하는 군대를 관찰하게 하였으며 읍을 상(商)나라 땅(地)에 두었다. 상나라 가람들이 서로 다투고 불화하니 군대를 보내 쳐부셨다. 재위 19년에 돌아가시고 아들 연나(延那)가 즉위하였다.

을축(己丑)은 연나 임금 원년이다. 숙부 고불가가 섭정하다 다음해에 상(商)나라 사람들이 우리 군대를 공격함으로 남국의 군주가 군대를 거느리고 전투하여 전쟁을 끝낸 후 국내에 제사터를 여러개 증설하였다. 제후로 하여금 임금의 명에 따라 하늘에 기도하여 나라 안에 큰 사건과 재난을 구하고저 하느님과 여러 신들에 두루 제사하였다. 재위 13년에 돌아가시고 동생 솔나(率那)가 즉위하였다.

임인(壬寅)년은 솔나 임금 원년이다. 재위 16년에 돌아가시고 아들 추노(鄒魯)가 즉위하였다.

무오(戊午)년은 추노 임금 원년이다. 재위 9년에 돌아가시고 아들 두밀(豆密)이 즉위하였다.

을묘(丁卯)년은 두밀 임금의 원년이다. 재위 45년에 돌아가시고 아들 해모(奚牟)가 즉위하였다.

임자(壬子)는 해모 임금의 원년이다. 임금이 병이 있어 사람으로 하여금 하얀옷을 입고 하늘에 기도하니 곧 나았다. 재위 22년에 돌아가시고 아들 마휴(摩休)가 즉위하였다.

갑술(甲戌)년은 마휴 임금 원년이다. 이때에 상(商)나라 사람이 입조하였다. 재위 9년에 돌아가시고 동생 내휴(奈休)가 즉위하였다.

계미(癸未)년은 내휴 임금 원년이다. 임금이 남쪽으로 순시하여 청구(靑丘)의 정치상황을 관찰하고 아사달(阿斯達)에 도착하였다가 다시 서쪽으로 순시하여 엄려홀(奄慮忽)에 도착하여 제후들을 소집하여 대회를 하니 은(殷)나라 사람들이 부러워하였다. 재위 53년에 돌아가시고 아들 등올(登兀)이 즉위하였다.

병자(丙子)년은 등올 임금 원년이다. 재위 6년에 돌아가시고 아들 추밀(鄒密)이 즉위하였다.

자오(子午)년은 추밀 임금 원년이다. 재위 8년에 돌아가시고 아들 감물(甘勿)이 즉위하였다.

경인(庚寅)년은 감물 임금 원년이다. 재위 9년에 돌아가시고 아들 오루문(奧婁門)이 즉위하였다.

기해(己亥)년은 오루문 임금 원년이다. 도읍을 낙랑홀(樂浪忽)로 천도하고 진번후(眞蕃候)로 하여금 구 도읍지를 관할하게 하다 백성들이 추천한 인물인 응가(鷹加)가 통치토록 하였다. 이런 훌륭한 사람을 본받지 않으면 세간에 덕이 쇠퇴할 것이다. 임금이 깨우치며 말하기를 백성들이 행동하는 것이 물의 흐름과 같아 그 원천이 맑으면 아래의 물 흐름도 스스로 맑아 질 것이다. 나의 덕이 얇은 탓이고 나의 조상에서 비롯한 것이니 수천년간 나라에 큰 재난이 없고 백성들이 큰 원망이 없으나 지금 법을 어기는 자가 있는 것을 나는 두려워하며 조상에 죄가 됨이 나로 인하여 된 것임으로 법을 폐지할까 한다. 이로 인하여 선왕의 덕을 크게 받아 범법자가 교화되고 백성이 나쁜 것에 물드리지 않게 되었다. 재위 20년에 돌아가시고 아들 사벌(沙伐)이 즉위하였다.

기미(己未)년은 사벌 임금 원년이다. 재위 11년에 돌아가시고 아들 매륵(買勒)이 즉위하였다.

경오(庚午)년은 매륵 원년이다. 재위 18년에 돌아가시고 아들 마물(麻勿)이 즉위하였다.

무자(戊子))년은 마물 임금의 원년이다. 진번후(眞番侯) 추창(鄒唱)이 입조하여 용가(龍加)가 되었다. 임금이 남쪽으로 순시하여 장당경에 이르러 드디어 아사달에서 돌아가셨는데 재위 8년이다. 진번후가 임금으로 다물(多勿)을 옹립하였다.

병신(丙申)년은 다물 임금 원년이다. 재위 19년에 돌아가시고 아들 두홀(豆忽)이 즉위하였다.

을묘(乙卯)년은 두홀 임금 원년이다. 그때에 남국후(藍侯)가 강성하여져서 고죽군(孤竹君)을 축출하고 그 도읍지 남쪽으로 천도하여 엄독홀(奄瀆忽)에 거주 은(殷)나라로 부터 핍박을 받으니 려파달(黎巴達)로 하여금 군대를 거느리고 빈(邠) 지역 경계에 진주하여 그 유민들과 더불어 상호 교류하고 나라를 세우니 려(黎)국이다. 려홀(黎忽)이 통치하고 은나라와 제휴한 서융(西戎) 사람들과 더불어 지내니 남(藍)씨의 세력이 점차 융성해지고 임금의 명령이 또한 항산(恒山) 이남까지 미쳤다. 재위 28년에 돌아 가시고 아들 달음(達音) 즉위하였다.

계미(癸未)년은 달음 임금 원년이다. 이때에 부여의 백성들이 짐승들이 날뛰는 곳에서 수렵으로 생활하면서 짐승가죽으로 생계를 이어가니 이 지역이 맥국이라 후에 점차적으로 이주하여 엄려(奄慮)에서 서쪽 땅에 거처하게 하여 남(藍)씨의 백성이 되게 하였다. 재위 14년에 돌아가시고 아들 음차(音次)가 즉위하였다.

정유(丁酉)년은 음차 임금 원년이다. 이때에 왕실이 쇄하고 제후가 강성해졌으나 임금이 즉위 후 인덕이 있어 왕도가 부흥하고 제후들이 스스로 내조하였다. 재위 19년에 돌아가시고 아들 을우지(乙于支)가 즉위하였다.

병진(丙辰)년은 을우지 임금 원년이다. 재위 9년에 돌아가시고 아들 물리(勿理)가 즉위하였다.

을축(乙丑)년은 물리 임금의 원년이다. 이때에 감후(藍侯) 검달(儉達)이 청구후(靑丘侯)와 구려후(句麗侯)와 루진후(僂侲侯)와 더불어 군사를 이끌고 은나라를 땅에 깊이 들어가 회대(淮岱)의 땅을 주둔하고 이에 파고씨(薄姑氏)를 청주(靑州)의 땅에 도읍하니 바로 엄국(奄國)이다.

영고씨(盈古氏)를 회북(淮北) 서주(徐州)의 땅에 도읍하니 바로 서국(徐國)이라 서로 연맹체결하니 은나라 사람들이 감히 당할 자가 없었다. 그런 까닭에 제후들이 왕실을 숭상하여 받들지 않는 자 없었다. 재위 15년에 돌아가시고 아들 구홀(丘忽)이 즉위하다.

경진(庚辰)년은 구홀 임금 원년이다. 재위 7년에 돌아가시고 아들 여루(余婁)가 즉위하였다.

정해(丁亥)년은 여루 임금 원년이다. 남후(藍侯)가 선비국(鮮卑國)을 은(殷)나라의 회남(淮南) 땅에 만들었다. 재위 5년에 돌아가시고 아들 보을(普乙)이 즉위하였다.

임진(壬辰)년은 보을 임금 원년이다. 재위 11년에 돌아가시고 아들 고열가(古列加)가 즉위하였다.

계묘(癸卯)년는 고열가 임금 원년이다. 임금이 처음 즉위함에 나라를 다스림이 널리 펼치지 못하여 임금이 제가(諸加: 여러 재상들)와 더불어 국정을 도모하였다. 옛날 우리 성스러운 조상이 세운 왕업이 만세후손의 모범이 되셨는데 지금은 왕실이 쇠락하고 여러 재상들의 권력이 점차 강대해져서 지방의 제후들이 임금의 명령을 따르는 자가 대부분 없다.

비록 직접 통치 영역내의 백성들이 대대로 이어온 임금들의 감화로 오히려 충성을 표하나 오직 나의 모자라는 인덕 때문에 교화와 권위를 세우지 못하였다. 인덕이 있는 자에게 양위를 하고저하여 이전 임금의 후예를 두루 찾아보니 또한 적당한 인물이 없은지라 나의 당장경(唐莊京)으로 거처를 옮기고 아사달(阿斯達)에 들어가 선조 임금의 신령을 봉안하고저 제가들이 몹시 슬프고 애달파하며 이를 따르니 임금이 제사 도구들을 갖고 당장경으로 들어가고 아사달에 거주하니 영내 백성들이 쫓아오는 자들이 무수히 많았다.

이에 나라가 드디어 없어지니 재위 30년이다. 환검신인(桓儉神人)의 대업으로 개국을 이룩한 때로부터 1205년이 되었다.

임금이 이미 아사달에 기거함에 나라 사람들이 존경하며 숭상하니 제후들이 감히 핍박하는 자가 없었다. 이후 제후들이 무력으로 서로 경쟁하여 열국시대가 되었다.(출처: 규원사화)

부여, 고구려, 백제, 신라, 발해, 예맥(濊貊), 동옥저(東沃沮), 불류(沸流), 숙신(肅愼), 삼한(三韓), 정안(定安), 요(遼), 금(金) 등이 다 그 묘(苗)족의 후손이라 한다. 부여의 뿌리는 단군으로부터 시작되었으며, 북쪽으로 이주하여 북부여가 되었다. 해(解)로 성(姓)을 하였고 후에 동해의 물가인 가엽(迦葉) 평원에 도읍을 옮겨서 동부여라 칭하였다. (개천으로부터) 전래된 역사가

2951년 갑술(甲戌)년에 고구려에 병합되었다.

개천[開天: 단군이 하늘에서 내려온 것을 개천이라고 하고 기년(紀年: 나라를 세운 첫 년도)으로 삼았다.] 2421년 갑신(甲申)년에 나라를 건국하여 고구려하고 또는 별칭으로 졸본부여(卒本扶餘)라 하였으며, 성씨를 고(高)로 하였다. 22년이 된때에 그 지역의 읍루(挹婁)를 병합하였다. 나라의 임금이 28세(대)에 705년이 되었다. (출처: 고구려사)

백제의 시조 또한 해(解)씨이니 부여왕 해부루(解夫婁)의 서자 우태(優台)의 둘째 아들이다. 하남 위례성[지금의 직산(稷山) 성거산(聖居山)이다]에 와서 개천 2440년 계묘(癸卯)년에 나라를 건국하고 국호를 십제(十濟)라 하다가 후에 백제(百濟)라 하였다. 부여에서 출발하였음으로 부여로 성을 삼으니 나라의 존속이 31세(대)에 687년이 되었다. (출처: 백제사)

신라 시조는 성씨가 박(朴)씨이고 이름이 혁거세(赫居世)이니 부여 단제의 공주 동신성모(東神聖母) 파소(婆蘇)가 남자없이 임신하여 부모가 쫓아냄으로 진한 땅으로 들어와 혁거세를 낳으니 신성한 덕이 있어 고허(高墟) 촌장 소벌공(蘇伐公)이 6부족장과 더불어 추대하여 임금을 삼았다.

그때가 12살이고 국호를 사로(斯盧)라 하였다가 후에 신라(新羅)라고 개칭하였다. 나라의 존속이 65세(대)에 992년이다. 개림 서쪽산에 성모사(聖母祠)가 있다. (출처: 신라사)

발해 태조 고왕(高王)의 성은 대(大)이고 이름이 조영(祚榮)이니 그의 선조는 고구려 말엽의 말갈(靺鞨)이다. 이 또한 단군의 후손으로 개천 3156년 기해(己亥)년에 나라를 건국하여 국호를 진(震)이라 하였다가 후에 개명하여 발해(勃海)라 하였다. 나라의 존속이 14세(대)에 228년이다. (출처: 발해사)

예맥(臟貊)의 조상은 부여와 같은 시대이며 혹 창해(滄海)라 하며 모두 단군의 후예이고 나라의 존속 연대를 추정할 수가 없다. (출처: 신단실기)

동옥저, 불류, 숙신이 역시 단군의 후예이나 이 또한 나라의 존속 연대를 추정할 수 없다. (출처: 三韓史)

요와 금나라의 선조는 고려에서 시작되었으니 이 또한 단군의 후예이며 요나라 태조 신책(神冊) 원년에 단군묘를 영주(永州) 목엽산(木葉山)에 건축하고 하늘을 공경하고 조상을 존중하는 의미에서 매년 10월에 친히 제사를 지냈다. (출처: **遼金史**)

Part.6
고조선 역사의 비교분석

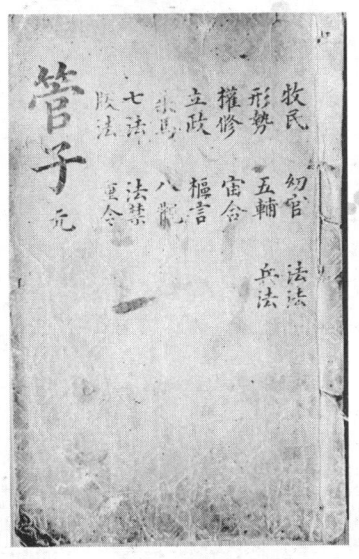

환단고기와 기타 문헌에 나타난 고조선 역사의 공통적인 내용 비교분석 연구

이명우 *

Ⅰ. 서론
Ⅱ. 각종 문헌에 있는 중요 고조선 역사 내용
Ⅲ. 국내 및 국내 및 국외 역사서와의 역사내용 비교
Ⅳ. 문헌과 발굴 유물에의한 고조선의 기술과 산업
Ⅴ. 문헌과 전래된 고조선의 사상, 문화, 예술, 풍속
Ⅵ. 각종 문헌에서 검증된 주요 고조선 역사 내용
Ⅶ. 결론

【연구요약】

고조선은 서기전 2333년에 우리민족이 건국한 동방 최초의 국가이다. 고조선에대한 기록은 국내 문헌으로 고려시대 일연이 편찬한

---

* 운룡도서관·운룡역사문화포럼 회장

『삼국유사』가 가장 오래된 역사서로 인정받고 있고 중국에는 춘추전국시대 역사서인 『관자』와 한나라 사마천이 저술한 『사기』 등이 전해지고 있다.

『환단고기』, 『규원사화』, 『단기고사』에는 고조선의 역사가 비교적 자세히 기술되어 있으나 강단 사학계에서는 위서로 간주하고 있다. 따라서 일제강점기때 왜곡된 우리나라 역사를 수용한 매국사학자들에의서 만들어진 현행 중·고등학교 교과서는 고조선을 신화적 성격의 국가로 기술하거나 역사적 내용이 없는 빈 껍데기 국가로 묘사하고 있다.

조선시대 역사서뿐만아니라 일제강점기의 임시정부 역사교과서인 『배달족역사』에도 4페이지에 걸쳐 단군조선의 역사가 기록되어 있다. 그러나 해방이후 현행 교육부 검정 『한국사』에는 고조선의 역사기록이 1~2페이지에 그치고 있다.

본 논문에서는 국내문헌인 『환단고기』, 『규원사화』, 『단기고사』에 있는 역사 내용과 『삼국유사』, 『삼국사기』외 조선시대의 『조선왕조실록』 등의 역사서와 중국의 『관자』, 『수경지』, 『사기』 등 옛 역사서에서 일치하는 고조선의정치, 외교, 산업, 기술, 풍습에 관련된 내용을 발췌하여 고조선의 역사를 정리하였다.

현행 교육부 검정 중·고등학교용 『한국사』를 보면 단군조선의 역사 내용이 아주 부실하여 우리나라 최초의 국가를 건국한 단군조선의 실체를 젊은이들이 알 수가 없게되어 민족적 자긍심도 떨어지고 미래의 대한민국의 발전에 저해 요인이 되고 있다.

정부와 강단사학계는 교육부의 검정 역사교과서인 중·고등학교

『한국사』가 과연 미래에 대한민국을 담당할 젊은 세대에게 올바른 역사인식을 심어주었는가를 깊이 성찰하고, 본 논문에 발췌된 '고조선 역사'가 중·고등학교 역사교과서에 실릴 수 있도록 검정 교과서의 개선이 시급하다고 판단된다.

• 키워드 : 환단고기, 삼국유사, 규원사화, 고조선, 단군, 고인돌, 청동기
• 키워드 : Hwandangogi, Samgukyusa, gyuwonsahwa, Gojoseon, Dangun, Dolmen, Bronze Device

Ⅰ. 서론

고조선은 서기전 2333년에 우리민족이 동방에서 최초의 건국한 국가로서 세계에서 두 번째로 긴 왕조를 유지한 나라이다. 고조선에대한 기록은 국내 문헌으로 고려시대 일연이 편찬한 『삼국유사』가 가장 오래된 역사서로 인정받고 있고 중국에는 춘추전국시대 역사서인 『관자』와 한나라 사마천이 저술한 『사기』 등이 전해지고 있다.

해방후에 발견된 『환단고기』, 『규원사화』, 『단기고사』 에는 고조선의 역사가 비교적 자세히 기술되어 있으나 강단 사학계에서는 위서로 간주하고 있다. 따라서 일제강점기때 왜곡된 우리나

라 역사를 수용한 매국사학자들에의서 만들어진 현행 중·고등학교 교과서는 고조선을 신화적 성격의 국가로 기술하거나 역사적 내용이 없는 빈 껍데기 국가로 묘사하고 있다.

조선시대의 역사서인 『동국통감』, 『표제음주동국사략』, 『동국여지승람』, 『동국통감』, 『조선왕조실록』, 『문헌비고』 등에도 고조선의 역사적 사건 등이 기록되어 있고 일제강점기의 임시정부 역사교과서인 『배달족역사』에도 4페이지에 걸쳐 단군조선의 역사가 기록되어 있다.

그러나 해방이후 현행 교육부 검정 『한국사』에는 고조선의 역사기록이 1~2페이지에 그치고 있고, 심지어 2019년 교육부 검정 『고등학교 한국사』[1] 330페이지에 겨우 반페이지를 활애하여 간단한 내용으로 기술되어 있는 실정이다.

본 논문에서는 고조선의 역사를 국내문헌인 『환단고기』, 『규원사화』, 『단기고사』에 있는 역사 내용과 『삼국유사』, 『삼국사기』외 조선시대의 『조선왕조실록』 등의 역사서와 중국의 『관자』, 『수경지』, 『사기』 등 옛 역사서에서 일치하는 고조선의 정치, 외교, 산업, 기술, 풍습에 관련된 내용을 발췌하여 고조선의 역사를 밝히고자 한다.

---

1) 국내서 – 교육부 검정(2019. 11. 27), 『고등학교 한국사』, ㈜비상교육, 2020, 11쪽

II. 고조선을 최초로 기록한 각종 문헌의 내용

최초로 고조선이 기재된 우리나라 문헌

우리민족의 역사에 있어서 고조선(古朝鮮)은 서기전 2333년에 단군왕검이 개국한 조선(朝鮮)을 말하는 것으로서 고려시대 일연이 저술한 『삼국유사』에 '오래된(옛) 조선'이라는 의미에서 '고조선'이라 표기함으로써 역사학계에서 지금까지 통용되어 사용되고 있다.

'조선'이라는 명칭은 한국사에서 매우 중요한 위치를 차지하고 있다. 한국사에 처음 등장한 국가의 명칭이 조선(고조선 또는 단군조선)이었고 기자조선(당시 이렇게 불렸는지는 의문이지만 고려 말 이후의 학자들은 대체로 이렇게 불렀다). 위만조선. 한사군의 낙랑군 조선현 등이 모두 조선이라 불렸다. 그리고 근세에 이성계가 세운 왕조의 명칭도 조선이었다.[2]

과거의 국내외 문헌에 '고조선'을 '조선' 또는 '단군조선'이라 표기하였기 때문에 이 논문에서 '조선'이나 '단군조선'이라 표기되는 것은 모두 '고조선'을 의미한다.

'조선'이란 국가의 명칭이 기재된 최초의 국내외 문헌은 우리나라 문헌과 중국 문헌으로 나누어 살펴볼 수 있다. 현존하는 우

---

2) 국내서 - 윤내현, 『고조선연구』, (만권당, 2015), 53쪽

리나라의 문헌은 1145년 고려의 김부식이 왕명을 받아 편찬한
『삼국사기』와 1281~83년 무렵에 고려의 승려인 일연이 저술한
『삼국유사』가 있다.

『삼국사기』에서 '조선'이 기재된 내용은 「신라본기」 제1, '시
조 박혁거세' 항목에 있다. 그 내용은 다음과 같다.[3]

시조 혁거세 거서간

시조의 성은 박씨요, 휘는 혁거세로서 전한 효선제 오봉 원년
갑자 4월 병진일(정월 15일이라고도 함)에 즉위하였다. 칭호
는 거서간 나이는 13세였으며, 국호를 서나벌이라 하였다. 이
에 앞서 조선의 유민이 산곡 사이에 분거하여 여섯 촌락을 이루
었으니 1은 알천의 양산촌, 2는 돌산의 고허촌, 3은 취산의 진
지촌(우진촌이라고도 함), 4는 무산의 대수촌, 5는 금산의 가리
촌, 6은 명활산의 고야촌이다. 이를 진한의 6부라고 하였다.

始祖 赫居世 居西干

始祖姓朴氏 諱赫居世 前漢宣帝五鳳元年 甲子四月丙辰(一日正月
十五日) 卽位 居西干 時年十三國號徐那伐 先是朝鮮遺民 分居山谷
之間 爲六村 一曰閼川楊山村 二曰突山高墟村 三曰山珍支 付(或
云于珍村) 四曰茂山大樹村 五曰金山加利村 六曰明活山高村 是爲
辰韓六部.

---

3) 국내서 - 김부식/최호, 『신역 삼국사기』「신라본기 제1」〈시조 혁거세거서
간〉, (홍신문화사, 1994), 16~17쪽

김부식이 자신이 신라 왕족의 후예로서 신라 국가 형성 과정에서 6부족의 뿌리가 조선임을 여러 문헌에 의하여 알고 있어서 시조 박혁거세의 기록에 삼국에 앞서 조선이란 나라가 있었다는 것을 부정하지 않고 「신라본기」 제1, '시조 박혁거세' 서두에 신라가 '조선의 유민'에 의해 6부족이 형성된 것이라고 기재한 것이다.

『삼국유사』는 고조선에서부터 후삼국까지의 유사를 모아 편찬한 역사서로서 고조선의 역사를 기이(紀異)라는 제목으로 분류하였는데 '기이'란 기이한 것을 기록한다는 뜻으로서 고조선을 필두로 하여 차례대로 후삼국까지의 단편적인 역사적 사실을 50여 개 항목으로 나누어 소개하고 있다.

『삼국유사』의 저자는 역사를 쓰면서 사건을 그대로 기록한 것이 아니라, 그의 '창조적 역사의식'에 따라 역사적 사건을 해석하고 있는데, 이때 작용한 원칙이 바로 '신이'이다. 그는 국가라는 공동체의 기원을 비롯하여 정치, 종교, 도덕 등 문화 전반에 신이가 작용하고 있다는 사실을 『삼국유사』를 통해서 보여주고 있다.[4] 『삼국유사』에서 '조선'이 기재된 내용은 「기이 제1」 첫 항목에 있다. 그 내용은 다음과 같다.

---

4) 국내논문 - 하정현 박사학위논문, 《『삼국유사』 텍스트에 반영된 '神異' 개념에 관한 연구》, 서울대학교 대학원, 2003년 3월, 119쪽

고조선 [왕검조선]

『위서』에 이렇게 말하였다. 지금부터 2000년 전에 단군왕검이 있어 아사달에 도읍을 정하고 나라를 열어 조선이라고 불렀으니, 바로 요임금과 같은 시기이다. 지금부터 2000년 전에 단군왕검이 있어 아사달(경에 무엽산이라 하고, 또 백악이라고도 이르는데, 백주 땅에 있다. 개성 동쪽에 있다 했으니, 지금의 백악궁이다)에 도읍을 정하고 나라를 열어 조선이라고 불렀으니, 바로 요 임금과 같은 시기이다."

古朝鮮 [王儉朝鮮]

魏書云, 乃往二千載, 有壇君王儉, 立都阿斯達 [經云, 無葉山, 亦云, 白岳. 在白州地, 或云, 在開城東, 今白岳 宮是], 開國號朝鮮, 與高(堯)同時.[5]

『삼국유사』에서 위의 고조선의 개국 내용이 중국 역사서인 『위서』에 근거하여 기술하였으나 현존하는 『위서』에 고조선의 기록을 찾을 수 없어 『삼국유사』의 고조선 존재와 개국을 의심하거나 신화로 보는 일부 학자들도 있다.

그러나 『삼국유사』에서 전거로 인용된 『위서』가 지금은 전래되지 않았으나 당시에는 실재했던 역사서로 판단된다. 여수대학교 교육대학원 오장록의 석사학위 논문에의하면 『삼국유사』에서 인용된 『위서』가 고려시대에 실제로 존재했을 가능성이 있는

---

5) 국내서 - 일연/김원중, 『삼국유사』「기이 제1」, ㈜을유문화사, 2002, 35~39쪽

것으로 연구하여 발표한바 있는데 그 내용은 다음과 같다.[6]

古朝鮮의 建國에 관한 記錄이 남아있는 책은 많이 있다. 그런데 이러한 記錄의 신빙성에 많은 疑問을 제기하고, 古朝鮮의 位置에 대해서도 여러 가지 주장이 있었고, 또한 壇君神話 내용의 歷史性에 대한 疑問이 있어왔다. 이러한 문제를 解決하는 방안의 하나로 현존하는 史書 중 建國記錄이 처음 보이는 『三國遺事』의 記錄을 바탕으로 檢討해 보았다.

現傳하는 『魏書』에 古朝鮮의 建國記錄이 없다고 하여 이를 一然이 만들어 낸 것이 아니다. 高麗 後期에는 古朝鮮의 記錄이 담겨 있던 『魏書』가 存在하였을 可能性이 있고, 『魏書』는 '中國書籍'이나 '魏나라 冊'을 지칭한다고 할 때 지금 전하지 않은 많은 책 가운데 古朝鮮 관련 記錄이 있었다고 할 수 있다. 아울러 古記도 '옛 記錄'이란 意味로 해석한다면 『三國遺事』가 편찬된 때에 壇君神話의 내용을 담은 記錄이 있었다고 할 수 있다.

최초로 고조선이 기재된 중국 문헌

중국의 오래된 문헌중에서 처음으로 조선(朝鮮)을 언급한 것은 전국시대(戰國時代)에 편찬된 것으로 알려진 『관자(管子)』이다. 『관자』는 춘추시대(春秋時代)[7]의 패자였던 환공(桓公)과 관

---

6) 국내논문 -오장록 석사학위논문, 《삼국유사 고조선조 내요에대한 고찰》, 여수대학교 교육대학원, 2005년 2월, 53쪽
7) 춘추시대(春秋時代)는 중국의 역사에서 서기전 770년에서 서기전 403년 사

중(管仲)의 대화 내용 가운데 춘추전국시대에 북방에서 중국과 국경을 마주하고 있는 조선이 등장한다. 『관자』에 기재된 조선관련 내용은 다음과 같다.[8]

『관자』 권23 계도편 제78
환공이 관자에게 물어 이르기를, 나는 국내의 진귀한 물건으로 화폐를 만드는 7가지 계책이 있다고 들었는데 들어볼 수 있습니까?
관자가 대답하여 말하기를, 음산의 서옥이 한가지 계책이요, 연나라 자산의 백금이 한 가지 방법이요, 발조선의 무늬 가죽이 한 방법입니다.

『管子』 卷23 揆道篇 第78
桓公問管子曰 吾聞海內玉幣七筴 可得而聞乎 管子對曰 陰山之礝一筴也 燕之紫山白金一筴也 發朝鮮之文皮一筴也汝

『관자』 권23 경중갑편 제80
환공이 이르기를, 사방의 나라가 복종하지 않고, 천하에 거스르

이 시기를 말하며, 주나라의 동천 이후 진나라의 중국 통일까지 시기를 부르는 춘추 전국시대 전반기에 해당한다. 춘추시대와 전국시대 경계는 춘추시대에 열국의 강국 진(晉)이 조·위·한 3국으로 분열해서 동주가 정식으로 승인한 기원전 403년까지로 잡는게 보통이다. 중국의 고대 춘추시대 제후 간 회맹(會盟)의 맹주를 춘추오패(春秋五霸)라 하는데, 제(齊) 환공, 진(晉) 문공, 초(楚) 장왕, 오(吳) 합려, 월(越) 구천이 있다.
8) 국내서 - 고구려연구재단, 『고조선·단군·부여 자료집 하』, 고구려연구재단, 2005년, 2254쪽

는 정책을 펴서,과인을 상하게 할까 두렵습니다. 과인이 이를 위하여, 할 수 있는 방도가 있습니까?
관자가 대답하여 말하기를, 오월이 조공을 오지 않으면, 거기서 나는 진주와 상아를 청하여, 그것으로 화폐를 만듭니다. 발·조선이 조공을 오지 않으면, 거기서 나는 무늬 가죽과 털옷을 청하여, 그것으로 화폐를 만듭니다. … 한 마리의 표범 가죽은 천금 보다 귀합니다. 그런 다음에, 8천 리 밖의 발조선이 조공을 올 것입니다.

『管子』 卷23 輕重甲篇 第80
桓公曰 四夷不服 恐其逆政游於天下而傷寡人 寡人之行爲此有道乎 管子對曰 吳越不朝 (請字脫)珠象 而以爲幣乎 發·朝鮮不朝 請文皮毲服而以爲幣乎 禺氏不朝 請以白璧爲乎 崑崙之虛不朝 請以璆琳·琅玕幣乎 故夫握而 不見于手 含而不見于口 而辟千金者 珠也 然后八千里之吳越可得 而朝也 一豹皮 容金而金也 然後八千里之, 發朝鮮可得而朝也

『산해경(山海經)』은 일반적으로 '중국 최고의 지리서'라고 알려져 있다. 그러나 『산해경』이 언제, 누구에 의해 작성되었는가에 대하여는 학자들의 견해가 각기 다르지만 아마도 서기전 4세기 전국시대이후 편찬되었을 것으로 보이며 한(漢: 서기전 202~서기 220)나라 초에 이 책이 세상에 제모습을 드러낸 기록이 있다.[9]

---

9) 국내서 - 김종윤, 『산해경, 목천자전』, 홍익재, 1997년, 5~6쪽

『산해경』에는 조선(朝鮮) 또는 개국(蓋國), 숙신국(肅愼國), 맥국(貊國) 등 고대 우리와 관련되는 나라 이름이 많이 거명되고 또한 동이족(東夷族)의 역사, 지리, 민속, 종교, 동식물, 광물 등이 많이 기재되어 있어 고조선을 이해하는데 중요한 사료로 취급되고 있다. 『산해경』에 조선 관련 기재 내용은 다음과 같다.[10]

「산해경」 권12 「해내북경」
조선이 열양의 동쪽에 있는데 바다의 북쪽, 남쪽에 있다. 열양은 연나라에 속해 있다.

「山海經」 卷12 「海內北經」
朝鮮在列陽東海北山南 列陽屬

「산해경」 권18 「해내경」
동해의 안쪽 북해의 모퉁이에 나라가 있는데 조선이라 한다. 하늘이 그 나라를 내었고
그들은 물가에 모여서 산다. 그들은 하늘을 경외하고 서로 아끼며 산다.

「山海經」 卷18 「海內經」
東海之內 北海之隅 有國名曰朝鮮 天毒 其人水居 偎人愛之

---

10) 국내서 - 고구려연구재단, 『고조선·단군·부여 자료집 하』, 고구려연구재단, 2005년, 2258~2259쪽

위에서 중국 문헌인 고대 사서『관자』와『산해경』의 조선에관한 기록을 보면 춘추전국시대 이전부터 중국의 북방에 조선이란 나라가 있음을 밝히고 있다. 따라서 우리나라와 중국의 문헌에 나타나 있는 우리민족의 최초의 국가인 조선은 어떤 나라인가를 살펴볼 필요가 있다.

Ⅲ. 국내외 역사서에 있는 고조선 역사 비교 검토

문헌에 기재된 고조선은 어떤 나라인가?

『조선왕조실록』「세종실록」에『단군고기(檀君古記)』라는 문헌에 의거하여 고조선이란 나라가 어떻게 형성되었고 어떤 국가인가를 잘 설명하고 있다. 『조선왕조실록』은 사관들이 정확한 사초(史鈔)에 근거하여 기록을 작성하기 때문에 단군조선에 관한 문헌인 『단군고기』가 실제있었던 문헌이라는 것을 증거하기 때문에 「세종실록」의 단군조선 내용을 신빙성 있는 사료로 볼 수 있다. 『조선왕조실록』「세종실록」의 내용은 다음과 같다.[11]

신령스럽고 이상한 일. 《단군고기》에 이르기를, "상제 환인이

---

11) 원전 -『조선왕조실록』「세종실록」 154권, 지리지, 평안도 평양부

서자가 있으니, 이름이 웅인데, 세상에 내려가서 사람이 되고자 하여 천부인 3개를 받아 가지고 태백산 신단수 아래에 강림하였으니, 이가 곧 단웅천왕이 되었다. 손녀로 하여금 약을 마시고 인신이 되게 하여, 단수의 신(神)과 더불어 혼인해서 아들을 낳으니, 이름이 단군이다. 나라를 세우고 이름을 조선이라 하니, 조선, 시라, 고례, 남·북옥저, 동·북부여, 예와 맥이 모두 단군의 다스림이 되었다."

靈異,《檀君古記》云: 上帝桓因有庶子, 名雄, 意欲下化人間, 受天三印, 降太白山神檀樹下, 是爲檀雄天王。令孫女飮藥成人身, 與檀樹神婚而生男, 名檀君, 立國號曰朝鮮。朝鮮、尸羅、高禮、南北 沃沮、東北扶餘、濊與貊, 皆檀君之理

또한, 고조선은 우리민족이 나라를 세운 최초의 국가로서 고조선이 어떤 국가인가 하는 설명을 역사학자 윤내현 교수가 그의 저서인 『고조선연구』에서 아주 간단 명료하게 다음과 같이 기술하였다.[12]

고조선은 한반도와 만주전 지역을 통치 영역으로 하고 있던 국가였고 고조선의 뒤를 이어 등장하는 부여·고구려·읍루·동옥저(東沃沮)·예(東濊)·최씨낙랑국(崔氏樂浪國)·한(韓) 등은 모두가 고조선의 거수국(國: 제후국)이었던 세력들이 독립하여 세운 나라들이었다.

---

12) 국내서 - 윤내현, 『고조선연구』, (만권당, 2015), 20쪽

단군왕검의 탄생과 고조선의 개국

 단군왕검의 탄생을 신화와 같은 형태 또는 역사적 배경을 갖고 기술한 문헌이 고려부터 조선시대의 여러 역사서가 있는데 중요 역사서로서는 『삼국유사』, 『제왕운기』, 『세종실록』 「단군세기」, 『규원사화』, 『단기고사』, 『환단고기』 등이 있다.
 『삼국유사』의 단군왕검 탄생과 건국과정을 기록한 내용은 다음과 같다.[13]

> 『고기(古記)』에는 이렇게 말하였다.
> 옛날 환인(桓因)의 서자 환웅(桓雄)이 … 중략 … 무리 3,000명을 거느리고 태백산꼭대기 신단수 아래로 내려왔다. 이곳을 신시(神市)라 하고 이분을 환웅천왕이라 한다. … 중략 … 웅녀(熊女)는 혼인할 상대가 없어서 매일 신단수 아래에서 아이를 가질 수 있게 해달라고 빌었다.
> 환웅이 잠시 사람으로 변해 그녀와 혼인하여 아들을 낳았으니 단군 왕검이라고 불렀다. 단군 왕검은 당요(堯)가 즉위한 지 50년이 되는 경인년에 평양성에 도읍을 정하고 비로소 조선이라고 불렀다. 다시 도읍을 백악산 아사달로 옮기니, 그곳을 궁흘산 또는 금미달이라고 부르기도 한다. 그는 1,500년 동안 이곳에서 나라를 다스렸다.

---

13) 국내서 - 일연/김원중, 『삼국유사』 「기이 제1」, ㈜을유문화사, 2002, 37~39쪽

古記云, 昔有桓國, 庶子桓雄, -- 雄率徒三千, 降於太伯山頂(即太伯, 今妙香山), 神壇樹下, 謂之神市, 是謂桓雄天王也 -- 熊女者, 無與爲婚, 故每壇樹下, 願有孕, 雄乃假化而婚之, 孕生子, 號曰, 君王, 以唐高(堯)卽位五十年 庚寅(唐高(堯) 卽位元年戊辰, 則五十年 丁巳, 非庚寅也, 疑 其未實), 都平壤城(今西京), 始稱朝鮮, 又移都 於白岳山阿斯達, 又名弓忽山, 又今彌達, 御國 一千五百年

위의 기록을 보아 '태백산 아래 있는 부족단위 부락인 신시(神市)를 통치하는 환웅천왕이 곰토템 부족인 웅녀와 결혼하여 단군왕검을 낳았고 후에 단군왕검이 당요가 즉위한지 50년되는 경인년에 평양성을 도읍으로 정하고 조선을 건국하였다'라고 하였다.

1911년 계연수 선생이 편찬한 『환단고기』가 1979년에 재 출간되면서 1911년 원본이 분실된 상태에서 강단사학계에서 위서라고하는 시비가 30여년간 이어져 왔으나 최근에는 위서가 아닌라는 논문들이 많이 발표되었고 1909년도로 추정되는 등사본 『환단고기』의 발굴과 논문발표로[14] 강단사학계의 위서 시비가 수그러져 있다.

따라서 『환단고기』내 「단군세기」는 고려시대 행촌 이암 문정공이 저술한 책으로서 저자는 삼국시대부터 전해진 단군조선관련 역사서를 참조하였기 때문에 매우 신빙성이 있는 사료로 볼

---

14) 국내논문 - 이명우, 《『환단고기』가 위서가아님을 입증하는 사료의 고찰》, 세계환단학회지 6권 2호, 2019년 12월

수 있다. 『환단고기』내 「단군세기」에 있는 내용은 다음과 같다.

고기에서 말한다.
왕검의 아버지는 단웅이고 어머니는 웅씨의 왕녀이며 신묘년(서기전 2370) 5월 2일 인시에밝달나무밑에서 태어났다. 신인의 덕이 있어 주변의 모든 사람들이 겁내어 복종했다. 14세 되던 갑진년(서기전 2357)에 웅씨의 왕은 그가 신성하다 함을 듣고 그로써 '비왕'으로 삼고 큰고을 다스림을 대행하도록 하였다. ⋯ 중략 ⋯ 무진 원년 戊辰年(B.C. 2333), 왕검이 오가의 우두머리 로서 800인의 무리를 이끌고 와서 단목의 터에 자리잡았다. 무리들과 더불어 삼신님께 제사를 올렸는데 지극한 신의 덕과 성인의 어진 마음을 함께 갖추었더라.
마침내 능히 하늘의 뜻을 받들어 이어 그 다스림이 높고 크고 또 맹렬하였으니 구한의 백성들이 모두 마음으로 따르며 천제의 화신이라 하고 그를 임금으로 삼아 단군왕검이라 하였다. 신시 의 옛 규칙을 도로 찾고 도읍을 아사달에 정하여 나라를 세워 조선이라 이름했다.

古記云 王儉父檀雄母熊氏王女辛卯五月二日寅時生于檀樹下有神人之德遠近畏服年十四甲辰熊氏 王聞 其神聖擧爲裨王攝行大邑國事 -- 戊辰元年王儉者五加之魁率徒八百來御于檀木之墟與衆奉祭于三神其 至神之德兼聖之仁乃能奉詔繼天巍蕩帷烈九桓之民咸悅誠服推爲天帝化身而帝之是爲 檀君王儉復神市舊 規立都阿斯達 建邦號朝鮮[15]

---

15) 국내서 - 임승국 번역·주해 『한단고기』, 정신세계사, 1986년, 55~56쪽

『규원사화』는 조선 숙종 2년(1675년)에 북애노인이 저술한 역사서로서 현재 강단사학계에서 일부 학자들이 위서라고 주장하고 있으나 북한의 역사학계나 재야사학계에서는 진서로 보고 있기 때문에 본 논문에도 『규원사화』의 내용을 인용한다. 『규원사화』 「단군기(檀君記)」에 있는 단군의 출생과 조선의 개국 내용은 다음과 같다.[16]

신시씨(神市氏)는 동방 인류의 조상으로 아주 오랜 옛날 나라의 기틀을 잡았기 때문에 단군이전 의 성인이다. 전에 청평산인 이명이란 사람이 있었다. 그는 고려 때의 사람으로 그에게 『진역유기』 3권이 있었는데 이것은 『조대기』를 인용하여 우리 나라의 옛 역사를 기록한 역사책 이다. (일연)이 지은 『삼국유사』와는 커다란 차이가 있으며 그 중에는 선가의 말이 많이 있다. … 중략 … 환웅 천왕이 세상을 다스린지 벌써 궐천세이니 이가 곧 신시씨이다. … 중략 … 고실씨 와 여러 사람들이 천부인 3개를 받들고 그 아들 환검 신인을 군장으로 삼았는데 이분이 곧 임금(壬儉)이시다. 임금이란 군장이란 뜻이다. 지금부터 거슬러 올라가 대충 계산해 보면 약 4천 여 년이나 된다. 이것은 연대적으로 보아 당요(唐堯)와 같은 시대이므로 세상에서 소위 요(堯)와 아울러 함께 있었다고 하는 것이 바로 이것을 말하는 것이다. 단군이란 박달임금을 번역한 것이기 때문에 단군(檀君)이라 한다.
대개 신시씨가 단목 아래에 내려오고 환경 신인이 다시 단목 아

---

16) 국내서 - 북애 지음/고동영 옮김, 『규원사화』, 한뿌리, 1986년, 31~33쪽

래에서 임금의 자리를 이어 받았 기 때문에 단(檀)으로써 나라 이름을 삼은 것이며 단군이란 단국의 임금이라는 뜻이다.

神市氏 寔爲東方人類之祖 鴻荒之世 開翔之業 賴以成焉 盖檀君以前 首出之聖人也 古有淸平山人 李茗者高麗時人有震域遺紀三卷 引朝代記 備較我國故史 比於一然之書 甚相巡庭 中多仙家語 -- 雄天王御世凡關千歲 是即神市氏 -- 高矢氏諸人 奉天符三印 共推其子桓儉神人爲君長 是爲壬儉 壬 儉者君長之意也

위의『삼국유사』,『환단고기』,『규원사화』의 단군왕검의 탄생과 고조선의 개국과 관련된 기록에서 공통된 역사적 내용을 요약하면 다음과 같은 역사 내용이 될 것이다.

역사 1

• 단군왕검의 탄생과 고조선의 개국

먼 옛날 하느님의 자손(天孫)인 태백산밑 신시(神市)의 환씨(桓氏) 부족장 환웅(桓雄)이 곰을 신성시하는 웅씨(熊氏) 부족의 웅녀(熊女)와 결혼하여 아들 왕검(王儉)을 낳았다. 그후 신시 주변 9개 부족들이 신성한 인품을 갖추고 덕을 베푸는 왕검을 무진년(B.C 2333년)에 전체 부족을 통치하는 임금(단군: 檀君)으로 추대하였다.

단군 왕검은 임금으로 추대된 후에 평양성에 도읍을 정하고 나라 이름을 조선(朝鮮)이라 하였다. 우리민족이 건국한 조선은 동아시아 최초의 국가이다. 단군왕검은 다시 도읍을 백악산 아사달로 옮겼다.

단군조선의 치세와 외교

고조선을 통치하는 단군은 나라를 다스림에 있어 여러 가지 치적이 있는데 문헌에 남아 있는 대표적인 치세는 다음과 같다.

팔조금법의 제정

동서양 역사학계에서 고대에 국가의 통치자가 백성을 통치하는데 법(法)이 있느냐 없느냐에 따라 국가의 성립 조건으로 보았다. 메소포타미아 지역의 스메르인들이 건설한 바빌로니아 왕국은 282조의 함무라비 법전(B.C 1750년)을 만들었고 이스라엘은 모세 10계명(B.C 13세기)있다. 고조선도 단군왕검때부터 8조금법이 있었다. 단군조선에도 8조금법이 있다. 『환단고기』 「삼성기전 상」에 8조의 법을 만들었다고 기술되어 있는데 그 내용은 다음과 같다.

> 병진년(B.C. 425), 주나라 고(考)임금(B.C. 440~425) 때 국호를 고쳐 대부여(大夫餘)라 하고 백악에서 장당경으로 옮겼다. 예전에 있던 법을 참조하여 8조의 법을 세웠다.
>
> 丙辰,周考時,改國號,爲大夫餘,自白岳,又於藏唐京,仍設八條[17]

---

17) 국내서 - 이기동·정찬건 역해, 『환단고기』 「단군세기」, 도서출판 행촌출판사, 2019년, 34~35쪽

『환단고기』「태백일사」〈제4 삼한관경본기〉 '번헌세가 하'에 8조 금법이 자세히 나와 있는데 그 내용은 다음과 같다.

기해년(B.C. 1282) 색불루 단군 4년에 진조선을 통해 천왕의 칙문을 전하니 내용은 다음과 같다. "너희 삼한은 위로 천신을 받들고 아래로 뭇 백성을 잘 교화하라." 이때부터 백성에게 예의와 밭농사, 누에치기, 베 짜기, 활쏘기, 글쓰기를 가르치고 백성을 위해 8조의 금법을 마련하였는데 그 내용은 다음과 같다.

1. 남을 죽인 자는 즉시 죽임으로써 되갚는다.
2. 남을 다치게 한 자는 곡식으로 되갚는다.
3. 도둑질 한 자가 남자면 평생 그 집의 노로 삼고 여자면 그 집의 비로 삼는다.
4. 소도를 훼손한 자는 가둔다.
5. 예의를 잃은 자는 군에 복무시킨다.
6. 부지런히 일하지 않는 자는 공역(公役)에 징집한다.
7. 사특하고 음란한 짓을 한 자는 태형에 처한다.
8. 거짓말 한 자는 가르쳐서 쫓아낸다.

番韓世家下
檀君索弗婁, 四年, 己亥, 真朝鮮, 以天王文傳曰: 爾三韓, 上奉天神, 接化群生。自是, 教民以禮義·田蠶·織作·弓矢·字書, 為民設禁八條。相殺以當時償殺。相傷以穀償。相盜者, 男沒為其家奴, 女為婢。毀蘇塗者禁錮。失禮義者服軍。不勤勞者徵。作邪淫者笞刑。行詐欺者訓放[18]

---

18) 국내서 - 이기동·정찬건 역해, 『환단고기』「단군세기」, 도서출판 행촌출판

『규원사화』「단군기」에도 단군조선의 8조 금법이 기술되어 있는데 그 내용은 다음과 같다.

제1조 하늘의 법도는 오직 하나요. 그 문은 둘이 아니니라. 너희들이 성실한 마음으로 참마음을 가져야 하느님을 뵐 수 있느니라.
(咨爾有衆 惟則天範 扶萬善 滅萬惡 性通功完 乃朝天)

제2조 하늘의 법도는 항상 하나이며, 사람 마음은 똑같으니라. 내 마음을 헤아려 다른 사람의 마음을 깊이 생각하라. 사람들의 마음과 잘 융화하면, 이는 하늘의 법도에 어긋나지 않으니 이렇게 만방을 다스릴 수 있으리라.
(天範惟一 弗貳闕門爾惟純誠一爾心 乃朝天 天範惟一 人心 惟同惟秉己心 以及于人心 人心惟化 亦合天範 乃用御于萬邦)

제3조 너를 낳은 분이 부모다. 오직 너희 부모를 잘 공경하여야 능히 하느님을 경배할 수 있느니 라. 이러한 마음이 온 나라에 퍼져 나가면 충효가 되나니, 너희가 이런 도를 몸으로 옳고 바르게 익히면 하늘이 무너져도 반드시 먼저 벗어나 살 수 있으리라.
(曰 爾生惟親 親降自天 惟敬爾親乃克敬天以及于邦國 是乃忠孝 爾克禮是道 天有崩 必克脫免)

제4조 짐승도 짝이 있듯이 너희 남녀는 올바르게 어우러져서 서로 원망하지 말고 질투하지 말며, 음란한 짓을 하지 말지어다.
(飛禽有雙 弊履有對爾男女 以和 母怨 母妬 母淫)

사, 2019년, 361~362쪽

제5조 너희는 손가락을 깨물어 보라. 그 아픔에 차이가 없느니라. 그러니 서로 사랑하고, 헐뜯지말며, 서로 돕고 해치지 말아야 집안과 나라가 번영하리라.
(爾嚼十指痛無大小 爾相愛母胥 讒互 佑母相殘 家國以興)

제6조 너희는 소와 말을 보라. 오히려 먹이를 나누어 먹고 있다. 너희는 함께 일할 때 서로 양보하고 적질하지 않아야 나라와 집안이 번영하리라.
(爾觀于牛馬 猶分厥蒭 爾互讓母胥奪 共作相盜家 國以殷)

제7조 너희는 저 호랑이를 보아라. 강포하고 신령하지 못하여 재앙을 일으키느니라. 너희는 사납고 성급히 행하여 성품을 해하지 말고 남을 해치지 말며, 하늘의 법을 항상 잘 지키고 만물을 사랑하라.
(爾觀于虎 强暴不靈 乃作孼 爾母桀以狀物 母傷人 恒遵爾天範 克愛物)

제8조 너희는 타고난 본성을 잘 간수하여 사특한 생각을 속에 넣지 말고, 나쁜 것은 숨기지 말며, 남을 해치려는 마음을 지니지 말지어다.
(爾敬持彝性 懷恩 母隱惡 母藏禍 心克敬于天 親于民 爾 乃福祿無窮 咨爾有衆 其欽哉)[19]

중국 『한서(漢書)』 「권 28 하」 〈지리지 제8 하〉에도 조선에 8

---

19) 국내논문 - 조한석, 「천부경 사상의 특성과 활용에 관한 연구」, 동방문화대학원대학교, 박사학위, 2022년, 27~28 쪽

조금법이 있다고 하며 3개 내용만 전하고 있는데 그 내용은 다음과 같다.

1. 사람을 죽인 자는 즉시 사형에 처한다.
2. 남을 다치게 한 자는 곡식으로 갚아야 한다.
3. 도둑질을 한 자는 노비로 삼는다. 단, 용서를 받고자 하는 자는 50만 냥을 내야 한다.

樂浪朝鮮民犯禁八條(師古曰 八條不具見) 相殺以當時償殺 相傷以穀償 相盜者男沒入爲其 家奴 女子爲婢 欲自贖者 人五十萬[20]

위의 『환단고기』, 『규원사화』, 『한서』의 내용으로 판단할 때 고조선에도 8조의 법이 있음이 명확함으로 『환단고기』, 『규원사화』, 『한서』의 내용이 약간 상이하나 전체적으로 공통점이 있는 것을 역사적 사항으로 기술하면 다음과 같다.

역사 2

• 팔조금법의 제정

기해년(B.C. 1282)에 색불루 단군이 나라의 통치와 백성들의 삶을 편안하게 하기 위하여 8조의 법을 만들었다. 그 내용은 다음과 같다.

---

20) 국내서 - 고구려연구재단, 『고조선·단군·부여 자료집 하』, 고구려연구재단, 2005년, 2258~2300쪽

1. 사람을 죽인 자는 즉시 사형에 처한다.
2. 남을 다치게 한 자는 곡식으로 갚아야 한다.
3. 도둑질을 하지 말라. 도둑질 한 자는 노비로 삼는다.
   단, 용서를 받고저 하는 자는 50만 냥을 내야 한다.
4. 남녀가 질투하거나 음란한 짓을 하면 태형에 처한다.
5. 소도를 훼손한자는 금고형에 처한다.
6. 부모를 공경하고 하느님을 경배하여야 한다.
7. 서로 돕고 사랑하며 같이 일하고 나누어 가져야 한다.
8. 하늘의 법을 잘 지키고 만물을 사랑하라.

팽우의 치수사업

『환단고기』「단군세기」에 단군왕검이 팽우(彭虞)에게 치수(治水)를 하게 하였으며 우수주에 (공덕)비가 있다고 했다. 그 내용은 아래와 같다.

정사 50년 큰물이 범람하여 백성들이 고초를 겪었다. 제(帝)께서는 풍백(風伯)과 팽우에게 명을 내려 물을 다스리게 하여 높은 산과 큰 하천을 안정시키니 그로서 백성들을 편히 살 수 있게 하였다. 우수주(牛首州)에 그 비석이 있다.
(丁巳五十年 洪水氾濫 民不得息 帝命風伯彭虞 廬治水 定高山 大川 僞便民居 有牛首州碑)[21]

---

21) 국내서 - 이기동·정찬건 역해, 『환단고기』「단군세기」, 도서출판 행촌출판

팽우에게 치수를 하게하고 우수주에 (공덕)비가 있다고 하는 내용은 조선 숙종 31년 (1705년) 홍만종이 쓴 역사서인 『동국역대총목(東國歷代總目)』과 『동국역대총목』의 저자가 쓴 원고(原稿)로 보이는 『동국역대사초(東國歷代史鈔)』 필사본에도 『환단고기』 「단군세기」의 내용과 똑같이 기술되어 있는데 그 내용은 아래와 같다.

"命 彭吳 治國內山川以鄭民居 本記通覽 云牛首州 有彭吳碑 金時習詩曰 …"

현존하는 『동국역대총목』과 『동국역대사초』가 『환단고기』 「단군세기」의 역사내용에 대해 신뢰성있는 역사서임을 증거하고 있다. 또한, 우수주(牛首州) 라는 지명과 위치에 대한 내용이 구삼국사(舊三國史)를 인용한 『삼국유사』 「마한」조에 나온다.

1770년 영조의 명으로 편찬된 『동국문헌비고』에는 단군조선, 기자조선, 위만조선, 한사군, 마한, 진한, 변한을 비롯하여 고려, 조선까지 국호와 도읍 제정, 국가의 강역이 역대국계(歷代國界) 항목으로 서술되었다.

『동국문헌비고』 「여지고」에는 팽오가 단군왕검의 명을 받아 홍수를 예방하기 위하여 나라 여러곳에 치수를 벌였다고 기술되

사, 2019년, 95쪽

어 있는데 그 내용은 다음과 같다.

> 『동사』에 단군이 팽우에게 명하여 나라의 산천을 관리 치수하고 백성이 거주 하였는데, 우수주(지금의 춘천)에 팽우의 비석이 있다.
>
> (東史檀君命彭吳治國內山川以奠民居本祀通覽牛首州(今春川)有彭吳碑. 續 (臣) 謹按東史所見彭 吳與漢史所載通道將軍彭吳穿濊貊朝鮮)[22]

또한 1862년 발간된 작자미상의 『동전고(東典考)』 권12 「역대 단군조선」[23]과 1915년 어윤적이 편찬한 『동사년표』에도 동일한 내용이 있다. 특히, 『동사년표』에는 팽오의 치수가 갑진년(서기전 2297년)이었다고 기재하고 있다.[24]

1912년 유석태가 단군조선부터 대한제국기에 이르기까지 우리나라 역사적 인물을 중심으로 약력과 세보 등을 체계적으로 정리한 역사서인 『동국석수잠헌보감(東國續修簪獻寶鑑)』券之1「名臣」에는 팽오가 단군조선의 명신(훌륭한 재상)으로 기재되었다. 그 내용은 다음과 같다.[25]

---

22) 국내서 - 홍봉환 편저, 『동국문헌비고』 「여지고」, 명문당, 1959년, 173쪽
23) 국내서 - 고구려연구재단편, 『고조선·단군·부여 자료집 하』 『東典考』 1920쪽
24) 국내서 - 어윤적 『동사년표』 「고조선」, 보문관, 1915년, 5쪽
25) 국내서 - 유석태, 『동국석수잠헌보감(東國續修簪獻寶鑑)』 券之1 「名臣」 1912년, 1쪽

"名臣: 彭吳(檀君朝 爲相治國內 奠民居 今春川 有彭吳碑 金詩)"

위의 『환단고기』, 『동국역대총목』, 『동국역대사초』, 『동국문헌비고』, 『동국석수잠헌보감』에 있는 팽오의 치수와 관련된 기록에서 공통된 역사적 내용을 요약하면 다음과 같은 역사내용이 될 것이다. 또한 평오의 치수년도는 『환단고기』의 내용에따라 정사년으로 한다.

역사 3

- **팽우의 치수사업**

    정사년(서기전 2283년) 단군왕검은 풍백 팽우에게 명하여 홍수로 피해 본 지역에 치수 사업을 하도록 하였다. 팽오는 치수사업이 완료하고 그 지역에 백성들이 거주하여편히 살도록 하였다. 이에 우수주에 팽오의 치적비를 세웠다.

삼랑성 축성과 제천단 축조

『환단고기』「단군세기」에 단군왕검이 운사 배달신에게 혈구[26]

---

26) 혈구(穴口)는 현재의 강화도를 말한다. 『고려사』 권56, 「지리지」에 강화도에 '마리산' 있고 산정에 천제를 지내는 '천제단'이 있다고 기재되어 있다.

에 삼랑성과 제천단을 쌓게 하였다고 한다. 그 내용은 다음과 같다.

"재위 51년 무오년(서기전 2283년), 단군께서 운사 배달신에게 명하여 혈구에 삼랑성을 설치하 고 마리산에 제천단을 쌓았다. 지금의 참성단이 이것이다.
(戊午五十一年。帝命雲師倍達臣, 設三郞城于穴口, 築祭天壇於摩璃山。今塹城壇是也)"[27]

『조선왕조실록』「세종실록」, 〈지리지〉에 의하면 강화도 호부가 혈구인데 단군 때 마리산에 천제단을 축조하였고 전등산에 단군의 아들 3명이 삼랑성을 축성했다고 기록되어 있다.

강화 도호부(江華都護府)
본래 고구려의 혈구군(穴口郡)인데, 신라가 해구군(海口郡)으로 고쳤고, 고려가 강화현으로 고쳐, 현종 무오년에 현령을 두었다. … 중략 … 진산은 고려 마리산(摩利山)이다. 꼭대기에 참성단(塹星壇)이 있는데, 돌로 쌓아서 단의 높이가 10척이며, 위로는 모지고 아래는 궁글며, 단 위의 사면이 각기 6척 6촌이고, 아래의 너비가 각기 15척이다. 세상에 전하기를, "조선 단군이 하늘 에 제사지내던 석단(石壇)이라." 한다. 전등산은 일명 삼랑성(三郞城)이니, 참성 동쪽에 있다. 세상에 전하기를, "조선 단

---

27) 국내서 - 이기동·정찬건 역해, 『환단고기』「단군세기」, 도서출판 행촌출판사, 2019년, 96쪽

군이 세 아들을 시켜서 쌓았다."고 한다.[28]

『동국문헌비고』「여지고」에도 고려의 지리지를 인용하여 단군조선때에 강화도 마리산에 삼랑성과 천제단을 건조한 기록이 있다. 그 내용은 다음과 같다.

고려 지리지에 강화현 서쪽에 마니산 산정에 첨성단이 있다. 전해내려온 말로는 단군이 천제 를 지내는 천단이라 전한다. 전등산에 삼랑성이 있는데 전해내려온 말로는 단군이 명해서 세 자녀가 축성했다.
(高麗地理志 江華縣西 摩尼山頂有塹城壇 世傳檀君祭天壇 傳燈山 有三耶城 世傳檀君命三 子而築之)[29]

위의『환단고기』,『조선왕조실록』「세종실록」,『동국문헌비고』에 있는 삼랑성의 축성과 천제단 축조와 관련된 기록에서 공통된 역사적 내용을 요약하면 다음과 같은 역사 내용이 될 것이다.

역사 4

- **삼랑성 축성과 천제단 축조**

병인년(서기전 2275년)에 단군왕검은 바다쪽에서 침입하는 적을 대비

---

28) 원전 -『조선왕조실록』「세종실록」148권,〈지리지〉, 경기, 부평 도호부 참조.
29) 국내서 - 홍봉환 편저,『동국문헌비고』「여지고」, 명문당, 1959년, 173쪽

하여 혈구(현재의 강화도)에 세 아들에게 명하여 전등산에 삼랑성을 축성하였고, 마니산 정상에도 하늘에 제사를 지낼 수 있는 천제단(지금의 참성단)을 축조하였다.

하나라 도산회의 참가

『환단고기』 「단군세기」에는 단군왕검의 아들 부루가 하나라에서 개최된 제후들의 회맹 모임인 도산회의(塗山會議)에 참가하였다는 기록이 있는데 아래와 같이 기술되어 있다.

갑술 67년 제가 태자 부루(扶婁)를 보내어 도산(塗山)에서 우(禹)의 사공(司空)과 도산(塗山)에 서 만나게 하였다. 태자는 오행치수법(五行治水法)을 전하였다. 국계(國界)를 감정하여 유주(幽州)와 영주(營州)의 두 주(州)를 우리에게 속하게 하였다. 회대의 제후는 분조(分朝)하여 다스리게 하고 우순(虞舜)으로 하여금 그 일을 감리하도록 하였다."[30]

『환단고기』 「번한세가 상」에도 도산회의에대한 내용이 있는데 아래와 같다.

---

30) 국내서 - 김은수 역주, 『주해 환단고기』 「단군세기」, 가나출판사, 1985년, 54쪽

갑술에 태자 부루(扶婁)가 명을 받들어 도산(塗山)에 사신으로
가다가 가는 길에 도산(塗山)에서 낭야성(琅耶城)에서 반달을
살며 민정(民情)을 청문하였다. 우순(虞舜) 또는 사악(四岳)을 이
끌고 치수(治水)에 관한 여러 가지 일을 보고하였다. … 중략 …
태자가 도산에 이르러 정무를 주관하고 회의를 열어 번한으로
인하여 우의 사공에게 고하여 말하기를 …31)

조선 중종때 학자인 유희령(柳希齡: 1480~1552년)이 펴낸 역
사서『표제음주동국사략(標題音註東國史略)』券之一 전조선(煎
朝鮮)에도 도산회의에 대해 아래와 같이 기술하였다.

丁巳 夏禹元年 禹 南巡狩」會諸候于塗山 遺扶婁朝焉 --32)

또한, 1924년 현채 역사서『동사제강(東史提綱)』「단군조선」
에도 아래와같이 도산회의가 나오는데 그 내용은 다음과 같다.

태자 부루를 지나(支那)의 하우(夏禹)씨 도산회(塗山會)에 유(遺)
하야 각국(各國)과 옥백(玉帛)으로 상견하고…

도산회의(塗山會議)는 도산지회(塗山之會)라고도 하는데 중국
사료인『春秋左傳』〈哀公七年, 國語魯語〉에 기술되어 있다. 하(夏)

---

31) 국내서 - 김은수 역주,『주해 환단고기』「번한세가 상」, 가나출판사, 1985
년, 186쪽
32) 국내서 - 정신문화연구원,『교감표제음주동국사략(校勘標題音註東國史略)』,
1985년, 券之一 49쪽

나라 우(禹) 임금이 일명 도산(塗 山)인 회계산(會稽山)에서 천하의 제후들을 불러 모아 대회(大會)를 열었는데, 그때 왕망씨(汪氏)의 군주인 방풍(防風)이 뒤늦게 도착하자 우 임금이 그를 복주(伏誅)했다는 이야기가 『춘추좌전(春秋左傳)』에 나온다. 우임금이 제후들을 도산에서 모으니, 폐백을 갖고 온 나라가 만명(萬)이나 되었으며, 회계산에서 여러 신에게 제사하였다고 한다.

> 애공 7년 봄, 송군이 정(鄭)을 쳐들어오자 정이 진(晉)을 모반하니, 진군이 위(魏)나라를 쳐들어 오나 위가 이를 받아들이지 않았다. … 중략 … 두 가지 덕을 잃은 사람이 어찌하여 장수를 위험에 빠뜨릴 수 있겠느냐 맹자와 손자가 이르되 두세 아들이 어찌하여 현명한데 악한 사람이 되어 반역하겠느냐 하니 그가 이르되 우왕이 도산에 제후들을 모아 온 천하의 옥과 비단을 빼앗았느니라 오늘날 살아남은 것은 수십 개 뿐입니다.
>
> 哀公七年: 春, 宋師侵鄭, 鄭叛晉故也, 晉師侵衛, 衛不服也。
> 季康子欲伐邾, 乃饗大夫以謀之, 子服景伯曰, 小所以事大, 信也, 大所以保小, 仁也, 背大國不信, 伐小國不仁, 民保於城, 城保於德, 失二德者, 危將焉保, 孟孫曰, 二三子以為何如, 惡賢而 逆之, 對曰, 禹合諸侯於塗山, 執玉帛者萬國。[33]

중국 전국시대 말기(약 2300년전) 위(魏)나라의 재상인 공빈

---

33) https://ctext.org/chun-qiu-zuo-zhuan/ai-gong-qi-nian/zh

(孔斌)이 저술한 역사서 『홍사(鴻史)』 「동이열전(東夷列傳)」 서문에 아래와 같은 내용이 있다.

> 동방에 오래된 나라가 있다. 신으로 칭송받는 단군(檀君)이 구이(九夷)의 추대를 받아 임금이 되셨다. 요임금 때의 일이다. 순임금은 동이에서 태어나 중국으로 와서 임금이 되어 훌륭한 정치를 하였다. 동이의 나라에는 자부선인(紫府仙人)이라는 도통한 분이 계셨는데 '황제헌원'이 그 문하에서 내황문(內皇文)을 배웠다. 그는 '염제신농' 씨의 뒤를 이어 중국의 임금이 되셨다. 하나라 우임금의 '도산회의(塗山會議)'에 부루(夫婁)가 친히 와서 나라의 경계를 정하였다.
>
> 東方有古國, 有神人 檀君 遂應九夷之推戴而爲君 與堯幷立 虞舜生於東夷 而入中國 爲天子至治 卓 冠百王 紫府仙人 有通之學 過人之智 黃帝受內皇文於門下 代炎帝而爲帝, 連大連 善居喪 三日不怠 三年憂 吾先夫子稱之, 夏禹塗山會 夫婁親臨 而定國界[34]

인터넷 나무위키에서는 도산회의에 대해서 고조선과 관련이 있다고 상세히 설명하고 있는데 그 내용은 다음과 같다.

> 도산회맹(塗山會盟)은 도산지회(塗山之會)라고도 하며 하나라의 우임금이 도산(塗山)에서 천하의 제후들을 소집하여 맺은 맹약을 말하며, 당시 고조선에서도 사신을 파견해 참가하였다고

---

34) 한국차문화협회 cafe.daum.net/k-tea/R845/65

한다. 『회남자』에 의하면 도산에 모인 옥과 비단을 가진 제후의 수가 만명에 이르렀다고 한다. 이때 고조선에서도 이 회맹에 참석하였다. 『고려사』, 『세종실록지리지』, 『응제시주』, 『신증동국여지승람』 등에서는 단군이 세아들을 시켜 삼랑성을 쌓고 태자 부루를 파견해 하우(夏禹)의 회맹에 참석케 했다고 한다.

요임금 시절에 우의 아버지 곤이 치수 책임자였으나 홍수를 효과적으로 막지못해 귀양을 가서 죽게 되었다. 우가 임무를 물려받았으나 그도 한동안 홍수를 막아내지 못했고 아버지의 전철을 밟게 될까봐 매우 걱정이 컸던 것으로 보인다. 그래서 도산에 전국의 제후를 모이게 하여 홍수를 잡는 것에 대한 논의를 하였고, 여기서 어떤 해결책을 찾았을지도 모른다. 꿈에 현이의 창수 사자가 나타나 알려줬다는 신서는 치수에 성공할 수 있는 해결책을 누군가에게 얻었다는 것을 뜻하는 것일 수 있다.[35]

상기와 같이 도산회의에 대한 역사 기술이 조선시대 역사서 『환단고기』「단군세기」, 『표제음주동국사략』, 『동사제강』「단군조선」 뿐만아니라 중국사료인 『홍사』「동이열전」과 인터넷 나무위키 등 신뢰할 수 있는 역사서에 많이 기술되어 있기 때문에 『환단고기』에 있는 '도산회의' 내용이 현존하는 역사 문헌에 있어 신뢰성이 있음을 보여주고 있다.

따라서 단군조선시대에 중국 하나라와 외교적 행사에 참여하

---

35) https://namu.wiki/w/%EB%8F%84%EC%82%B0%ED%9A%8C%EB%A7%B9

였다는 것은 중요한역사적 사건으로서 위의 사서에서 공통된 역사적 내용을 요약하면 다음과 같은 역사내용이 될 것이다.

역사 5

• 하나라 도산회의 참가

갑술년(서기전 2267년)에 단군왕검이 태자 부루(扶婁)를 하(夏)나라의 우임금이 제후들을 소집한 도산회의(塗山會議)에 파견하였다. 부루는 홍수로 치수에 어려움을 갖고 있는하나라 우임금에게 오행치수법(五行治水法)을 전수하여 주었다. 또한 우임금과 나라의 경계에대해 협의하여 유주(幽州)와 영주(營州)를 단군조선의 영역으로 편입시켰다.

단군 부루의 치적

2세 단군 부루(夫婁)는 1세 단군 왕검이 하백(河伯)의 딸 비서갑(非西岬)과 결혼하여 낳은 맏 아들이다. 하백의 딸 비서갑과 결혼하였다는 내용은 조선중기의 역사학자이며 의병장인 정구(鄭逑: 1543년~1620년)가 저술한 역대기년(歷代紀年)에 다음과 같이 기록되어 있다.

"夫婁, 檀君娶非西岬山河伯之女生子 曰夫婁詩林目錄檀君之子"[36]

---

36) 원전 - 『寒岡鄭球先生續集 券之十四』,「歷代紀年 下」1857년, 1

단군왕검이 경자년(B.C. 2241년)에 붕어한 후 신축년(B.C. 2240년)에 2세 단군으로 즉위하였다. 『환단고기』「단군세기」에 2세 단군 부루(扶婁)의 치적에 대한 설명하고 있는데 그 내용은 다음과 같다.

신축년(B.C. 2240) 재위 원년. 단군께서 현명하고 복이 많더니 재물을 모아 큰 부를 쌓았다. 백성과 더불어 산업을 다스림에 굶주리거나 추위에 떠는 백성이 하나도 없었다. 매년 봄, 가을이면 나라 안을 순행하며 예로써 하늘에 제사를 올리고 여러 부족장의 선악을 살펴 신중히 상벌을 주었다. 관개사업을 하고 농업과 양잠을 권하며 학교를 세워 학문을 일으키자 문화가 크게 진흥하여 칭송하는 소리가 날로 떨쳤다. 연초에 우순(虞舜)이 유주(幽州)와 영주(營州)를 남국(藍國) 인근에 설치했다. 단군께서 군대를 보내 정벌하여 그 우두머리들을 모조리 쫓아내고 그곳에 동무(東武)와 도라(道羅) 등을 봉하여 그 공을 표창했다.

辛丑元年 帝賢而多福居財大富興 民共治産業 無一民飢寒 當春秋巡省國中 祭天如禮察諸汗 善惡克愼賞罰浚渠 洫勤農桑設寮興學 文化大進聲聞日彰 初虞舜置幽營二州 於藍國之隣 帝遣兵征 之盡逐其君封東武道羅等以表功[37]

『규원사화』「단군기」제2세 부루에 하나라가 남국 근처에 두

---

37) 국내서 - 이기동·정찬건 역해, 『환단고기』「단군세기」, 도서출판 행촌출판사, 2019년, 101쪽

개의 주(州)를 설치함으로 군사를 보내어 정벌하고 각각의 주에 도라와 동무를 봉하고 표창하였다는 내용이 있다.

> 선라(仙羅)를 앙숙의 땅에 봉했다가 수년후에 또 도라와 동무를 봉하여 그 공덕을 표창하였다. 이것이 후의 옥저, 비류, 졸본 등 여러나라이다.
>
> 封仙羅於盎肅之地, 後數年, 又封道羅東武, 以表其功, 卽後之沃沮沸流卒本(朝)諸國也.[38]

『환단고기』「단군세기」에 2세 단군 부루(扶婁)의 치적 내용이 『세가보(世家譜)』에 아래와 같이 똑같이 기록되어 있다.

> 夫婁王 開天 弘聖帝 太子 繼父志治 天下巡國中 察諸侯之善惡 勤農獎學文化大行 初虞置幽營 二州於藍隣遺兵征 之逐其衆 封道羅東武等以表其功[39]

『세가보』는 단군조선부터 조선 순종까지 우리나라 330명 왕실의 세가(世家)와 계보를 도식화하고 왕들의 치적을 서술한 역사 인명사전으로서 조선사편찬위원 운영구(尹寧求) 서문(序文)이 있으며 1939년 서계수(徐繼洙)가 출판하였다.

『환단고기』, 『규원사화』, 『세가보』에 있는 2세 단군 부루의 치

---

38) 국내서 - 북애 지음, 고동영 옮김, 『규원사화』, 한뿌리, 1986년, 71쪽
39) 원전 - 徐繼洙, 『世家譜』 券之十一, 1939, 1쪽

적내용을 취합하여 정리하면 다음과같이 역사서에 기록될 내용이 될 것이다.

역사 6

• **단군 부루의 즉위와 치적**

2세 단군 부루(夫婁)의 아버지는 단군 왕검이고 어머니는 하백(河伯)의 딸 비서갑(非西岬)으로서 신축년(B.C. 2240)에 단군으로 즉위하였다. 백성을 다스리는 정치를 잘하여 농업과 양잠 등 산업을 일으키고 백성들이 잘 살게하였다.
중국의 우순(虞舜)이 유주(幽州)와 영주(營州)를 남국(藍國) 인근에 설치함으로 군대를 보내 정벌하고 그곳에 동무(東武)와 도라(道羅)를 제후로 봉하고 그 공로를 표창했다.

가림토 문자의 제정

『환단고기』「단군세기」⟨3세 단군 가륵⟩과 「태백일사」⟨소도경본전훈 제5⟩에 단군 3세 가륵(嘉勒) 단제(檀帝)가 을보륵에게 명하여 38자 정음(正音) 가림토 문자를 만들게 하였다는 내용이 있다. 『환단고기』「단군세기」⟨3세 단군 가륵⟩에 있는 가림토 문자 제정에 대한 내용은 다음과 같다.

재위 2년은 경자년(B.C. 2181)이다. 당시 풍속이 아직 같지 않고 방언이 서로 달라 비록 형체를 본떠 뜻을 표현하는 진짜 글이 있었지만, 열 집이 사는 마을에도 말이 통하지 않는 경우가 많고, 백리 되는 나라에서는 글자를 서로 이해하기 어려웠다. 그리하여 삼랑 을보륵에게 명하여 정음 38자를 만들게 하니, 이것이 가림토 문자이다. 그 문자는 다음과 같다.

庚子二年。時俗尙不一, 方言相殊, 雖有象形表意之員書, 十家之邑, 語多不通, 百里之國, 字難相解。於是, 命三郎乙普勒, 譔正音三十八字, 是爲加臨土。其文曰:[40]

이기동·정찬건 역해, 『환단고기』 「단군세기」에서 역자는 다음과 같이 주석을 하였다.

"정인지의 훈민정음 서문에 의하면 훈민정음은 고전(古篆)을 참고해서 제작했다고 되어 있는데 고전에 대한 해석에 몽고글자로 보는 설도 있고, 옛 전서(篆書)로 보는 설도 있지만, 둘 다 훈민정음과 거리가 멀다. 따라서 고전은 여기서 말하는 가림토 문자로 보는 것이 타당할 것으로 보인다. 단군세기는 고려 말 이암 선생이 찬술했고 이암 선생의 손자가 세종대왕 때 좌의정을 지낸 이원 대감이었으므로 이원 대감이 한글창제에 고심하는 임금에게 가림토 문자에 대해 보고 했을 가능성이 크다."[41]

---

40) 국내서 - 이기동·정찬건 역해, 『환단고기』 도서출판 행촌출판사, 2019년, 115~ 117쪽
41) 국내서 - 상동

고조선시대에 3세 단군이 백성을 통치하고 교화하기 위하여 신하 을보륵에게 명하여 38자 가림토 문자를 만들게 하였다는 역사적인 기록이 매우 중요하다. 현재 가림토문자에 대한 기록이 『환단고기』와 『영변지』 이외 다른 문헌이 없고 유물들도 거의 없는 실정이라 무척 아쉬운 상태이다.

그러나 가림토 문자를 증거할 유물이나 유적이 몇 개라도 남아 있는데 중국에 있는 창성조적비, 북한과 일본에 있는 가림토 비문이 있고 중국 환대박물관에는 고분의 발굴로 출토된 녹각유물에 가림토문자가 있다.

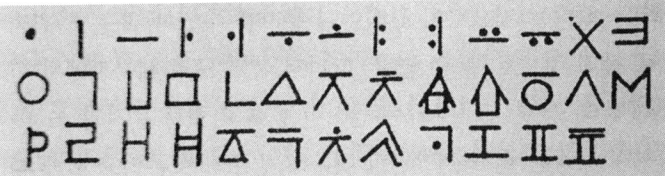

가림토 문자

가림토 비문

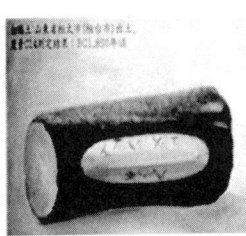
녹각유물

창성조적비

『영변지』 신지문자

가림토문자에 대해 연구한 국내 논문이 다수 있는데 그중에서 인하대학교 융합고고학과 박사 과정의 박덕규 논문「훈민정음과 가림토의 연관성 고찰」에 다음과 같이 가림토 문자의 실존 가능성을 언급하였다.

"지금까지 전해지는 가림토의 흔적 중에서 대표적인 것은 첨수도에 새겨진 옛 글자다. 단군조선 의 제후국이었던 고죽국 영역에서 발견된 첨수도에 불명 문자들이 다수 발견되었는데, 이찬구는 「고대화폐 첨수도에 나타난 '원시형태 한글'의 이해」 (2019년 세계환단학회 추계학술대회 발표 자료집, 105쪽)에서 춘추시기(BCE 770~475)에 통용되었던 첨수도에 새겨진 글자들을 분석하면 서 이중에서 일부가 '원시 형태 한글'임을 밝혀냈다. … 중략 … 화폐는 옛날이나 지금이나 국가의 공인을 받아서 제작하는 것으로써 표식이나 문자를 우연히, 또는 인위적으로 새긴 것으로 볼 수 없다. 따라서, 첨수도 화폐문자에서 한자(漢字)와 뚜렷이 구분되는 원시한글 즉 가림토 문자와 초·중·종성이 합자된 글자를 발견한 것은 가림토가 실존했고 실제 사용되었음을 입증한 것이다."[42]

상기와 같이 가림토 문자의 유물과 유적 및 논문에 밝힌 실존 가능성을 판단할 때 『환단고기』 「단군세기」에 기술된 가림토 문자가 실제 고조선 시대에 창제되었다는 것은 고조선의 역사 기술에 매우 중요함으로 다음과 같이 역사내용으로 기술되어야 한다.

---

42) 국내논문 - 박덕규, 「훈민정음과 가림토의 연관성고찰」, 세계환단학회지 7권 2호, 2020년, 141~143쪽

역사 7

- **가림토 문자의 제정**

  단군조선 3세 가륵(嘉勒)이 단군왕검부터 내려온 치세 내용을 기록하여 보존하고 백성들의 상거래를 원활하게 하기 위하여 재위 2년 경자년(B.C. 2181)에 을보륵에게 명하여 가림토 문자 38자를 만들고 쓰게 하였다.

단군조선의 강역

고조선 건국 당시의 도읍지인 아사달의 위치가 현재 북한의 평양 부근으로 보는 견해도 있고, 요동이나 요서 지역으로 보는 경해도 있다. 따라서 고조선의 중심 영역을 현재 남북한 학자들에 의하여 처음부터 끝까지 요동지역에 있었다는 요동중심설과 대동강 유역에 위치하였다는 평양중심설, 요동에서 대동강 유역으로 옮겼다는 이동설 등으로 나누어져 있다.

『환단고기』「단군세기」에 단군이 부루를 도산회의에 보내서 우사공과 협상하여 유주(幽州)와 영주(營州)를 조선의 강역으로 귀속시켰고 기술되어 있다.[43]

---

[43] 국내서 – 이기동·정찬건 역해, 『환단고기』「단군세기」, 도서출판 행촌출판사, 2019년, 96~97쪽

남국의 위치에 대해서는 '중국통사 참고자료 고대부분-4'에 "람수(藍水)는 산서성 둔류현 서남에서 나와 동쪽으로 흘러 장으로 들어간다(藍水, 源出於山西屯留縣西南, 東流入漳)"라는 설명이 있어 산서성 동남부를 흐르는 탁장수의 지류임을 알 수 있다.

유주는 고대 중국 전국시대 연나라의 강역으로 현재의 베이징과 톈진을 포함하는 지역과 하북성과 요녕성 일부도 포함된다. 영주는 고대 중국 구주의 하나이다. 전국시대 제(齊)나라의 강역으로 현재의 산동성 지역에 해당한다. 따라서 남국과 유주와 영주가 단군조선의 강역안에 있기 때문에 고조선의 서쪽 경계가 중국 황하 이북임을 알 수 있다.

북한의 대표적 역사학자인 리지린은 그의 저서 『고조선 연구』에서 고조선의 위치가 기원전 3세기 초까지는 요동, 요서, 우북평에 이르렀다고 하였는데 그 내용은 다음과 같다.

> 고조선의 위치에 대하여: 필자는 고조선 위치에 관한 사료를 가능한 정도로 수집하여 종합한 결과 기원전 3세기 초까지는 료동, 료서, 우북평에까지 이르렀고, 기원전 3세기 초에 서방의 광대한 영역을 연에게 탈취 당한 결과 오늘의 대능하(패수) 이동 지역으로 축소되였다고 인정하게 되였다.[44]

단국대학교 사학과 교수를 역임한 윤내현 교수는 그의 저서 『고

---

44) 국내서 - 리지린 지음, 『고조선 연구』, 도서출판 열사람, 1963년, 390쪽

조선 연구』에서 고조선의 위치에 대해 다음과 같이 설명하였다.

> 『삼국유사』〈고조선〉에는 고조선의 도읍지 명칭으로 아사달·평양성·백악산 아사달 장당경·아사달이 보인다. 그리고 중국의 고대 문헌에는 고조선의 도읍지였을 것으로 추정되는 검독(독)과 위만조선의 도읍지였던 왕검성(왕험성)이 보인다. 검독과 왕검성의 지리적 위치를 고증한 결과 왕검성의 위치는 위만조선의 건국지와 일치했으며 검독들은 고조선이 강역 변화와 정치 상황으로 인해 천도했을 것으로 추정되는 곳과 일치했다.
> 그리고 백악산 아사달인 지금의 난하 유역에 도읍했던 시기는 기자가 망명 온 서기전 1100년 무렵 이전이며, 장당경인 지금의 대릉하 동부 유역 북진 동남 지역에 도읍했던 시기는 기자가 망명 온 서기전 1100년 무렵부터 한사군이 설치된 서기전 108년까지이고, 고조선이 도읍을 다시 아사달인 지금의 평양으로 옮긴것은 현도군이 설치된 서기전 107년 무렵부터 고조선이 붕괴되기까지였을 것이다."[45]

윤내현 교수가 위에서 밝힌바와같이 고조선 후기의 강역은 북경 근처의 난하 유역과 갈석산 지역을 중국과의 경계로 하여 지금의 하북성 동북부로부터 내몽골 자치구 동부·요령성 전부·길림성 전부·흑룡강성 전부 및 한반도 전부를 그 강역으로 하였

---

45) 국내서 - 윤내현 지음, 『고조선 연구 상』, 도서출판 만권당, 2015년, 448~451쪽

다.(참조: 고조선 후기 강역도) [46]

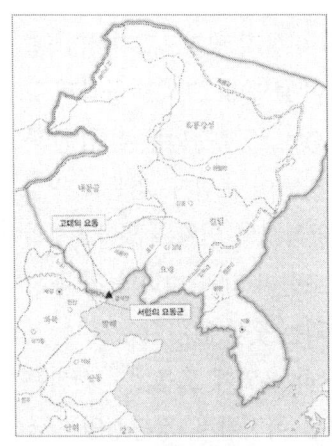
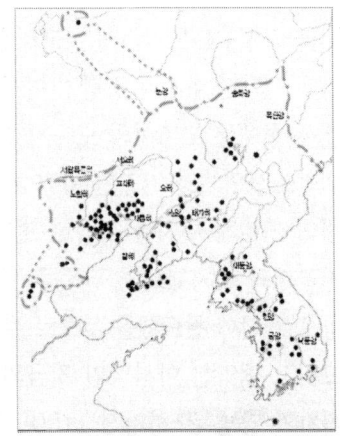

고조선 후기 강역도   비파형청동검 분포도

고조선의 비파형청동단검과 세형동검은 오로지 고조선 강역에서만 출토되는 유물로서 이 유물의 분포지역이 고조선 후기 강역도와 거의 일치한다. 서울대학교 명예교수인 신용하는 그의 저서『고조선문명의 사회사』에서 고조선의 비파형청동단검을 연구하면서 발굴분포도(참조: 비파형청동검 분포도)를 만들었는데 그 내용은 다음과 같다.

> 고조선의 비파형청동단검은 이웃 지역의 청동단검과는 뚜렷하게 다른 양식이므로, 이 단검의 분포는 고조선(주로 단군조선)

46) 국내서 - 상동, 370~371쪽

의 영역과 고조선 문명권의 범위를 판정하는 지표유물로 사용할 수 있다. 주목할 것은 고조선 비파형동검이 한반도와 만주의 요동·요서·동내몽고 지방 옛 무덤들에 널리 분포되어 발굴되고 있다는 사실이다. 이에 대해서는 고대사학계에서 발굴 상태의 일람표를 작성하고, 출토지 분포도를 그려 제시하였다.[47]

『환단고기』「단군세기」의 유주와 영주가 단군조선의 영역이었고, 리지린의『고조선 연구』, 윤내현 교수의『고조선 연구』및 신용하의『고조선 문명의 사회사』에서 고조선의 강역을 자세히 연구하여 위치를 기술한 것에 추가하여 비파형청동단검의 분포도로 보아 고조선이 가장 넓은 영토를 갖은 시기의 강역을 역사적으로 기술하면 다음과 같다.

역사 8

• 단군조선의 강역

고조선 건국 당시의 도읍지인 아사달의 위치가 현재 북한의 평양 부근으로 보는 견해있고, 요동이나 요서 지역으로 보는 견해도 있다. 또한 고조선의 중심 영역을 요동중심설과 대동강 유역에 위치하였다는 평양중심설, 요동에서 대동강 유역으로 옮겼다는 이동설등으로 나누어져 있다.

그러나 여러 문헌 및 학자들의 논문과 고조선의 지표유물인 비파형청동

---

47) 국내서 - 신용하 지음,『고조선문명의 사회사』, 지식산업사, 2018년, 388~391쪽

단검의 발굴 분포도로 볼 때 고조선 전성기의 최대 강역은 만리장성의 동쪽 끝인 발해만 난하(갈석산)에서 서쪽으로 내몽골과 북쪽 아르군강·흑룡강을 경계로 만주와 연해주·한반도를 포함한 광대한 영토를 갖었다.

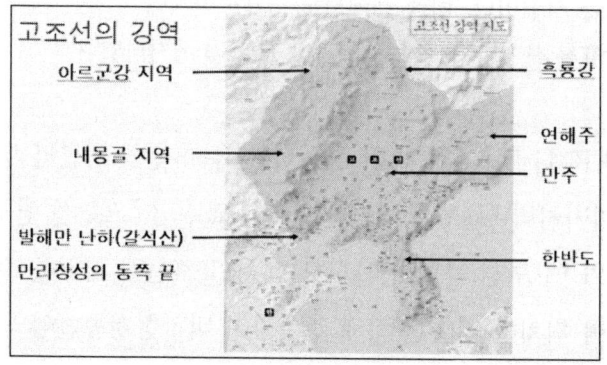

고조선의 강역도

연나라 진개의 조선 침공

서기전 4세기 후반 ~ 3세기 초반 경 중국의 전국시대 연(燕)나라가 당시 인접한 고조선과 대립관계에 있다가 장수 진개로 고조선을 공격한 전쟁이 있었는데 이 전쟁이 역사에 기록된 한국사상 최초의 국가 간의 전쟁이다.『환단고기』「북부여기 상」〈시조 단군 해모수 재위 45년〉에 연나라 장수 진개(秦介)가 조선을 침략하였다고 기술되있는데 그 내용은 다음과 같다.

재위 19년 경진년(B.C. 221). 기조가 죽자 아들 기준을 번조선의 왕으로 봉해 아비를 잇게 하였다. 관리를 보내 병사를 감독하고 연나라를 대비하는 일에 더욱 힘쓰게 하였다. 그보다 앞서 연나라가 장수 진개를 파견하여 우리의 서쪽 변두리 땅을 침략하므로 만번한(滿番汗)을 국경으로 삼았었다.

庚辰十九年。丕薨, 子準襲父封, 爲番朝鮮王, 遣官監兵, 尤致力於備燕。先是, 燕遣將秦介, 侵我西鄙, 至滿番汗, 爲界。[48]

대한제국시기의 현채가 저술한 역사교과서인 『중등교과 동국사략』에는 진개의 침공을 받아 연나라 군대를 대파시키고 그후에도 연나라를 공략하여 연의 상곡성을 빼앗았다고 기술하고 있는데 그 내용은 다음과 같다.

진개, 쳐들어오다.
화라왕(和羅王) 습(謵)을 거쳐 설문왕(設文王) 하(賀)의 시기에는 연나라의 진개(秦介)가 요서를 침범하니, 위문언(衛文言)을 시켜 3만여명의 군사를 매복하였다가 연나라 군사를 대파하였다.[49]

중국의 역사서인 사마천의 『사기』 「흉노열전」에 연나라 진개가 동호(조선) 침략사실을 기록하고 있으며, 『삼국지(三國志)』권30 「위서」 〈오환산비동이전〉에도 연나라 진개가 조선을 침공

---

48) 국내서 - 고구려연구재단편, 『고조선·단군·부여 자료집 하』『삼국지』 권30, 2320~2321쪽
49) 국내서 - 임이랑 역, 『근대역사교과서 2』「중등교과 동국사략」, 소명 출판, 68쪽

해 2천리 땅을 빼앗었다고 기술되있다. 내용은 다음과 같다.

"연이 장군 진개를 보내어 조선 서족 지방을 침공해 2천리의 땅을 빼앗은 후 만번한(滿番汗)에 이르는 지역을 경계로 삼았다.
『三國志』卷30 魏書 烏丸鮮卑東夷傳 第30 韓燕乃遣將秦開攻其西方取地二千餘里 至滿番汗爲界"

고조선 때 중국의 연나라와 국경을 대치하면서 전쟁을 하였다는 것은 동아시아 최초의 국제전이었다. 한국과 중국의 문헌에 연나라와 고조선 간에 전쟁이 있었다고 하면서 역사적 내용이 약간 상이하지만 이러한 역사적 사건은 고조선의 역사로 기록해야 한다. 위의 내용을 종합하여 기술하면 다음과 같다.

역사 9

- **연나라 진개의 조선 침공**

    서기전 4세기 후반~3세기 초반 경 동북아시아의 강대국인 고조선과 국경을 맞대고 있는 중국의 연(燕)나라와 대립관계에 있다가 장수 진개가 고조선을 공격한 전쟁이 있었다. 이 전쟁의 결과로 연나라와 고조선의 경계가 만번한 지역으로 되었으며 이 전쟁이 한국사상 최초의 국가 간의 전쟁이다.

변한의 멸망과 위만조선

서기전 195년, 중국에서 연(淵)왕 노관이 한(漢)나라에 저항하다 흉노로 망명한 사건이 일어났다. 이런 혼란으로 인하여 연나라에 살던 많은 사람들이 고조선 지역으로 망명해 왔는데 이중에 위만(衛滿)이 있었다. 단군조선의 거수국인 번한(番韓)의 준왕은 위만과 그의 유민을 받아드리고 위만에게 박사라는 관직을 주고 서쪽 100리 땅을 통치하며 변방의 수비 임무를 맡겼다.

그러나 위만은 서기전 194년에 한나라가 침입해 온다는 구실로 수도인 왕검성에 들어와 준왕을 몰아내고 왕이 되었다. 위만에게 쫓겨난 준왕은 한반도 남쪽의 진국으로 망명하여 한왕(韓王)이 되었다. 위만이 연나라에서 번한땅에 들어와 준왕을 몰아내고 위만조선을 세운 것을 『환단고기』에 다음과 같이 기술하였다.

> 정미년(B.C. 194) 한나라 혜제(惠帝: B.C. 195~188) 때 연나라의 추장이었던 위만이 서쪽 변방을 몰래 점거하였다. 번한의 왕 준이 맞서 싸웠으나 패하자 바닷길로 망명하였다. 이로부터 삼한(三韓)의 백성들은 거의 한수이남으로 옮겨갔다.
>
> 丁未, 漢惠時, 燕會衛滿, 竊居西鄙一隅, 番韓準, 爲戰不敵, 入海而亡, 自此三韓, 所率之衆, 殆遷民於漢水之南[50]

---

50) 국내서 - 이기동·정찬건 역해, 『환단고기』 「단군세기」, 도서출판 행촌출판사, 2019년, 35~36쪽

번한의 준과 위만의 관계를 구체적으로 기록한 중국 문헌은
『삼국지』「동이전」〈한전〉에 주석으로 실린 『위략』이 있다.

(노)관이 (서한에) 반기를 들고 흉노로 들어감에 이르러 연인 위
만도 망명하였는데, 오랑캐 옷을 입고 동쪽으로 패수를 건너 준
에게 나아가 항복하고 준을 설득하기를, 서쪽 경계에 살게 해주
면 중국의 망명자들을 거두어 조선의 번병이 되겠다고 하였다.
 준은 그를 믿고 사랑하여 박사(博士)로 제수하고 규(圭)를 하사
하였으며, 그를 1백리의 땅에 봉하여 서쪽 변경을 지키도록 하
였다. (위)만은 망명의 무리들을 유인하여 그 무리가 점차 많아
지 자 곧 사람을 준에게 보내어 거짓으로 고하기를, 한(漢)나라
군사들이 10개의 길로 쳐들어오니 들어가 숙직하면서 지키겠
다고 하고는 오히려 준을 공격하였다. 준은 (위)만과 싸웠으나
적수가 되지 못하였다.[51]

사마천의 『사기(史記)』「조선열전」에 위만이 조선에 망명하는
과정과 위만조선을 건국하는 과정을 상세히 설명되어 있는데 그
내용은 다음과 같다.

조선열전
조선왕 만(滿)은 옛날 연(燕)나라 사람이다. 처음 연(燕)나라의
전성기로부터 일찍이 진번과 조선을 침략하여 복속시키고, 관

---

51) 국내서 - 윤내현 지음, 『고조선 연구 상』, 도서출판 만권당, 2015년, 21~22쪽

리를 두어 국경에 성과 요새를 쌓았다. 진(秦)이 연을 멸한 뒤에는 그곳을 요동부 외요에 소속시켰는데, 한(漢)이 일어나서는 그곳이 멀어 지키기 어려우므로, 다시 요동의 옛 요새를 수리하고 패수(浿水)에 이르는 곳을 경계로 하여 연에 부속시켰다.
연왕 노관이 한을 배반하고 흉노로 들어가자 만(滿)도 망명하였다. 무리 천여인을 모아 북상투에 오랑캐의 복장을 하고서, 동쪽으로 도망하여 (요동의) 요새를 나와 패수를 건너 진의 옛 공지인 상하이에 살았다. 점차 진번과 조선의 만이(蠻夷) 및 옛 연. 제의 망명자를 복속시켜 거느리고왕이 되었으며, 왕검성에 도읍을 정하였다.[52]

『조선왕조실록』「세종실록」〈지리지〉에 위만조선에대해 다음과 같이 상세히 기록되어 있다.

후조선(後朝鮮)의 41대 손(孫) 준(準) 때에 이르러, 연(燕)나라 사람 위만(衛滿)이 망명(亡命)하여 무리 천여 명을 모아 가지고 와서 준(準)의 땅을 빼앗아 왕검성(王儉城)〈곧 평양부이다.〉에 도읍하니, 이것이 위만조선(衛滿朝鮮)이었다. 그 손자 우거(右渠)가 〈한나라의〉 조명(詔命)을 잘 받들지 아니하매, 한나라 무제(武帝) 원봉(元封) 2년에 장수를 보내어 이를 쳐서, 진번(眞番)·임둔(臨屯)·낙랑(樂浪)·현도(玄菟)의 4군(郡)으로 정하여 유주(幽州)에 예속시켰다.[53]

---

52) 국내서 - 국사편찬위원회, 『중국정사조선전 역주1』, 「사기」〈조선열전〉, 국사편찬위원회, 1987년, 7쪽
53) 원전 - 『조선왕조실록』「세종실록」154권, 지리지, 평안도 평양부

조선 중종때 학자인 유희령(柳希齡: 1480~1552년)이 펴낸 역사서『표제음주동국사략(標題音註東國史略)』券之一 전조선(煎朝鮮)에도 연나라 유민인 위만의 내조와 위만조선에대해 기술이 되어 있고, 선조때 역사학자이고 의병자인 한강 정구(寒岡 鄭逑: 1543~1620년)이 저술한『역대기년』에도 위만조선에대한 역사내용이 기술되어 있다.『역대기년』에는 아래와 같이 기술되어있다.

> 위만은 한나라 병오년 한나라 고조때 연왕 노관의 반란시 패수를 건너 망명하여 왔다. 도읍지왕검성을 쳐들어와 기준을 유인 축출하고 조선(왕)을 칭하였다.
>
> 衛滿 漢高祖丙午 燕王盧綰反滿因 亂亡命 來渡浿水 誘逐箕準都王儉城 因號朝鮮[54]

서기전 195년 중국 전국시대 연나라에서 조선 준왕때 망명한 위만과 준왕의 역사적 사건은 우리나라와 중국의 문헌에 나오는 것으로 역사적 내용이 약간 다르지만 이 사건으로 준왕의 번한이 위만조선으로 나라의 주체가 바뀌었다. 그러나 위만이 국호를 조선이라 그대로 칭함으로서 고조선의 역사적 사건으로 보고 고조선의 역사로 기술을 다음과 같이 한다.

---

54) 원전 -『寒岡先生續輯』, 권 14,「歷代紀年 下」, 2쪽

역사 10

• 변한의 멸망과 위만조선

서기전 195년, 중국의 연(淵)나라의 정치적 혼란으로 위만(衛滿)이 일족을 거느리고 조선에 망명하여 준왕(準王)에게 거주를 요청하였다. 준왕은 위만의 거주 요청을 받아드려 서쪽 100리 땅에 거주토록 하고 변방의 수비를 맡겼다.

1년 후 중국의 군사들이 쳐들어 온다고 속이고 왕검성에 들어와 준왕을 축출하고 조선의 왕에 올랐다. 준왕은 바다를 건너 한반도 남쪽 진국(振國)으로 들어가 마한(馬韓)의 한왕(韓王)이 되었다.

위만조선의 멸망과 고조선의 분열

위만이 조선의 왕이된 뒤, 위만조선은 우세한 군사력과 경제력을 바탕으로 고조선의 진번과 임둔 등 많은 지역을 정복하면서 세력이 더욱 강대해졌다. 손자 우거왕때 당시 몽고에서 만주로 뻗어오던 흉노가 위만조선과 연결될 것을 두려워하고 있던 한나라 무제(漢武帝)는 서기전 109년 마침내 무력으로 침략해왔다.

위만조선은 이에 대항해 1년을 잘 싸웠으나 마침내 수도인 왕검성이 함락되고 위만조선은 멸망하였다. 한무제는 위만조선의 땅에 한사군을 설치하였고 고조선은 약화되어 부여, 고구려, 삼한 등의 제후국의 나라로 분열되었다.

『환단고기』「삼성기 상」에 한나라 무제가 위만조선을 침공하여 멸망시켰고 이때문에 단군조선 사람이 군대를 이르켜 단군조선을 승계하여 고구려를 건국하였다는 기록이 있다. 그 내용은 다음과 같다.

> 계유년(B.C. 108) 한나라 무제(武帝 B.C. 141~87) 때에 이르러 한나라가 군대를 움직여 우거(右渠)⁵⁵⁾를 멸하였다. 서압록 사람인 고두막한(高豆莫汗)이 의롭게 군대를 일으켜 또한 단군이 라고 하였다. 을미년(B.C. 86) 한나라 소제(昭帝 B.C. 87~74) 때, 부여의 옛 도읍을 차지하여 국호를 동명이라고 하니 이곳이 곧 신라의 옛 땅이다. 계해년(B.C. 58) 봄 정월에 이르러 고추모(高鄒牟)가 역시 천제의 아들로서 북부여 계승을 자처하며 일어났다. 단군의 옛 법을 되찾고, 해모수를 태조로 받들어 제사지내며 처음으로 연호를 정하여 다물이라 하니 바로 고구려의 시조이다.
>
> 癸酉漢武時漢移兵滅右渠西鴨綠人高豆莫汗倡義興兵亦稱檀君乙未漢時進據夫餘故都稱國東明是 乃新羅故壤也至癸亥春正月高牟亦以天帝之子繼北夫餘而興復檀君舊章祠解慕漱爲太祖始建元爲 多勿是爲高句麗始祖也"⁵⁶⁾

---

55) 위만의 손자로 위만조선의 마지막 왕이다.
56) 국내서 - 이기동·정찬건 역해,『환단고기』「단군세기」, 도서출판 행촌출판사, 2019년, 36쪽

사마천의 『사기(史記)』 「조선열전」에 위만의 손자인 우거(右渠)때 한나라가 조선을 침공하여 멸망시키고 한사군[57]을 설치하였다는 기록이 상세히 있는데 그 내용은 다음과 같다.

원봉(元封) 2年(B.C. 109)에 한나라는 사신 보하(涉何)를 보내어 우거(右渠)를 꾸짖고 회유하 였으나, 우거는 끝내 한나라 천자의 명을 받들려고 하지 않았다. 何가 돌아가면서 국경인 폐수(浿水)에 이르러서 마부를 시켜 전송나온 조선의 비왕(裨王) 장(長)을 찔러 죽이고 바로 패수를 건너 요새 안으로 달려 들어간 뒤, 드디어 천자에게 '조선의 장수를 죽였다'고 보고했다. 천자 가 그 공을 기려 꾸짖지 않고 보하에게 요동동부도위의 벼슬을 내렸다. 이에 조선은 보하를 원망하여 군사를 일으켜 기습공격해 보하를 죽이니, 천자는 군사를 모집 하여 조선을 치게 하였다. 그해 가을에, 누선장군 양업을 파견하여 제나라로부터 배를 타고 발해를 건너게 하고 군사 5만으로 좌장군 순체는 요동에서 출격하여 우거를 토벌하게 하였다. 우 거는 군사를 일으켜 험준한 곳에서 대항하였다. … 중략 …
원봉 3년(B.C. 108) 여름, 니계상 삼(參)이 사람을 시켜 조선왕 우거를 죽이고 항복하여 왔으 나, 왕검성은 함락되지 않았다. 죽은 우거의 대신 성기(成己)가 또 한나라에 반하여 다시 군사

---

57) 한사군(漢四郡)은 전한의 한무제가 위만조선을 공격해 멸망시킨 뒤 유민들을 통치하기 위해세웠다고 하는 다섯 개의 군급 행정구역이다. 한사군이라고는 하나 실제로는 진번군이 폐지된 자리에 대방군이 세워졌기 때문에 총 5개 군이 있었으며 한사군은 낙랑군, 진번군, 현도군, 임 둔군이다. 한사군은 서기 3~5세기경에 모두 고구려에 귀속되었다.

들을 공격하였다. 좌장군은 우거의 아들 장항(長降)과 상(相) 로인(路人)의 아들 최(最)로 하여금 그 백성을 달래고 성기를 죽이도록 하였다. 이로써 드디어 조선을 평정하고 사군(四郡)을 설치하였다.[58]

고조선의 거수국인 위만조선이 한나라에의하여 멸망하자 고조선도 세력이 약화되어 부여, 비류, 고구려, 신라, 옥저, 예맥 등의 나라로 분열되었다. 고려후기 문신 이승휴가 우리나라와 중국의 역사를 운율시 형식으로 서술한 역사서인 『제왕운기』에는 한반도와 만주에 있었던 부여, 비류, 고구려 등 70개의 나라가 모두 단군의 후손이라 기록되어 있다. 『제왕운기』의 내용은 다음과 같다.

진번과 임둔은 남북에 자리하고	眞番臨屯南北
낙랑과 현도는 동서에 치우쳤다	樂浪玄菟東西偏
생존 경쟁 겨루다가 의리 절로 끊어지고	胥匡以生理自絶
풍속은 박해져서 백성은 불안했다	風俗漸醨民未安
수시로 합산하고 부침할 즈음에	隨時合散浮沈
자연히 분계되어 삼한이 이뤄졌다	自然分界成三韓
삼한에는 제 각각 여러 주현있었는데	三韓各有幾州縣
어지럽게 강과 산곡 여기저기 흩어져 있었네	蚩散在山間
저마다 나라세워 서로를 침략하니	各自稱國相侵凌

---

58) 국내서 - 국사편찬위원회, 『중국정사조선전 역주1』, 「사기」〈조선열전〉, 국사편찬위원회, 1987년, 7~10쪽

칠십여 나라 이름 증명할 것 있으랴	數七十何足徵
그 중에서 어느 것이 가장 큰 나라던고	於中何者是大國
맨 먼저 부여와 비류을 일컫고	先以扶餘沸流稱
다음으로 신라와 고구려가 있으며	有尸與高禮
남북의 옥저와 예맥이 다음이네	南北沃沮穢貊膺
이들의 임금은 누구의 후손인고	此諸君長問誰後
대대로 이은 계통 단군에서 전승됐네	世系亦自檀君承[59]

역사 11

• 위만조선의 멸망과 고조선의 분열

고조선의 거수국인 위만조선은 우세한 군사력과 경제력을 바탕으로 고조선의 진번과 임둔 등 많은 지역을 정복하면서 세력이 더욱 강대해졌다. 손자 우거왕 때 당시 몽고에서 만주로 뻗어오던 흉노가 위만조선과 연결될 것을 두려워하고 있던 한나라 무제(漢武帝)는 조선의 우거왕에게 한나라에 복속을 요구하였으나 우거왕이 이를 거절하자 서기전 109년에 무력으로 침략해왔다.

위만조선은 이에 대항해 1년간 싸웠으나 대신들의 배반으로 우거왕이 죽고 수도인 왕검성도 함락되어 위만조선이 멸망하였다. 한무제는 위만조선의 땅에 한사군을 설치하였다. 고조선은 위만조선의 멸망후 부여, 비류, 고구려, 옥저, 예맥 등 여러나라로 분열되었다. 한사군과 부여 등 고조선의 거수국들은 서기 3~5세기 경에 모두 고구려에 귀속되었다.

---

[59] 국내서 – 김경수 역주, 『제왕운기』, 도서출판 역락, 1999년, 142~145쪽

단군조선의 역대 단군과 관료조직

넓은 영토와 많은 백성을 거느리고 있는 단군조선과 같은 국가에서는 최고 통치자인 단군을 보좌하여 그 업무를 원활히 하기 위해서는 관료조직이 필요하다. 또한 단군이 직접 통치하는 도읍지 외 여러 지역에 통치자인 단군을 받드는 거수국이 있다.

단군조선에는 개국과 더불어 단군왕검의 통치이후 세습되어 왕권을 이어 받은 단군이 47대 단군 고열가까지 각각의 단군들의 치세와 역사적 사건 내용이 『환단고기』와 『규원사화』에 상세히 기술되어 있다. 그러나 1대 단군 왕검과 2대 단군 부루 이하의 역대 단군들의 치세와 역사적 사건 기록이 국내외 다른 문헌에 없으며 현 강단 사학계에서는 『환단고기』와 『규원사화』 및 『단기고사』를 위서로 보고있어 이 문헌에 있는 역대 단군들에 대한 역사를 서술하기가 매우 난감하다.

북한의 역사학계에서는 『규원사화』와 『단기고사』를 위서(僞書)가 아닌 역사를 연구하는 참고할 사서(史書)로 인정하고 있는 입장이다. 북한의 박득준 박사가 저술한 『고조선 역사개관』에서 기술한 단군조선의 역대 단군에 대한 기술 내용은 다음과 같다.

    조선의 첫 왕조인 단군조선의 국가형태는 세습적인 군주제였다. 단군조선 시기에 나라의 최고통치권은 군주(임금, 왕)에게 속해 있었다. 군주는 최고의 재판관, 지상의 립법자, 하늘신 숭배의 주재자, 군대에 대한 최고통솔자로서 정치, 경제, 군사, 전반에서 전제권력을 행사하였다. 대외관계 등 단군조선 시기에 최고 통치자 단군의 권한과 지위는 대대로 세습되었다.

옛 기록에는 제1대 단군으로부터 47대 고렬가에 이르는 단군조선시기의 47대 임금의 이름과 왕 세계가 전해오는데 그에 의하면 단군이후의 력대 임금들은 다 건국시조인 단군왕검의 후손들로 되어 있다. 단군왕조가 1,500년 이상 존속된 것을 고려한다면 단군조선은 한 가문에의한왕자리 세습제가 세계적으로도 가장 오랜 기간 유지된 왕조였다고 볼 수 있다. 이것은 단군조선에서 왕권이 상당히 공고하였다는 것을 보여준다.

『규원사화』 등 비사들의 사료적 가치와 관련하여 여러가지 주장들이 있지만 적어도 47대 임금의 이름만은 일정한 자료적 근거가 있는것으로 믿어진다. 비사들 가운데서 『규원사화』와 『단기고사』의 내용을 분석해보면 량자 사이에는 구체적인 기사내용에서 공통적인 것이 거의 없다고 할 정도로 서로 다르지만 47대 임금의 이름만은 완전히 일치하는 것을 볼 수 있다.

두 비사의 기사내용에서 공통성이 거의 보이지 않는다는것은 그것들이 서로 련계없이 씌여졌다는 것을 의미한다. 그럼에도 불구하고 꼭같은 47대 임금의 이름이 두 비사에 다같이 등장하는것으로 보아 이 두 책이 씌여지기 이전에 47대 임금의 이름이 올라있는 그 어떤 오랜 력사기록이 실재하고 있었다는 것을 말해준다. 이러한 근거밑에 비사들에 실린 47대 임금의 이름을 일단 참고하기로 한다.[60]

---

60) 국내서 - 박득준, 『고조선력사개관』, 평양 사회과학출판사, 1999년, 25~27쪽

단국대학교 사학과 교수를 역임한 윤내현 교수는 그의 저서 『고조선 연구』에서 고조선의 단군의 위상과 역대 단군에 대해 다음과 같이 설명하였다.

> 고조선 최고 통치자의 칭호는 단군이었다. 『삼국유사』 「고조선」 조에서는 고조선을 건국한 단군왕검 한 사람의 이름만 확인된다. 고조선은 2300여 년 동안 존속했는데, 그 긴 기간을 한 사람의 단군이 통치했다는 것은 불가능하므로 적어도 수십 명이 넘는 단군이 있었을 것이라는 점은 분명하다.
> 『규원사화』나 『단기고사』, 『환단고기』 등에는 단군 왕검부터 단군 고열가(高列加)에 이르기까지 47명의 단군 이름과 그들의 치적이 기록되어 있다. 그러나 이 책들이 너무 후대에 쓰였고, 내용 가운데 믿기 어려운 부분이 있다는 점 때문에 여기에 기록된 내용을 받아들이기를 주저하는 학자들이 많다. 이 점은 앞으로의 연구 과제로 남는다.[61]

그러나 단군조선의 47대 단군의 이름과 왕세계가 『환단고기』, 『규원사화』, 『단기고사』에 단군조선의 역사적 기록이 서로 다르고 공통적인 내용이 많지 않으나 47대 단군의 이름이 거의 일치하는것으로 볼 때 각각의 책 저자가 47대 단군의 이름이 있는 역사서를 참고하였을 것으로 판단되어 47대 단군의 이름을 역사적 내용으로 기재하고저 한다. 『환단고기』에 기재된 47대 단

---

61) 국내서 - 윤내현 지음, 『고조선 연구 상』, 도서출판 만권당, 2015년, 159쪽

군의 이름은 다음과 같다.

1세 왕검, 2세 부루, 3세 가륵, 4세 오사구, 5세 구을, 6세 달문, 7세 한율, 8세 우서한, 9세 아슬, 10세 노을, 11세 도해, 12세 아한, 13세 흘달, 14세 고불, 15세 대음, 16세 위나, 17세 여을, 18세 동엄, 19세 구모소, 20세 고홀, 21세 소태, 22세 색불루, 23세 아흘, 24세 연나, 25세 솔나, 26세 추로, 27세 두밀, 28세 해모, 29세 마휴, 30세 내휴, 31세 등을, 32세 추밀, 33세 감물, 34세 오루문, 35세 사벌, 36세 매륵, 37세 마물, 38세 다물, 39세 두흘, 40세 달음, 41세 음차, 42세 을우지, 43세 물리, 44세 구물, 45세 여루, 46세 보을, 47세 고열가.

『규원사화』에는 단군 왕검시대에 8가(加)의 관료가 있다고 기술되어 있는데 그 내용은 다음과 같다.

단군이 이미 도읍을 임검성에 세우고 성곽을 쌓고 궁궐을 세웠으며 목숨·곡식·군사·형벌·질병·선과 악 그리고 누에치는 것을 주관하는 등의 관리를 두었다. 아들 부루(夫婁)를 호가(虎加)로 삼아 여러 가(加)를 총괄하게 하고, 신지씨를 마가(馬加)로 삼아 목숨을 주관하게 하며, 고시씨를 우가(牛加)로 삼아 곡식을 주관하게 하고, 치우씨는 웅가(熊加)로 삼아 군사를 주관하게 하며, 둘째 아들 부소(夫蘇)를 응가(鷹加)로 삼아 형벌을 주관하게 하며 세째 아들 부우(夫虞)를 노가(鷺加)로 삼아 질병을 주관하게 하며, 주인씨를 학가(鶴加)로 삼아 선·악을 주관하게 하며, 여수기(餘守己)를 구가(狗加)로 삼아 모든 고을을 나누어 다스리게 한 것인데 이들을 단군 팔가(八加)라 한다.

檀君 旣建都於壬儉城 乃築城郭建宮室 置主命 主穀 主兵 主州 主病 主善惡 及主忽諸官 以其子夫 婁 爲虎加 總諸加者也 神誌氏鯛 榊幟岷之爲馬加 曰主命 高矢氏 爲牛加 曰主穀 蚩尤氏 爲熊加 曰主兵 二子夫蘇 爲鷹加 曰主州三子夫虞 爲鷲加 曰主病 朱因氏 爲鶴加 是主善惡 余守己 爲狗加 是 分管諸州也 稱爲檀君八加[62]

북한의 박득준 박사가 저술한 『고조선 역사개관』에서 기술한 단군조선의 중앙관료 체제에 대한 기술 내용은 다음과 같다.

군주 밑에는 비교적 잘 짜여진 중앙관직과 통치기구가 정비되어 있었다. 단군 왕조에는 그 첫 시기인 시조 단군대에 이미 '가(加)'라고 불리운 여러명의 대신급 중앙관료들이 있었다. 『규원사화』에 올라있는 중앙관직명과 그의 기능을 보면 다음과 같다.

① 호가(虎加): 나라의 모든 관료들을 총괄할 임무를 맡고 있었다. 건국초기에는 부루가 차지하고 있었다.
② 마가(馬可): 임금의 명령을 전달하고 지방과 각 관청에서 올라오는 문서들을 임금에게 보고하는 임무를 담당하는데 신지가 맡고 있었다.
③ 우가(牛加): 농업생산을 주관하는 벼슬자리였는데 고시가 맡고 있었다.
④ 웅가(熊加): 나라의 군사를 담당한 벼슬자리였는데 치우가

---

62) 국내서 - 북애 지음/고동영 옮김, 『규원사화』, 한뿌리, 1986년, 38~39쪽

맡고 있었다.

⑤ 응가(鷹加): 형벌을 담당한 벼슬자리였는데 단군의 둘째 아들인 부소가 맡고 있었다.
⑥ 학가(鶴加): 나라의 도덕규범과 각종 의례 등을 맡은 벼슬자리였는데 주인이라는 사람이 담당하였다.
⑦ 로가(鷺加): 보건 등을 담당한 벼슬자리였는데 단군의 셋째 아들 부우가 맡고 있었다.
⑧ 구가(狗加): 지방행정을 장악하는 벼슬자리였다. 건국초기에 구가의 벼슬자리는 여수기라는 사람이 맡고 있었다.

위와 같이 단군조선의 임금들은 호가를 비롯한 중앙의 대신급 관료들을 거느리고 제가평의회에 의거하여 나라를 다스려 나갔다.

『규원사화』, 『단기고사』, 북한의 『고조선 역사개관』 및 윤내현 교수의 『고조선 연구』를 종합하여 단군조선의 역대 단군과 관료조직을 역사적 사실로 인정하고 그 내용을 서술하면 다음과 같다.

역사 12

• 단군조선의 역대 단군과 관료조직

넓은 영토와 많은 백성을 거느리고 있는 단군조선에는 단군 왕검 이후 세습된 왕권을 이어 받은 단군이 47대 단군 고열가까지 47명의 단군[63]

---

63) 1세 왕검, 2세 부루, 3세 가륵, 4세 오사구, 5세 구을, 6세 달문, 7세 한율, 8

이 나라를 통치하였다. 또한, 단군을 보좌하여 그 업무를 운활히 하기위해서는 8가(加)의 관료조직이 있고 단군이 직접 통치하는 도읍지외 여러 지역에는 단군을 받드는 많은 거수국(별첨 참조)이 있었다.

단군은 부루(夫婁)를 호가(虎加)로 삼아 여러 8가를 총괄하게 하였고, 신지씨를 마가(馬加)로 삼아 행정업무를 주관하게 하며, 고시씨를 우가(牛加)로 삼아 농사를 주관하 게 하고, 치우씨는 웅가(熊加)로 삼아 군대를 통솔하게 하며, 부소(夫蘇)를 응가(鷹加)로 삼아 법 집행을 주관하게 하 며 부우(夫虞)를 노가(鷺加)로 삼아 질병관리를 주관하게 하 며, 주인씨를 학가(鶴加)로 삼아 학문과 제례를 주관하게 하며, 여수기(餘守己)를 구가(狗加)로 삼아 모든 지역 거수국을 관리하도록 하였다.

Ⅳ. 문헌과 발굴 유물에 의한 고조선의 기술과 산업

고조선은 당시의 기술과 산업이 최첨단의 청동기와 주철 재련 기술 및 초정밀 청동기 제조 및 금세공기술을 갖고 있었다.

세 우서한, 9세 아슬, 10세 노을, 11세 도해, 12세 아한, 13세 흘달, 14세 고불, 15세 대음, 16세 위나, 17세 여을, 18세 동엄, 19세 구모소, 20세 고흘, 21세 소태, 22세 색불루, 23세 아홀, 24세 연나, 25세솔나, 26세 추로, 27세 두밀, 28세 해모, 29세 마휴, 30세 내휴, 31세 등을, 32세 추밀, 33세 감물, 34세 오루문, 35세 사벌, 36세 매륵, 37세 마물, 38세 다물, 39세 두홀, 40세 달음, 41세음차, 42세 을우지, 43세 물리, 44세 구물, 45세 여루, 46세 보을, 47세 고열가

고조선의 청동기 제련 기술

　순수한 동에서 합금인 청동을 제작하여 사용한 청동기 시대는 서기전 3000~1200년 경에 해당하는데 지금까지 서양의 역사 기술에 근거하여 메소포타미아 지역에서 서기전 3,100년경에 발명된 것으로 추정해왔다. 그러나 우리나라 고조선 영역의 고인돌 무덤에서 서기전 4000년 경으로 올라가는 청동기가 발굴됨으로서 메소포타미아 지역에서 동방으로 전래된 것이 아니라, 고조선 시대에 독자적으로 청동기를 발명된 것 같다.

　구리에 적은 양의 주석 또는 납·아연이 구리와 섞이면 성질이 견고해지고 강해짐을 깨달아 청동합금의 원리를 발견했을 것으로 추정된다. 청동은 구리 90%, 주석 10%의 합금으로서 소량의 아연과 납 등을 섞어 만든다. 각국의 청동기 출토 유물을 비교한 결과, 고조선의 청동 주조 기술이 중국은 물론이고, 당대 세계 최고의 기술임이 증명되고 있다.

　중국 청동기는 납 성분이 많은 반면에 고조선 청동기는 아연 성분이 많다. 아연 성분의 합금 제품은 단단하고 강해서 장신구나 무기를 만드는 데 사용된다. 청동과 아연은 서로 비등점이 다르기 때문에 청동-아연 합금을 만들기 위해서는 고도의 합금 기술이 필요하다.

　고조선에서는 초기 청동기부터 구리·주석에 아연을 섞은 청동-아연 합금을 많이 사용하였다. 청동기를 제조할 때 아연을 섞어주면 색깔이 부드러운 금빛을 띠게 되고 주조물의 강도가 좋아져서 무기나 생활용구를 만들기에 알맞은 황금색이 된다. 중국은 송(宋: 960~1279년)대 이전의 청동기에서는 아연이 발견되지 않는다.

고조선 시대 청동향로

오르도스식·동주식·비파형·세형 동검

고조선의 청동기를 대표하는 유물은 비파형동검이다. 고조선의 비파형동검과 세형동검은 청동-아연 합금으로 주조된 것이다. 청동-아연 합금을 고대인이 쉽게 만들지 못한 까닭은 아연이 420℃라는 낮은 온도에서 녹고 950℃에 증기로 달아나기 때문에 1,000℃ 이상으로 가열해야만 되는 청동의 주조과정에서 아연을 섞어 넣기가 어렵다는데 있다. 이 어려운 기술상의 문제를 고조선시대 한국인은 특수한 주조기술을 고안해서 해결한 것이었다.

우리나라 초기 청동기 시대의 청동-아연 합금의 청동기 유물은 지금까지 출토된 유물로서는 세계에서 가장 오래된 것이다.

고조선의 청동기 제조기술이 로마보다 약 1000년이 앞서 있었고 중국보다는 약 2000년이 앞선 최첨단 주조기술이다.[64]

세계 최고 수준의 제철기술

고대의 주철 제련 기술이 처음으로 발견된 지역은 중앙 아시아였으나, 용광로가 매우 작고 바람을 불어넣는 힘도 약해 해면철(海綿鐵)을 제련하는 정도였다. 중국은 중앙 아시아에서 전파된 철기 제련 기술을 바탕으로 춘추전국시대 말부터 제철 기술이 시작 되었는데, 수직 용광로가 주철을 제련하는 주요 설비로 자리 잡게 되었고 한(漢)나라에 이르러 국가가 경영하는 제철 작업장에서 주철의 대량 생산이 가능해졌다.

그러나 고조선은 중국보다 더 빠른 시기에 독보적 기술로 수직 용철로를 개발해 다양한 주철 제품을 생산하는 기술을 발전시켰다. 북한의 고고학자들이 최근에 발굴한 서기전 7~5세기로 추정되는 무산 범의구석 유적 제5호분에서 발굴된 쇠도끼를 실험분석한 것에 의하면 완전히 녹은 상태의 선철로 주조한 것이다. 또한 서기전 4~3세기로 추정되는 같은 유적지에서 발굴된 철유물이 강철로 확인 되었다. 우리나라에서 주철을 생산하

---

64) 국내서 – 이명우 지음, 『알면알수록 위대한 우리과학기술의 비밀』, 도서출판 평단, 2016년, 29~39쪽

기 시작한 시기를 서기전 6세기경으로 추정할 수 있다.

철은 탄소의 비율에 따라 크게 연철(鍊鐵), 강철(鋼鐵), 주철(鑄鐵)로 나뉜다. 철광석은 청동기 주물 제작에 필요한 800℃ 내외에서 녹기 시작한다. 여기서 조금 높아진 1,000℃ 내외의 열로 뽑아낸 철이 연철이다. 철로에서 1,200℃ 이상의 고열로 철광석을 녹이면, 액체 상태에서 탄소 함량이 2% 이상 되는데 이를 선철(銑鐵) 또는 주철이라 한다.

선철은 액체 상태에서 주형틀을 이용해 도끼나 솥 같은 주조품을 만들기에 적당하다. 하지만 칼을 만드는 강철은 1,500℃ 정도의 고온에서 연철에 2% 이하(보통 0.7~0.8%)의 탄소를 가하거나, 선철에서 탄소를 제거하는 공정을 거쳐 만들어낸다. 연철과 선철의 중간 정도의 탄소를 포함하고 있는 강철은 탄성과 강도가 모두 높아 무기나 도끼 등 강도를 요하는 생활도구에 적합하다.

서기전 6세기를 전후한 고조선 시대의 사람들은 이미 질 좋은 강철인 백색 주철을 생산할 수 있는 세계 최고의 첨단 제련기술을 개발했다. 강철 제품의 탄소 함유량은 0.15~1.55% 사이이며 규소, 인, 유황 등의 함유량도 선철 제품보다 훨씬 낮다. 강철은 탄소 0.25% 이하의 극연강(極軟鋼)에서 탄소 1.0% 이상을 포함하는 극경강(極硬鋼)에 이르는 여러 종류의 재질로 나뉘는데, 당시에 출토된 칼과 도끼 등을 분석한 결과 강철 제품은 연강과 경강(구조용강과 공구강)으로 구성되어 있었다고 한다. 기원전 3~2세기의 세죽리 유적 등에서 출토된 도끼 등의 강철은 강재의 질을 높이기 위해 열처리를 한 사실이 확인되었는데, 이는 고대 제강기술의 발전 측면에서 엄청난 사건이었다.

고조선 시대에 강철을 열차리하여 칼을 만들었다는 것은 고조선이 동북아에서 중국과 대항하여 막강한 무력을 행사할 수 있는 군대를 보유한 강대국이었음을 시사한다. 고조선은 서기전 수백 년경에 이미 연철과 선철은 물론이고 강철까지 제련하여 사용했던 것이다. 이는 고조선 사람들의 철에 대한 지식과 가공기술이 대단했음을 말해준다. 고분 발굴에 따라 출토된 철제 유물에의한 정확하고 과학적인 연대 고증으로 보면 고조선은 중국보다 300년 앞선 기원전 6세기경에 이미 세계 최초로 백색 주철과 회색 주철 제조기술을 발명하여 갖고 있었다.[65]

초정밀 청동기와 금공예 기술

청동기 시대의 제품 중 청동 거울은 그 분포 범위는 중국의 동북 지방과 한반도 전역 및 일본 열도에 이른다. 고조선인들이 사용했던 청동기 유물 중에서 가장 주목하고 싶은 것은 청동 거울인 세문경이다. 동경의 손잡이인 꼭지가 2개인 것을 다뉴경 또

---

65) 국내서 – 이명우 지음, 『알면알수록 위대한 우리과학기술의 비밀』, 도서출판 평단, 2016년, 41~47쪽

는 다뉴세문경이라 부른다. 다뉴경의 크기는 직경이 최대 225㎜에서 최소 80㎜로 다양하며 100~150㎜정도가 대부분이다.

세문경은 세형 동검과 함께 출토되는데, 제작 시기는 고조선의 청동기시대 후반부터 초기 철기 시대로 밝혀지고 있다. 세문경은 우리 고유의 기술로 우리나라에서만 제작된 것으로 추정되며, 다뉴세문경은 오로지 한반도 남쪽에서만 출토되는 우리 고유의 문화유산이다.

세문경은 문양이 조잡한지, 정밀한지에 따라 조문경(粗文鏡) 또는 다뉴조문경과 다뉴세문경으로 구분된다. 조문경은 대체로 기원전 800~200년경의 비파형 동검과 초기 세형 동검의 시기이고, 다뉴세문경은 기원전 200~50년경의 세형동검 중기에서 후기로 분류된다.

고조선의 조문경 또는 세문경은 기능적인 면뿐만 아니라 거울 뒷면의 무늬가 다양한 모양의 기하학적인 선과 원으로 구성된 매우 정밀하게 제조된 청동 거울이다. 특히 1960년대에 충청남도 논산에서 출토되어 숭실대학교 박물관이 소장하고 있는 다뉴세문경은 지름 21.2㎝의 크기로서 현존하는 다뉴세문경 중 가장 정교한 것이다.

국보 다뉴세문경의 거울 앞면은 매끄럽게 처리되었으며, 손잡이가 있는 뒷면은 매우 정밀한 기하학적 무늬가 양각(陽刻)으로 새겨져 있다. 이 거울은 지름 21㎝(가로 212.1㎜, 세로 210.8㎜)밖에 되지 않는 거울 뒷면에 1만 3000여 가닥의 직선과 원형의 선들이 정밀하게 조각되어 있다. 다뉴세문경의 선간 간격은 0.3㎜ 정도이며 선 하나의 높이는 0.18㎜인 초정밀 조각이다.

　기원전 3세기, 즉 2400년전 청동기 시대의 고조선에서 현대의 첨단 과학기술인 나노기술에 비유 할 수 있는 현대적인 초정밀 세공 기술을 보유하고 있었다는 것은 상상하기 어려운 일로서, 출토된 다뉴세문경 유물로 고조선의 금속공예 기술이 그 당시 세계 최고이자, 최첨단이었음을 증명하고 있다.[66]

국보 다뉴세문경

다뉴세문경 4배 확대 사진

　우리나라의 가장 오래된 금제 유물은 평양 일대의 낙랑국 시대(서기전 108년~서기 313년)의 정백동 나무곽 무덤군(서기전 1세기~서기 1세기)에서 금동제 장식품들이 출토되었다. 그 중에서 가장 유명한 것이 1916년 평안남도 대동군에 위치한 낙랑국

---

[66] 국내서 – 이명우 지음, 『알면알수록 위대한 우리과학기술의 비밀』, 도서출판 평단, 2016년, 85~99쪽

의 석암리 9호분에서 출토된 허리띠 장식인 국보 금제교구이다.

이 금제교구는 얇은 금판을 쪼아서 7 마리의 용을 만들고, 작은 금 알갱이와 가는 금줄을 이용하여 누금세공(鏤金細工)이란 기법으로 무늬를 새기뒤 비취옥을 박아넣은 것이다. 금제교구는 2000년 전 그 시대에 탁월한 초정밀 금공예품으로 지금 전 세계에 자랑할 만한 우리나라 최고의 유물이다.

국보 금제교구

용문양 확대

국보 금제교구는 길이 9.4㎝×6.4㎝크기인데 실제 300배 정도 확대해보니 제일 큰 금알갱이는 1.0 ~0.9mm이고 가장 작은 금알갱이는 0.28 ~ 0.3㎜였다. 이는 국보 제141호 다뉴세문경의 직선 무늬가 0.3㎜ 간격으로 약 0.13 ~ 0.15㎜ 두께와 높이 0.2㎜로 제작했던 초정밀 기술과 같은 셈이다.[67]

위에서 언급된 고조선의 아연청동 합금기술과 세계 최초의 백

---

67) 국내서 - 이명우 지음, 『알면알수록 위대한 우리과학기술의 비밀』, 도서출판 평단, 2016년, 109~115쪽

색가단주철(강철)을 발명한 주철제조기술은 당시 전세계에서 최고의 청동 및 주철 제조기술을 보유한 것으로 발굴 유물로 증명되었다. 또한 고조선의 청동기 정밀 주조기술이 세계최고이었음이 국보 다뉴세문경으로 증거되었고 금세공기술 또한 국보 금제교구로 고조선의 금세공기술이 당시의 산업기술로서는 세계 최고의 기술을 보유한 것으로 판명되었다. 따라서 고조선의 기술과 산업에대한 역사 내용을 요약하여기술하면 다음과 같다.

역사 13

- **고조선의 기술과 산업**

세계 최고 수준의 제철기술
고조선의 무기인 비파형 동검과 세형동검 및 각종 생활도구들은 당시 세계 최고의 청동융합기술인 아연청동으로 만들어저 새로운 청동기 문화를 창출하였다. 또한 세계 최초로 백색가단주철(강철)을 발명하여 각종 무기와 생활용품에 활용함으로서 당시 세계 첨단 주철제조기술을 보유하여 동아시아 철기문화를 선도하였다.

초정밀 청동기와 금공에 기술
조선의 정밀 산업기술은 출토 유물인 국보 다뉴세문경(13,000개의 0.3mm 선형 주조)과 금제교구(0.3mm 금알갱이 제조 및 용접)로 검증한바와 같이 당시 전 세계에 유일무이하게 현대의 반도체 기술과 버금가는 초정밀 산업기술을 보유하였다. 이는 당시 고조선이 동아시아에서 중국 및 유럽 등에 앞서가는 산업기술 선진국이었다.

V. 문헌과 전래된 고조선의 사상, 문화, 예술, 풍속

『환단고기』에는 단군조선시대의 사상, 문화, 예술과 풍속에 관한 내용이 다수 있는데 국내외 문헌과 일치하는 내용을 살펴보면 다음과 같다.

편발개수(編髮蓋首)와 청색 의복

편발(編髮)은 한국민족문화대백과에서 변발(辮髮)·승발(繩髮)·삭두(索頭)라고도 하며, 유목민족 사이에서 머리카락이 엉키지 않도록 승(繩: 먹줄)과 같이 땋음으로써 얻은 명칭으로 주로 북방 민족의 풍속이다. 따라서 편발개수는 편발을 하여 머리에 올리는 것을 말하며 이런 두발의 형태는 우리민족의 상투를 트는 것과 같은 것이다. 『환단고기』「단군세기」 '2세 단군 부루 재위 58년'에 보면 다음과 같이 편발개수에 대한 내용이 있다.

> 재위 3년 계묘년(서기전 2238년) 9월에 조칙을 내려 백성으로 하여금 머리를 땋고 모자를 쓰며 푸른 옷을 입게 하였다.
> (癸卯三年 九月下詔 使民編髮蓋首 服青依)[68]

---

[68] 국내서 - 이기동·정찬건 역해, 『환단고기』 「단군세기」, 도서출판 행촌출판사, 2019년, 1067쪽

조선후기 문신이며 역사가인 허목(許穆: 1595~1682년)이 저술한 『동사(東史)』에 있는 「단군세가(檀君世家)」에 보면 고조선 시대 풍속에 아래와 같이 '편발'을 한 내용이 있다.

남자·여자 모두 편발을 한다. 면직물을 만들고 길이를 잴 때는 여분을 헤아려라. (男女皆編髮作布稽尺餘)[69]

1929년 김광이 저술한 『대동사강(大東史綱)』「단씨조선기(檀氏朝鮮紀)」에도 다음과같이 편발이 기술되어 있다.

-- 設三百六十六條律令하사 教民以編髮蓋首, 火食 --[70]

위의 3가지 역사서에 나오는 편발(編髮)에 대한 내용이 모두 같다. 고조선시대 편발을 하였다는 것이 1924년 현채의 『동사제강(東史提綱)』에도 기술되어 있다. 편발은 청나라때 풍속인 변발(辮髮)과 달리 머리칼을 뒤로 땋아서 머리위에 올리는 것으로 편발을 하고 그 위에 상투를 씌우는 것이 동이족의 고유 풍속이다.

이 편발이 중국 홍산문화(紅山文化) 유적에서 출토된 인물상에도 나타난다. 홍산문화는 중국 네이멍구 자치구의 츠펑시(赤峰市)의 홍산(紅山)을 중심으로 한 요서(遼西) 지역에서 형성된 신

---

69) 국내서 - 심백강 편 『단군고기록 4종』, 민족문화연구원, 2001년, 120쪽
70) 원전 - 김광 『대동사강(大東史綱)』「券之 一」, 대동사강사(1929년) 1~2쪽

석기시대 동이족이 만든 요하문명의 핵심이다. 이 요서 지역이 바로 『환단고기』에 나오는 환국과 고조선 초기의 중심 지역이기 때문에 자연스럽게 환국(桓國)시대의 풍속이 고조선때에도 이어 내려 왔을 것이다.

따라서 『환단고기』「단군세기」에 나오는 편발에대한 기록은 『삼국유사』 및 기존 사서에서 나오지 않지만 조선시대 역사서인 『동사』, 『대동사강』, 『동사제강』에 기술하고 있어 편발개수와 푸른색 옷을 입는 것이 고조선의 생활 풍속임을 밝히고 있어 이를 고조선의 역사 내용으로 기술하면 다음과 같다.

홍산문화 출토 인물상과 편발 형태

역사 14

- **편발개수와 의복**

2세 단군 부루의 조칙에 의하여 백성들이 머리카락을 땋아 편발을 하고 이를 머리에 올리고 상투를 착용하였으며 푸른색 옷을 입었다.

홍익인간 사상, 수행문화와 천부경

고조선의 건국이념인 '홍익인간'은 『삼국유사』「고조선조」에서 『고기』를 인용하여 기술되어 있는데 "옛날 환인(桓因)의 서자 환웅(桓雄)이 자주 자주 천하에 뜻을 두고 인간 세상을 탐내어 구하였다. 아버지가 아들의 뜻을 알고 삼위태백을 내려다보니 '홍익인간' (널리 인간세상을 이롭게 할만 하여)할만 하여, 즉시 천부인 세 개를 주어 내려보내 인간세상을 다스리게 하였다."[71]고 전한다. 홍익인간은 환인에서 환웅, 그리고 단군으로 이어지는 '널리 인간을 이롭게 하는 정치'를 펼치겠다는 단군조선의 통치 이념이다.

'천부경'과 '삼일신고'는 단군조선 이전인 환웅천왕 때부터 내려온 치세와 교화를 위한 핵심적인 내용으로 『환단고기』「삼성기 하」에 "환웅천왕이 비로서 하늘을 열고부터 백성들에게 교화를 베풀 때 '천부경'과 '삼일신고'를 강론하여 뭇 백성들을 크게 깨우쳤다."[72] 라고 기술되어 있다.

또한, 『환단고기』「단군세기」〈11세 단군 도해〉에 국자 사부 유위자가 단군에게 환웅천왕때부터 내려온 '천부경'과 '삼일신고'의 내용으로 마음을 닦고 나라를 다스리며 백성들에게 가르

---

71) 국내서 - 일연/김원중, 『삼국유사』「기이 제1」, ㈜을유문화사, 2002, 36쪽
72) 국내서 - 이기동·정찬건 역해, 『환단고기』「삼성기 하」, 도서출판 행촌출판사, 2019년, 48쪽

치고 교화시켜야 백성들이 잘사는 태평성대가 이를것이라고 헌책한다는 내용이 있는데 그 내용은 다음과 같다.

> 재위 원년 경인년(B.C. 1891). 국자 사부 유위자가 헌책하여 아뢰었다. 오직 우리 신시는 실로 환웅천왕이 나라를 열고 백성을 받아들여 '전(佺)의 도(道)'로 계율을 세워 교화한데서 비롯되었습니다. '천부경'과 '삼일신고'는 하늘의 계시를 받아 윗 사람들이 지은 것이다.
>
> (庚寅元年 國子師傅有爲子, 獻策曰: 惟我神市, 實自桓雄, 開天納衆, 以設戒而化之 天經神誥)

또한, 단군 도해는 환국·배달국으로 내려온 "홍익인간 이념에 천지인 창조정신과 홍익인간 이념을 담은 염표문(念標文)을 완성하였으며 삼신(三神)에게 제사지낸 후 백성들과 함께 연회를 한 후에 천부경을 논하고 삼일신고를 강연하였다."[73]

『환단고기』「태백일사」〈소도경전 본훈 제5〉에도 '제세이화 홍익인간'과 '천부경' 81자가 들어 있다.[74] 『단기고사』「제1편 전단조선」〈제1세 단제〉에도 환웅이 백성들에게 천부경을 설교하였다는 내용이 있다.[75]

---

73) 국내서 - 이기동·정찬건 역해, 『환단고기』「단군세기」, 도서출판 행촌출판사, 2019년, 135~139쪽
74) 국내서 - 임승국 번역·주해 『한단고기』, 정신세계사, 1986년, 230~233쪽
75) 국내서 - 대야발 원저, 유태우·정창모 번역, 『단기고사』, 음양맥진출판사,

단군왕검 고조선시대의 사회적 환경은 일반 백성들은 수렵과 농업에 종사하며 삶을 이어가기에 바쁘지만, 단군 등 통치자들은 백성들이 바치는 공물로 의식주가 해결될 수 있었다. 이들 통치자는 직접 노동에 종사하지 않지 않기 때문에 재정일치의 여러가지 행사나 나라를 다스리는 일 이외에 자기만의 시간을 많이 가질 수 있었을 것으로 추측된다.

통치자들은 하느님을 받들고 천손임을 보여주는 천제를 지내면서 백성들에게 하늘을 받드는 숭천사상을 주입시키며 백성을 문화인으로 교화시키기 위하여 그들이 자연관찰을 통하여 습득한 자연에대한 지식과 정신수련에의한 깨달음으로 얻은 우주 창조의 원리와 자연의 순환 과정의 진리 등을 수시로 강론을 통하여 전달했을 것이다.

따라서 단군조선시대에는 단군뿐만아니라 부족의 통치자, 제사장과 선인(仙人)들이 수행으로 깨달음을 찾는 선도(仙道)문화가 단군조선 이전 배달국때부터 이어져 내려온 것이다. 『환단고기』「삼성기전 상」에 "단군은 하염없이 맨손으로 고요히 앉아서도 세상을 평정하고 깊고 묘한 도(道)를 익혀 여러 생령들을 교화하였다"[76]라고 기술되어 있어 통치자 단군들도 도를 수련하였다는 것을 알 수 있다.

1984년, 47쪽
76) 국내서 - 임승국 번역·주해 『한단고기』, 정신세계사, 1986년, 21쪽

또한, 배달국과 고조선의 강역안에 있었던 홍산문화의 핵심이라고 할 수 있는 우하량(牛河梁) 유적지에서 이미 인간 실물의 1배, 2배, 3배의 여신을 모신 여신사당인 여신전(女神殿)이 발굴되었다.

배달국의 영역내에 있었던 우하량 지역에서 가부좌를 하고 있는 여신상과 남신상의 유물이 출토되었다는 것은 배달국의 건국 초기 환웅천왕에 의하여 선택된 웅족(雄族)의 여성이 수행의 표상으로 받드는 여신(女神)으로 그리고 나라를 통치하는 천손족인 환웅이 남신(男神)으로 받들어지면서 배달국의 선도문화가 단군시대로 이어저 내려온 것으로 보인다.

뿐만아니라 3층의 원형 천제단과 옆에 있는 사각형의 적석총 묘지를 유적의 발굴 형태를 하늘에서 내려다 볼 때 뚜렷하게 원형과 사각형으로 배치되어 있어 있는 것을 알 수 있다. 또한 태백산의 천제단도 원형으로 되어 있어 당시의 선도 수행자들에게는 하늘(天)은 무한하고 끝이 없는 원형으로, 땅은 사각형으로 생각한 천지인과 원방각의 기본 개념이 있었던 것으로 생각된다.

 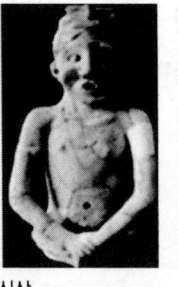

여신상과 남신상　　　　　우하량 천제단과 묘지

『환단고기』「태백일사」〈삼신오제본기〉에 오방(五方)의 신(神)이 있는데 그중에서 황웅여신(黃熊女神)이 병(病)을 주관[77]한다고 하였는데 이는 웅족의 여신으로서 가부좌를 한 여신상이 홍산문화의 중심에 있었음을 보여준다.

특히 오방신(五方神) 중에서 황웅여신이 병을 주관한다는 것은 그 당시에 자연발생적인 여러가지 질병이 가장 큰 사회문제였던 것으로 보인다. 따라서 가부좌를 하면서 수행을 하던 여신이 병을 주관한다는 것은 당시에 질병을 극복하기 위해 신체적인 수행을 권장하며 삶의 개달음을 위한 정신수련도 함께 하였음을 보여주고 있는 것이다.

『삼국유사』「고조선」편에 "단군이 1500년 동안 나라를 다스리다 아사달로 돌아와 산신(山神)이 되었는데, 이 때 나이가 1908세였다"라고 기술하였는데 이는 여러 단군이 1908년 동안 나라를 다스린 후에 산에 들어가 수행하여 산신이 되었다는 것을 말하며 그 당시 선도수행이 있었음을 의미하는 것이다.

또한 배달국과 고조선의 수행문화에의해 우주만물의 진리를 깨달은 성인(聖人)에의하여 '자연이란 존재'와 우주와 만물이 생성되는 원리를 알기 쉽게 간단한 말씀으로 백성들에게 가르치고 그 말씀 내용을 압축하여 81자 녹도문으로 기록한 것이 '천부경'과 '삼일신고'이다. 따라서 고조선은 동아시아에서 최초로 정

---

77) 국내서 – 상동, 154쪽

신 수행문화가 높은 수준에 있었고 이로인하여 우리민족의 천지인과 삼신사상이 만들어지게 되었다.

따라서 『환단고기』「단군세기」에 나오는 편발에 대한 기록은 『삼국유사』 및 기존 사서에서 나오지 않지만 조선시대 역사서인 『동사』,『대동사강』,『동사제강』에 기술하고 있어 편발개수와 푸른색 옷을 입는 것이 고조선의 생활 풍속임을 밝히고 있어 이를 고조선의 역사 내용으로 기술하면 다음과 같다.

역사 15

- **홍익인간 사상, 수행문화와 천부경**

고조선의 건국이념은 단군 왕검 이전의 환웅 천왕시대 때부터 전래된 우리민족의 고유 사상인 "널리 인간세상을 이롭게 한다(홍익인간)"라는 백성을 다스리는 통치 철학과 사상이 있다.

또한 선도문화가 있어 여러 성인들이 자연이란 존재와 우주만물의 창시 과정, 음양이 생성되는 원리, 태양숭배와 인간중심 사상을 깨달아서 이를 81자 '천부경'과 '삼일신고'를 만들고 백성을 가르치고 교화하여 백성들이 잘 사는 나라를 만들었다.

소도와 천제 행사

『환단고기』「상성기 하」에 환웅천왕이 하늘에 제사를 지내고 소도(蘇塗)를 관리하였다고 기술되어 있는데 그 내용은 다음과 같다.

환웅천왕이 처음으로 몸소 하늘에 제사지내고 백성을 낳아 교화를 베풀고 천경과 신고를 가르치시니 무리들이 잘 따르게 되었다. 이로부터 후에 치우천황이 땅을 개간하고 구리와 쇠를 캐내서 군대를 조련하고 산업을 일으켰다. 때에 구환(九桓)은 모두 삼신(三神)을 한 뿌리의 조상으로 삼고 소도(蘇塗)를 관리하고 관경(管境)을 관리하며 벌을 다스리는 것 등을 모두 다른 무리와 더불어 서로 의논하여 하나로 뭉쳐 화백을 하였다.

桓雄天王肇自開天 生民施化演 天經講神誥 大訓于衆自是 以後治尤天王 闢土地採銅鐵 鍊兵興産時 九桓皆以三神 爲一源之祖主蘇塗主管 境主責禍與衆議 一歸爲和白[78]

소도는 삼신(환인·환웅·단군왕검)을 모시는 신성한 장소로서 『환단고기』「단군세기」〈10세 단군 도해 재위 57년〉에도 단제가 오가에 명을 내려 소도를 여러곳에 설치했다고 한다.[79] 소도에 대해서는 중국의 『후한서』·『삼국지』·『진서』·『통전』 등에 기록이 있는데, 『삼국지』 위서(魏書) 한전(韓傳)에 소도에 대해 상세히 설명되어 있는데 그 내용은 다음과 같다.

---

78) 국내서 - 임승국 번역·주해, 『한단고기』「삼성기 하」, 정신세계사, 1986년, 35쪽
79) 국내서 - 상동 「단군세기」, 정신세계사, 1986년, 81쪽

"귀신을 믿으므로 국읍(國邑)에서는 각기 한 사람을 뽑아 천신에 대한 제사를 주관하게 하였는데, 이 사람을 천군(天君)이라 부른다. 또 이들 여러 나라에는 각각 별읍(別邑)이 있는데 이것을 소도(蘇塗)라 한다. 큰 나무를 세우고 거기에 방울과 북을 매달아 놓고 귀신을 섬긴다."[80]

윤내현 교수의 저서인 『고조선 연구』에도 『삼국지』「동이전」의 〈한전〉을 인용하여 각 국읍에는 소도라는 성지에 하느님을 섬기는 천군이 있으며 이러한 한의 종교는 고조선의 종교와 같다고 설명하였다.[81]

일제강점기의 임시정부 역사교과서인 『배달족역사』에도 고조선시기에 하느님을 받드는 교(神敎)에대한 설명이 있는데 그 내용은 다음과 같다.

제4장 상고문화 제1과 神敎의 拜天

단군께서 하늘을 경배하는 행사를 하신 후로 역대가 풍습을 이어받아 매년 10월과 3월에 나라 안에서 대회하야 하늘에 제사 지내고 가무와 노래하니 이런 행사를 부여는 '영고'라 칭하고 예와 맥은 '무천'이라 칭하고 진한과 변한은 '계음'이라 칭하며 예절과 의식이 심히 성대하였다.[82]

---

80) 다음 백과: https://100.daum.net/encyclopedia/view/14XXE0030000
81) 국내서 - 윤내현 지음, 『고조선 연구 상』, 도서출판 만권당, 2015년, 192쪽
82) 국내서 – 대한민국 임시정부, 『배달족역사』, 1922년, 5쪽

고조선시대에 하느님을 받들어 모시는 천제를 지내는 것이 국가 행사로 치러졌고, 천제를 지내는 장소를 소도라 하였다는 역사적 사실은 『환단고기』 뿐만아니라 중국문헌에도 나오고 있다. 또한 대한민국임시정부의 역사교과서에도 기술되어 있는바 이런 역사적 사실은 고조선의 역사로 다음과 같이 기술한다.

역사 16

• 천제 행사와 소도

고조선시대에는 천제단을 축조하여 하느님과 삼신을 모시는 천제를 매년 3월과 10월에지냈다. 또한 천제를 지내는 성스러운 지역인 소도를 국내 여러 거수국내에 설치하고 제사를 주관하는 천군을 두었다. 천제는 제사에이어 가무가 있는 행사로 부여는 영고라 칭하고 예맥은 무천, 진한과 변한은 계음이라 하여 성대한 행사를 하였다.

고인돌과 천문유산

동북아시아의 강대국인 고조선도 인간의 주검을 보호하는 장례문화가 이어져 왔는데 아시아의 다른 민족과 달리 주로 돌을 갖고 무덤을 축조하였다. 이것이 돌무덤(석묘, 石墓)이다. 돌무지무덤(적석총), 등 여러 종류의 돌무덤 중에서 대표적인 것이 고인돌무덤(지석묘, 支石墓)이다.

고인돌무덤을 축조한 부족들은 그들의 우두머리인 수장의 주검을 묻기위하여 수십 톤에서 수백 톤이나 되는 거대한 판석을 채석장에서 케어내어 먼거리의 평야나 산기슭으로 운반해서 축조하였다. 이와같은 대 역사는 수 백에서 수 천명의 장정을 동원해야만 하는 일이데 이는 어떤 형태로든 큰 사회 집단의 노동력이 아니고서는 불가능한 일이다. 역사학자와 고고학자에 의하여 고증된 만주지역 및 한반도의 고인돌을 축조한 시기는 우리 역사상 국가 체제를 갖춘 고조선의 청동기시대이다.

우리나라의 고인돌은 서기전 1000년 경부터 서기전 300년 경의 고조선 청동기시대를 대표하는 무덤으로 만들어졌으며 전 세계에 유래가 없을 정도로 만주와 한반도에 수만기나 분포하여 있다. 고인돌의 구조적 겉모습은 탁자형의 북방식과 바둑판형의 남방식 고인돌로 구별된다.

고인돌 축조 공사는 현대의 토목·건축기술로 보아 정교한 구조 설계와 역학적 지식을 갖고 있어야 가능한 대규모 토목 공사이다. 수십 톤에서 3백 톤에 가까운 거석을 2개의 작은 판석위에 올려 놓아서 쓰러지지 않게 하는 것은 사전에 고인돌의 무게중심이 어디에 있다는 것을 파악하고 있어야 한다. 상판 고인돌을 운반하기 위하여 쌓아 놓은 흙더미 위로 끌고 올라와서 고인돌을 놓는 위치를 정확하게 잡아야 한다. 당시의 고인돌을 축조한 고조선의 토목 건설 기술자들은 당시로서는 세계에서 최고의 토목 건설 기술을 보유하였다.

고인돌은 고조선의 강역을 표시해주는 중요한 지표 유적이면서 하늘에 제사지내는 천제단으로도 활용한 지배계층의 무덤이어서 고조선의 생활상을 알 수 있는 무기와 농경기구 등 많은 석기와 청동유물이 출토되었다.

남방식 고인돌(고창)　　　북방식 고인돌(만주 개주시 석붕산)

이러한 많은 고인돌 중에는 천문학적 자료로 볼 수 있는 성혈과 별자리가 새겨진 고인돌이 셀 수 없을 정도로 많다. 고인돌의 덮개돌에 새겨진 별자리 등의 유물과 여러 천문 현상 관측 기록을 통해 우리나라에 최소한 고인돌이 만들어진 시기인 청동기 시대에 별자리에 대한 상당한 관찰 능력과 지식이 이미 있었음을 짐작할 수 있다.

별자리가 새겨진 고인돌은 남북한에 많이 있는데 대표적인 것이 경상남도 함안군 도항리 고인돌, 경기도 양평 양수리 두물머리 고인돌, 전남 화순 절산리 고인돌, 경남 고성 송학동 고인돌, 경남 함안 동촌리 고인돌, 경북 영일 칠포리 고인돌, 대구시 동내동 고인돌 등이 있다.

경상남도 함안군에 있는 고인돌에는 홈(성혈 등)이 새겨진 것이 많은데 그중에서 가야읍 도항리에 위치하고 있는 고인돌 덮개돌의 상면에는 19개의 겹동심원과 함께 크고 작은 성혈이 약 300여개 파여져 있다. 이들 성혈과 겹동심원들은 밤하늘에 떠 있는 별들을 묘사한 것으로 보인다. 즉 겹동심원은 매우 밝은 별을 형상화한 것이고 작은 성혈들은 비교적 어두운 별들을 나타내고 있는 것으로 해석되고 있다.

충청북도 청원군의 아득이 1호 고인돌의 덮개돌에는 무려 246개의 성혈이 새겨져 있는데 이 판석에 새겨진 구멍이 바로 별자리라고 하는 연구결과가 최근 발표되었다.

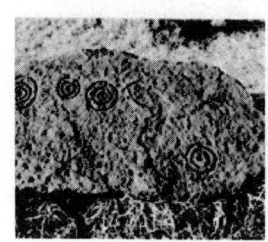 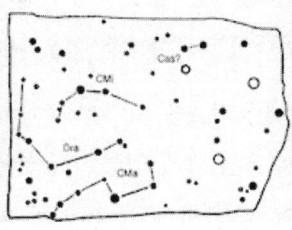 

함안군 별자리 고인돌   아득이 고인돌 판석 별자리   양수리 두물머리 고인돌

특히 우리나라는 고조선때부터 농사를 위한 절기파악과 자연재해를 극복하고저 천문을 관측하고 하늘의 별자리를 고인돌의 판석이나 바위에 새겨서 기록하였다. 이로인해 자연스럽게 북두칠성을 모시는 칠성신앙이 생겨난 것으로 본다.

단군조선의 역사서인 『환단고기』의 「단군세기」와 『단기고사』에는 약 12회의 천문관측 기록이 있는데 천문 현상 기록은 3가지로 분류된다. 그중 일식현상 기록이 10번으로 가장 많고, 5행성 결집이 한번 그리고 강한 조수현장 기록이 한번 나온다.

이들 기록에 의하면 우리나라 최초의 일식 기록은 B.C. 2183 부루 단제 때에 나온다. 중국 주(周)나라 시기에 기록된 일식이 B.C. 776이므로 이는 상당히 이른 기록이라 하겠다. 일식과 이상한 천문현상 등 12개 천문현상관측 기록의 시간에 따른 분포를 보면 전반적으로 후기로 갈수록 관측기록 수가 증가하는 자연스러운 변화를 보이고 있다.[83]

『환단고기』의 「단군세기」에 13세 단군 흘달 50년 무진년(B.C. 1733)의 기록에 오성취루(五星聚婁)의 기록이 있다. 오성취루의 기록은 다음과 같다.

"무진 50년 5성이 모여들고, 누런 학이 날아와 뜰의 소나무에 깃들었다. (戊辰五十年 五星聚婁 黃鶴來接苑)"[84]

오성취루의 오성(五星)은 지구와 가까이 있어서 육안으로 볼 수 있는 다섯 개의 행성, 즉 수성, 금성, 화성, 목성, 토성이다.

---

83) 국내논문 - 박창범·나대일, 《단군조선시대 천문현상기록의 과학적 검증》, 한국상고사학보 제 14호, 1993년, 96쪽
84) 국내서 - 임승극 번역·주해, 『한단고기』, 정신세계사, 1986년, 89쪽

이들 행성 다섯 개가 한 군데 모이는 것을 '오성취(五星聚)' 라고 하며, '루(婁)'는 28宿(수)의 별 중 하나인 루성(婁星)을 가리킨다고 한다. 즉 다섯 개의 행성이 루성 별자리 근처에 모인 것이 오성취루라는 것이다.

서울대 박창범 교수는 슈퍼 컴퓨터를 이용하여 오행성 결집 현상을 확인한 그의 연구에서, 다섯 행성이 하늘에서 매우 가깝게 모이는 때는, ① 서기전 1953년 2월25일 새벽 6시 (뭉친 형태의 결집각도 2.3°이내)와 ② 서기전 1734년 7월13일 초저녁 18시 (직선列의 결집각도 10°이내)인 것을 찾아냈다.

①의 현상을 중국에서는 오성취합(五星聚合)이라고 하여, 중국 하(夏)왕조 건국 연대를 정함에 있어서 기준 연도 (reference year)로 하였으며, ②의 현상은 「단군세기」의 오성취루로 기록된 시기와 일치하는 것으로 되어 있다.

역사 17

- **고인돌과 천문유산**

  고조선은 아시아의 다른 민족과 달리 주로 돌을 갖고 무덤을 축조하여 최고 통치자와 부족장의 주검을 고인돌 무덤에 장사지내는 장례문화가 있었다. 고인돌무덤은 수십톤에서 수백 톤이나 되는 거대한 판석으로 구성되어 있다.

  고인돌은 고조선의 강역을 표시해 주는 중요한 지표 유적이면서 하늘에 제사 지내는 천제단으로도 활용한 지배계층의 무덤이어서 고조선의 생활상을 알 수 있는 무기와 농경기구 등 많은 석기와 청동유물이 출토되었다.

이러한 많은 고인돌 중에는 천문학적 자료로 볼 수 있는 성혈과 별자리가 새겨진 고인돌이 많이 있어서 우리나라에 최소한 고인돌이 만들어진 시기인 고조선시대에 농사와 자연재해의 예방을 위한 별자리 관찰 능력과 천문지식이 상당히 있었음을 알 수 있다.

VI. 각종 문헌에서 검증된 주요 고조선 역사 내용

고조선의 건국과 정치 및 강역, 기술과 산업 및 문화와 예술에 대해서 『환단고기』와 국내외 각종 역사서를 비교하여 위에서 기술한 고조선의 역사 내용을 정리하면 다음과 같다. 아래부분은 교과서에 수록할 수 있는 '고조선의 역사'를 서술한 것이다.

고조선의 역사

1. 단군왕검의 탄생과 고조선의 개국

먼 옛날 하느님의 자손(天孫)인 태백산밑 신시(神市)의 환씨(桓氏) 부족장 환웅(桓雄)이 곰을 신성시하는 웅씨(熊氏) 부족의 웅녀(熊女)와 결혼하여 아들 왕검(王儉)을 낳았 다. 그후 신시 주변

9개 부족들이 신성한 인품을 갖추고 덕을 배푸는 왕검을 무진년(서기전 2333년)에 전체 부족을 통치하는 임금(단군: 檀君)으로 추대하였다.

단군왕검은 임금으로 추대된 후에 평양성에 도읍을 정하고 나라 이름을 조선(朝鮮) 이라 하였다. 우리민족이 건국한 조선은 동아시아 최초의 국가이다. 단군왕검은 다시 도읍을 백악산 아사달로 옮겼다.

2. 단군조선의 치세와 외교

• 팔조금법의 제정

기해년(서기전 1282)에 색불루 단군이 나라의 통치와 백성들의 삶을 편안하게 하기 위하여 8조의 법을 만들었다. 그 내용안 다음과 같다.

1. 사람을 죽인 자는 즉시 사형에 처한다.
2. 남을 다치게 한 자는 곡식으로 갚아야 한다.
3. 도둑질을 하지 말라. 도둑질 한 자는 노비로 삼는다.
   단, 용서를 받고저 하는 자는 50만 냥을 내야 한다.
4. 남녀가 질투하거나 음란한 짓을 하면 태형에 처한다.
5. 소도를 훼손한자는 금고형에 처한다.
6. 부모를 공경하고 하느님을 경배하여야 한다.
7. 서로 돕고 사랑하며 같이 일하고 나누어 가져야 한다.
8. 하늘의 법을 잘 지키고 만물을 사랑하라.

• 팽우의 치수사업

정사년(서기전 2283년) 단군왕검은 풍백 팽우에게 명하여 홍수로 피해본 지역에 치수 사업을 하도록 하였다. 팽오는 치수사업이 완료하고 그 지역에 백성들이 거주하여 편히 살도록 하였다. 이에 우수주에 팽오의 치적비를 세웠다.

• 삼랑성 축성과 천제단 축조

병인년(서기전 2275년)에 단군왕검은 바다쪽에서 침입하는 적을 대비하여 혈구(현재의 강화도)에 세 아들에게 명하여 전등산에 삼랑성을 축성하였고, 마니산 정상에도 하늘에 제사를 지낼 수 있는 천제단(지금의 참성단)을 축조하였다.

• 하나라 도산회의 참가

갑술년(서기전 2267년)에 단군왕검이 태자 부루(扶婁)를 하(夏)나라의 우임금이 제후 들을 소집한 도산회의(塗山會議)에 파견하였다. 부루는 홍수로 치수에 어려움을 갖고 있는 하나라 우임금에게 오행치수법(五行治水法)을 전수하여 주었다. 또한 우임금과 나라 의 경계에대해 협의하여 유주(幽州)와 영주(營州)를 단군조선의 영역으로 편입시켰다.

• 단군 부루의 즉위와 치적

2세 단군 부루(夫婁)의 아버지는 단군 왕검이고 어머니는 하백

(河伯)의 딸 비서갑(非西岬)으로서 신축년(서기전 2240)에 단군으로 즉위하였다. 백성을 다스리는 정치를 잘하여 농업과 양잠 등 산업을 일으키고 백성들이 잘 살게하였다.

중국의 우순(虞舜)이 유주(幽州)와 영주(營州)를 남국(藍國) 인근에 설치함으로 군대를 보내 정벌하고 그곳에 동무(東武)와 도라(道羅)를 제후로 봉하고 그 공로를 표창했다.

• 가림토 문자의 제정

단군조선 3세 가륵(嘉勒)이 단군왕검부터 내려온 치세 내용을 기록하여 보존하고 백성 들의 상거래를 원활하게 하기 위하여 재위 2년 경자년(B.C. 2181)에 을보륵에게 명하여 가림토 문자 38자를 만들고 쓰게 하였다.

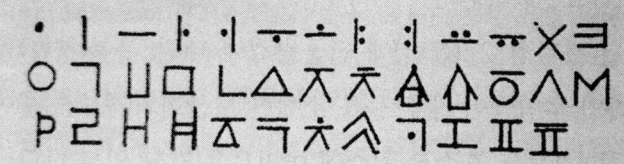

• 단군조선의 강역

고조선 건국 당시의 도읍지인 아사달의 위치가 현재 북한의 평양 부근으로 보는 견해도 있고, 요동이나 요서 지역으로 보는 견해도 있다. 또한 고조선의 중심 영역을 요동중심설과 대동강 유역에 위치하였다는 평양중심설, 요동에서 대동강 유역으로 옮겼다는 이동설 등으로 나누어져 있다.

그러나 여러 문헌 및 학자들의 논문과 고조선의 지표유물인 비파형청동단검의 발굴 분포도로 볼 때 고조선 전성기의 최대 강역은 만리장성의 동쪽 끝인 발해만 난하(갈석산)에서 서쪽으로 내몽골과 북쪽 아르군강·흑룡강을 경계로 만주와 연해주·한반도를 포함한 광대한 영토를 갖었다.

• 연나라 진개의 조선 침공

서기전 4세기 후반 ~ 3세기 초반경 동북아시아의 강대국인 고조선과 국경을 맞대고 있는 중국의 연(燕)나라와 대립 관계에 있다가 장수 진개가 고조선을 공격한 전쟁이 있었다. 이 전쟁의 결과로 연나라와 고조선의 경계가 만번한 지역으로 되었으며 이 전쟁이 한국사상 최초의 국가 간의 전쟁이다.

• 변한의 멸망과 위만조선

서기전 195년, 중국의 연(淵)나라의 정치적 혼란으로 위만(衛滿)이 일족을 거느리고 조선에 망명하였다. 준왕(準王)은 위만을 받아들여 서쪽 100리 땅에 거주토록 하고 변의 수비를 맡겼다. 1년 후 중국의 군사들이 쳐들어온다고 속이고 왕검성에 들어와 준왕을 축출하고 조선의 왕에 올랐다. 준왕은 바다를 건너 한반도 남쪽 진국(振國)으로 들어가 마한(馬韓)의 한왕(韓王)이 되었다.

• 위만조선의 멸망과 고조선의 분열

고조선의 거수국인 위만조선은 우세한 군사력과 경제력을 바탕으로 고조선의 진번과임둔 등 많은 지역을 정복하면서 세력이 더욱 강대해졌다. 손자 우거왕 때 당시 몽고에서 만주로 뻗어오던 흉노가 위만조선과 연결될 것을 두려워하고 있던 한나라 무제(漢武帝)는 조선의 우거왕에게 한나라에 복속을 요구하였으나 우거왕이 이를 거절하자 서기전 109년에 무력으로 침략해왔다.

위만조선은 이에 대항해 1년간 싸웠으나 대신들의 배반으로 우거왕이 죽고 수도인 왕검성도 함락되어 위만조선이 멸망하였다. 한무제는 위만조선의 땅에 한사군을 설치하였다. 고조선은 위만조선의 멸망후 부여, 비류, 고구려, 옥저, 예맥 등 여러나라로 분열되었다. 한사군과 부여 등 고조선의 거수국들은 서기 3~5세기경에 모두 고구려에 귀속되었다.

• 단군조선의 역대 단군과 관료조직

넓은 영토와 많은 백성을 거느리고 있는 단군조선에는 단군왕검이후 세습된 왕권을 이어 받은 단군이 47대 단군 고열가까지 47명의 단군[85]이 나라를 통치하였다. 또한, 단군을 보좌하여 그

---

85) 1세 왕검, 2세 부루, 3세 가륵, 4세 오사구, 5세 구을, 6세 달문, 7세 한율, 8세 우서한, 9세 아슬, 10세 노을, 11세 도해, 12세 아한, 13세 흘달, 14세 고불, 15세 대음, 16세 위나, 17세 여을, 18세 동엄, 19세 구모소, 20세 고

업무를 원활히 하기 위해서는 8가(加)의 관료조직이 있고 단군이 직접 통치하는 도읍지 외 여러 지역에는 단군을 받드는 많은 거수국(별첨 참조)이 있었다.

단군은 부루(夫婁)를 호가(虎加)로 삼아 여러 8가를 총괄하게 하였고, 신지씨를 마가(馬加)로 삼아 행정업무를 주관하게 하며, 고시씨를 우가(牛加)로 삼아 농사를 주관하게 하고, 치우씨는 웅가(熊加)로 삼아 군대를 통솔하게 하였다.

부소(夫蘇)를 응가(鷹加)로 삼아 법 집행을 주관하게 하며 부우(夫虞)를 노가(鷺加)로 삼아 질병관리를 주관하게 하며, 주인씨를 학가(鶴加)로 삼아 학문과 제례를 주관하게 하며, 여수기(餘守己)를 구가(狗加)로 삼아 모든 지역 거수국을 관리하도록 하였다.

3. 고조선의 기술과 산업

• 세계 최고 수준의 제철기술

고조선은 당시 세계 최고의 청동 융합기술인 아연·청동으로 각종 무기와 생활 도구를 만들어 새로운 청동기 문화를 창출하였다. 또한 세계 최초로 최첨단 주철 기술인 백색가 단주철(강

흘, 21세 소태, 22세 색불루, 23세 아홀, 24세 연나, 25세 솔나, 26세 추로, 27세 두밀, 28세 해모, 29세 마휴, 30세 내휴, 31세 등을, 32세 추밀, 33세 감물, 34세 오루문, 35세 사벌, 36세 매륵, 37세 마물, 38세 다물, 39세 두홀, 40세 달음, 41세 음차, 42세 을우지, 43세 물리, 44세 구물, 45세 여루, 46세 보을, 47세 고열가

철)을 발명하여 각종 무기와 생활용품에 활용하고 기술을 전파함으로서 동아시아 철기문화를 선도하였다.

• 초정밀 청동기와 금공에 기술

고조선의 정밀 산업기술은 출토 유물인 국보 다뉴세문경(13,000개의 0.3㎜ 선형주조)과 금제교구(0.3㎜ 금알갱이 제조 및 용접)로 검증한 바와 같이 당시 전 세계에 유일무이하게 현대의 반도체 기술과 버금가는 초정밀 산업기술을 보유하였다. 이는 당시 고 조선이 동아시아에서 중국 및 유럽 등에 앞서가는 산업기술 선진국이었다.

4. 고조선의 사상, 문화, 예술, 풍속

• 편발개수와 의복

2세 단군 부루의 조칙에 의하여 백성들이 머리카락을 땋아 편발을 하고 이를 머리에 올리고 상투를 착용하였으며 푸른색 옷을 입었다.

• 홍익인간 사상, 수행문화와 천부경

고조선의 건국이념은 단군왕검이전의 환웅천왕시대때부터 전래된 우리민족의 고유 사상인 "널리 인간세상을 이롭게 한다(홍익인간)"라는 백성을 다스리는 통치 철학과 사상이 있다.

또한 선도문화가 있어 여러 성인들이 자연이란 존재와 우주만물의 창시 과정, 음양이 생성되는 원리, 태양숭배와 인간중심 사상을 깨달아서 이를 81자 '천부경'과 '삼일신고'를 만들고 백성을 가르치고 교화하여 백성들이 잘 사는 나라를 만들었다.

- 천제 행사와 소도

고조선시대에는 천제단을 축조하여 하느님과 삼신을 모시는 천제를 매년 3월과 10월에 지냈다. 또한 천제를 지내는 성스러운 지역인 소도를 국내 여러 거수국 내에 설치하고 제사를 주관하는 천군을 두었다. 천제는 제사에 이어 가무가 있는 행사로 부여는 영고라 칭하고 예맥은 무천, 진한과 변한은 계음이라 하여 성대한 행사를 하였다.

- 고인돌과 천문유산

고조선은 아시아의 다른 민족과 달리 주로 돌을 갖고 무덤을 축조하여 최고 통치자와 부족장의 주검을 고인돌 무덤에 장사지내는 장례문화가 있었다. 고인돌무덤은 수십 톤에서 수백 톤이나 되는 거대한 판석으로 구성되어 있다.

고인돌은 고조선의 강역을 표시해 주는 중요한 지표 유적이면서 하늘에 제사지내는 천제단으로도 활용한 지배계층의 무덤이어서 고조선의 생활상을 알 수 있는 무기와 농경기구 등 많은 석기와 청동유물이 출토되었다.

이러한 많은 고인돌중에는 천문학적 자료로 볼 수 있는 성혈과 별자리가 새겨진 고인 돌이 많이 있어서 우리나라에 최소한 고인돌이 만들어진 시기인 고조선시대에 농사와 자연재해의 예방을 위한 별자리 관찰 능력과 천문지식이 상당히 있었음을 알 수 있다.

Ⅶ. 결론

고조선의 역사를 비교적 상세히 기술되어 있는 『환단고기』, 『규원사화』, 『단기고사』에 기술되어 있는 단군조선 역대 단군의 치세와 사상 및 대외 관계에 대한 역사내용은 기존 국내외 각종 역사서에서 볼 수 없는 사건 내용들이 풍부하게 기재되있다. 이러한 단군조선의 역사를 기록한 『환단고기』, 『규원사화』, 『단기고사』를 위서로 보고 있는 강단사학계나 정부의 교육당국자들은 어쩌면 국민과 국가를 위한 학자나 교육관계자로서의 자세가 아닌것 같다는 생각이 든다.

현행 교육부 검정 중·고등학교용 『한국사』를 보면 헌법 전문에 명시된 "유구한 역사와 전통에 빛나는 우리 대한민국은 …"와 교육기본법 교육이념인 단군의 '홍익인간' 정신의 취지가 무색하게 단군조선의 역사 내용이 아주 부실하여 우리나라 최초의 국가를 건국한 단군조선의 선조들에게 얼굴을 못 들 정도이다.

정부와 강단사학계는 교육부의 검정 역사교과서인 중·고등학교 『한국사』가 과연 미래에 대한민국을 담당할 젊은 세대에게 올바른 역사인식을 심어주었는가를 깊이 성찰하고, 본 논문 "Ⅵ. 각종 문헌에서 검증된 주요 고조선 역사 내용"에 있는 발췌된 고조선 역사를 검토하여 올바르고 상세한 고조선의 역사가 교과서에 실릴 수 있도록 검정 교과서의 개선이 시급하다고 판단된다.

〈참고문헌〉

(원전)

1. 일연, 『三國遺事』
2. 김부식, 『三國史記』
3. 정구, 『寒岡鄭逑先生續集 券之十四, 歷代記』
4. 홍만종, 『東國歷代總目』, 1856년
5. 『朝鮮王朝實錄』 1857년
6. 어윤적, 『東史年表』, 1915년
7. 대한민국 임시정부, 『倍達族歷史』, 1922년
8. 김광, 『大東史綱』, 대동사강사, 1929년
9. 사계수, 『世家譜』, 1939년
10. 계연수, 『桓檀古記』, 광오이해사, 1979

(논문)

1. 김영대 석사학위논문, 《김부식의 역사인식 연구》, 전주대학교 교육대학원, 2004년
2. 하정현 박사학위논문, 《『삼국유사』 텍스트에 반영된 '神異' 개념에 관한 연구》, 서울대학교 대학원, 2003년
3. 오장록 석사학위논문, 《삼국유사 고조선조 내용에 대한 고찰》, 여수대학교 교육대학원, 2005년
4. 이명우 논문, 《『환단고기』가 위서가 아님을 입증하는 사료의 고찰》, 세계환단학회지 6권 2호, 2019년 12월
5. 조한석 박사학위 논문, 《천부경 사상의 특성과 활용에 관한 연구》, 동방문화대학원대학교, 2022년
6. 박덕규 논문, 《훈민정음과 가림토의 연관성 고찰》, 세계환단학회지 7권 2호, 2020년
7. 박창범·나대일 논문, 《단군조선시대 천문현상기록의 과학적 검증》, 한국상고사학보 제14호, 1993년

(단행본)

1. 일연/김원중, 『삼국유사』 「기이 제1」, ㈜을유문화사, 2002년
2. 김부식/최호, 『신역 삼국사기』 홍신문화사, 1994년
3. 김은수 역주, 『주해 환단고기』, 가나출판사, 1985년
4. 임승국 번역·주해『한단고기』, 정신세계사, 1986년
5. 대야발 원저, 유태우·정창모 번역, 『단기고사』, 음양맥진출판

사, 1984년

6. 김종윤, 『산해경, 목천자전』, 홍익재, 1997년
7. 홍봉환 편저, 『동국문헌비고』, 명문당, 1959년
8. 유석태, 『동국석수잠헌보감(東國續修簪獻寶鑑)』, 1912년
9. 어윤적, 『동사년표』, 보문관, 1915년
10. 북애 지음/고동영 옮김, 『규원사화』, 한뿌리, 1986년
11. 정신문화연구원, 『교감표제음주동국사략(校勘標題音註東國史略)』, 1985년
12. 리지린 지음, 『고조선 연구』, 도서출판 열사람, 1963년
13. 임이랑 역, 『근대역사 교과서 2』「중등교과 동국사략」, 소명출판
14. 신용하 지음, 『고조선문명의 사회사』, 지식산업사, 2018년
15. 국사편찬위원회, 『중국정사조선전 역주1』, 국사편찬위원회, 1987년
16. 고구려연구재단, 『고조선·단군·부여 자료집 하』, 고구려연구재단, 2005년
17. 김경수 역주, 『제왕운기』, 도서출판 역락, 1999년
18. 박득준, 『고조선력사개관』, 평양 사회과학출판사, 1999년
19. 심백강 편 『단군고기록 4종』, 민족문화연구원, 2001년
20. 대야발 원저, 유태우·정창모 번역, 『단기고사』, 음양맥진출판사, 1984년

【Abstract】

A comparative analysis study on common contents of Gojoseon history shown in Hwandangogi and other literaturee

Gojoseon is the first country in the East, founded by the Korean people in 2333 BC. As for records on Gojoseon, 『Samguk Yusa』, compiled by Ilyeon of the Goryeo Dynasty, is recognized as the oldest historical book in domestic literature, and in China, 『Guanzi』, a history book of the Spring and Autumn Warring States Period, and 『Sagi』, written by Sima Qian of the Han Dynasty, are handed down.

『Hwandangogi』, 『Gyuwonsahwa』 and 『Dangigosa』 describe the history of Gojoseon in comparative detail, but they are considered forged books by the academic world of history. Therefore, current middle and high school textbooks created by traitorous historians who accepted Korea's distorted history during the Japanese colonial period describe Gojoseon as a country with a mythical character or as an empty shell country with no historical content.

In addition to the history books of the Joseon Dynasty, the history of Dangun Joseon is recorded in 4 pages in Baedaljok History, a history textbook of the provisional government during the Japanese colonial period. However, after liberation, the current Ministry of Education approved 『Korean History』 contains only 1 to 2 pages of historical records of Gojoseon.

In this paper, the historical contents of domestic literature such as 『Hwandangogi』, 『Gyuwonsahwa』, 『Dangigosa』, historical books such as 『Samguk Yusa』, 『Samguk Sagi』 and 『Annals of the Joseon Dynasty』 from the Joseon Dynasty, China's 『Guanja』, The history of Gojoseon was summarized by extracting content related to Gojoseon's politics, diplomacy, industry, technology and customs from old history books such as 『Sugyeongji』 and 『Sagi』.

If you look at the current Ministry of Education-approved 『Korean History』 for middle and high school students, the historical content of Dangun Joseon is very poor, making it difficult for young people to know the true nature of Dangun Joseon, the founder of Korea's first nation, which reduces national pride and hinders the future development of the Republic of Korea. It is becoming a factor.

The government and the academic world are deeply

reflecting on whether the Ministry of Education's approved history textbook, 『Korean History』 for middle and high school students, has instilled correct historical awareness in the young generation who will be in charge of Korea in the future, and the 'History of Gojoseon' excerpted in this paper is It is judged that there is an urgent need to improve certified textbooks so that they can be included in middle and high school history textbooks.

단군조선실기 문헌 자료

1. 이명우·최현호 저, 『1909년 환단고기』, 도서출판 북포럼, 2020년
2. 대야발 원저/김해암 번역, 『단기고사』, 문화인쇄사, 1949년
3. 대야발 원저/정해백 번역, 『단기고사』, ㈜충북신보사, 1959년
4. 화사이관구선생기년사업회, 『화사유고』 제3권 「단기고사」, 경인문화사, 2011년
5. 대한민국임시정부, 『배달족역사』, 1922년
6. 정진홍, 『단군교부흥경략』, 「단군세기」, 단군교, 1937년

Part.7
부록

Part.7
부록

1. 1909년 등사본 『환단고기』

三聖列記

吾桓建國이 最古라 有一神이 在最上之天하시니 爲獨化之神하시니 光明이 照宇宙하시며 權化-生萬物하시며 長生久視하야 恒得快樂하시며 乘遊至氣하야 妙契自然하시며 無形而見하시며 無爲而作하시며 無言而行하시더니 日에 降童男童女八百을 於三危太白之地하사 塏石發火하야 始敎熟食하시니 是爲天帝桓因氏요 又桓雄國天帝라 傳七世하시니 年代는 不可考라

後에 爲桓雄代-繼興하사 奉天神之詔하시고 降居白山黑水之間하사 鑿男井女井하사 持三印하시고 主五事하사 在世運化하시고 弘益人間하시니 號를 爲神市오 又神德佐하시니 擇三七日하야 祭天神하시며 忌愼外物하시며 閉門自修하시며 呪願有功하시며 服藥成仙하시며 劃卦知來하시며 執象運神하시니라

命群靈諸哲하사 定輔하시며 納熊氏女하야 爲后하시고 定婚嫁之禮하시며 以獸皮爲幣하시며 耕種有者하시며 置市交易하시며 九域貢附하고 鳥獸率舞러라 後人이 奉之爲地上 最高之神하야 世紀不絶하니 傳十八世하야 歷一千五百六十五年이러라

又桓檀에 感生雄이오
又桓檀에 感生雄이니

神市之季에 有神人王儉이 降于太白山 檀木之墟하시니 其至神之德과 兼聖之仁이 乃能
承詔繼天하사 巍蕩惟烈이어늘 九桓之民이 咸悅誠服하야 推爲天帝化身而爲之
하나니 是爲檀君朝鮮이라 後神市舊規하야 設都楱平壤하시며 建邦號朝鮮하사
帝一端共懷爲하사 坐定世界하시며 玄妙得道하시며 接化群生하시며 命하야 彭虞
로 關土地하시며 成造로 起宮室하시며 臣智로 造書契하시며 奇省으로 設醫藥하시며
那乙로 管版籍하시며 羲兩封幕하시며 尤掌征馬하시며 納斐西岬河伯女하사 爲后하사
治蠶職하시며 淳厖之治가 熙洽四表하야 歷二千九十六年이러라
自戊辰立國을 傳四十七世하야
乙卯는 苗者로 時에 改國號爲 大夫餘하니 初自白岳으로 西徙鹿山하야 仍號
條하고 讀書習射爲約課하며 祭天爲敎하며 囬鑾是瘍하며 川澤無禁하며 罪不
及孥하며 與民共議하며 協力成將하며 男有常職하며 女有好逑하며 家皆桜
己巳에 秦公道平時에 神人大觧蒙敎-起於北扶餘하고 丁未에 漢惠時에 蕪酉衛滿
이 動居西鄙一隅하고 須臾侯奉이 襲爲神王이라가 入海而□하니 自此로 三轄
山歹鑑賊하며 野乏見飢하며 紀綱遑域하더니

所率之衆이 始乎移於列水之南하고 群雄이 競兵於遼河之東이러니 至癸酉의 漢武時에 移兵滅右渠하고 扶餘今高豆莫汗이 倡義興兵하야 亦稱檀君하시고 王戌의 漢宣時에 高豆莫이 自號爲後解慕漱라하고 進據扶餘故都하고 補國東明이러니 未幾에 高朱蒙이 亦以天帝子로 繼北扶餘而興하시니 是爲高句麗始祖시라

李祈述曰高豆莫이 非國名也오 乃是今漢五田의 造詞하는 今音譯也라

檀君世記序

爲國之道ㅣ 莫先於士氣하고 莫急於史學之學은 何也오 史學이 不明則 士氣不振하고
不振則國本搖矣오 政法衰矣니라 史學之法이 可貶者貶하고 可褒者褒하야 衛世
人物과 論診的像하야 莫非標準百世者也라 斯民之生이 厥惟久矣오 創世條序
ㅣ 亦加訂證컨대 國與史가 俱存하고 人與政이 俱擧하야 皆自我所先所重者也라 嗚呼라
政猶器하고 人猶道하니 器可雜道而存乎아 國猶形하고 史猶魂하니 形可失魂而保
乎며 並修道器者ㅣ 我也오 俱衍形魂者ㅣ 亦我也니 故로 天下之事ㅣ 先在知
我也라 然則其欲知我인댄 自何而始乎아 夫三神一体之道ㅣ 在大圓之義하나니
化之神은 降爲我性하고 敎化之神은 降爲我命하고 治化之神은 降爲我精하나니 故로惟人
ㅣ 爲最貴 最尊於萬物者也라 夫性者는 神之根也니 神本依性而性未始神也오
氣之炯炯不昧者ㅣ 是以오 性不雜命하고 神不雜氣하고 氣不雜性하니 吾身之神이 與
合而後에 吾身ㅣ 未始神之性興命을 可見矣며 命不雜性하고 故로 其性之興命
天神同其義하고 其命之魂生也ㅣ 與山川同其氣하고 其精之永續也ㅣ 與蒼生同其

2. 1949년 『단기고사』

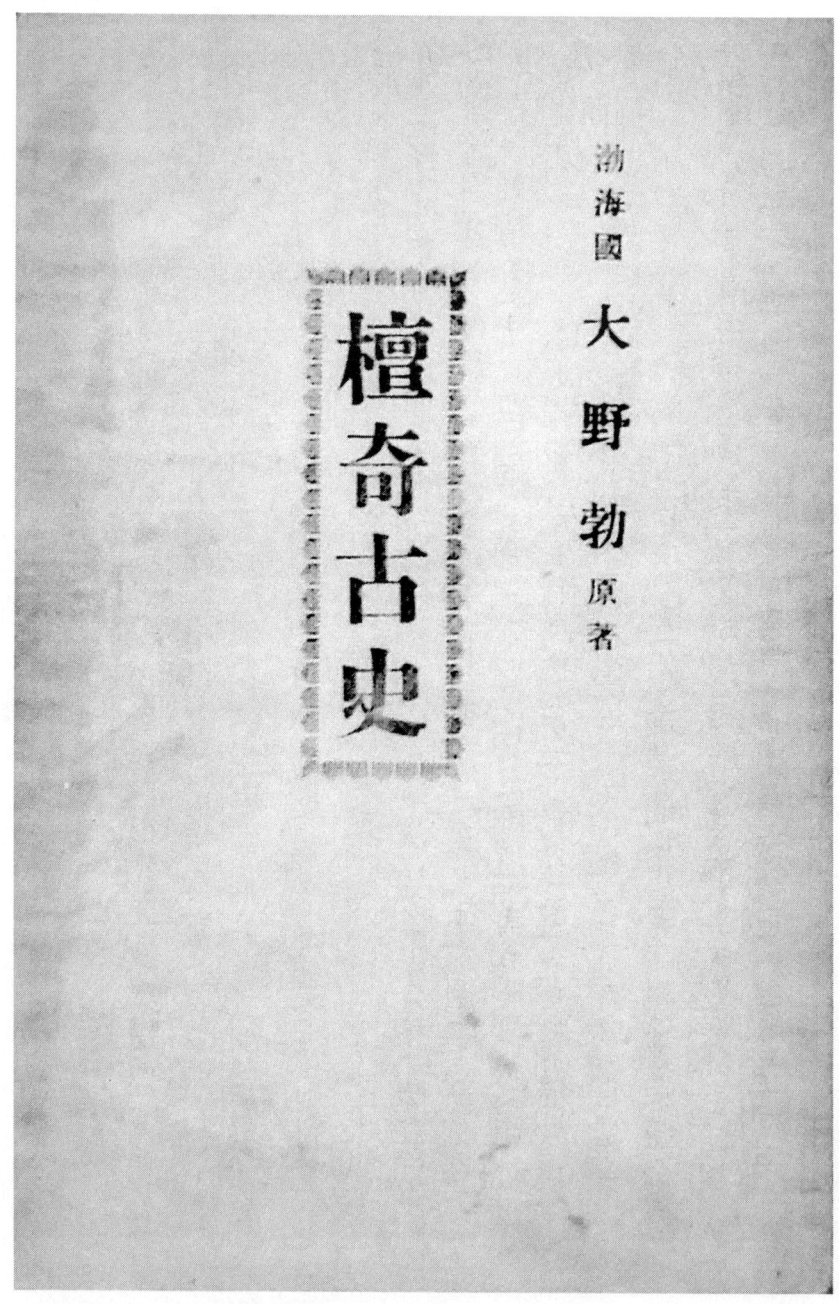

檀奇古史再編序

臣伏惟컨대 唐將 蘇定方과 薛仁貴를 至極히 怨恨하는 理由는 百濟와 高句麗를 擊滅할 時에 그 國書庫를 破하고 檀奇古史와 高句麗, 百濟史를 全部 焚燒한 까닭임니다 그리하여 諸子의 衆說과 百家의 史記를 參考하여 그 輪廓을 劃定하였음니다 오직 이나머지 古代史를 編輯코저하여 檀奇의 系統을 紹하사옴이 天下를 奠定하시고 이에 黃裳을 睡하시며 天訓을 基下는 天生의 英姿로서 檀奇의 實蹟을 奉緝하실새 臣에게 勅을 下하사 序를 題하라 하시며 嗚呼라 此輩가엿이 是年에 또 詔勅이 有하사 奇古史를 編纂하라 하시니 臣은 惶恐히 奉勅하옵고 十有三年에 비로서 成篇하였으니 疑는 削하고 實事는 筆하여 諸子의 史評을 蒐集하며 四海의 散史를 題하더라 神勅을 下하사 神政一體로써 天下를 治하는 大經大法이 此書에 載하여 聖子神孫이 繼繼承承하사 燦然히 世上에 明明케 되니 可히 蘊奧를 發見키 難하도다 대저 神祖檀帝는 天下의 大聖으로써 天下의 大道를 修하시며 天下의 大政을 行하사 天下의 大心을 得하였으니 淺見과 薄識으로써 可히 言明하리오 대개 人과 物이 같이 三眞을 받았으니 眞을 받은 것은 곧 性과 命과 精임인데 眞性은 善惡이 無하고 眞命은 淸濁이 無하고 眞精은 厚薄이 無하야 工夫하고 硏究하면 大道와 大政을 또한 可히 得할 것이나 衆人이 스스로 昏迷하고 虛妄하으로 檀君께서 이에 天下의 大道로써 極을 建하시고 敎를 擧

妄을 返하여 眞에 歸케하시니 羣生이 接化되며 九族이 和合하여 모든 祥瑞가 普天에 現하며 光明이 大地에 輝하니 實로 萬古無疆의 慶幸이로다. 臣이 勅命을 奉한지 十有三年晝夜로 憂懼하야 村託이 無效될까 恐하여 各地에 輪廻하며 石室藏書와 古碑와 散史를 參考하다가 往年에 家厥 (卡耳共) 國까지 再入하여 古蹟을 探査하여 此書를 蒐述하여 原本은 奉呈하여 木板에 刻하여 國書庫에 藏하고 또 騰本으로써 國民을 敎授하여써 國民의 歷史知識의 萬分의 一을 助力하나이다.

天統三十一年三月三日

盤安郡王
臣 野勿奉勅謹序

檀奇古史重刊序

余가 일즉 朝鮮古史를 讚할때에 檀奇古史는 文獻이 無徵하여 或은 말하대 檀君一世께서 齋가 一千四十八歲라하고 櫻陽村은 닐아대 傳世는 不知幾요 歷年은 曾過千이라 함에 至하여는 卷을 掩하고 痛恨치않이 치못하였다. 嗚呼라 我扶餘民族으로서 의 古史는 漠然히 아지못하며 漢唐의 文化는 能히 談論하나 高句麗의 大武精神과 新羅의 花郞道는 능히 說明치못하게됨은 다―우리 文獻이 不備한 所以다 그럼으로 余가 學部編輯局長이 됨以來로 朝鮮歷史를 힘써 廣求하였으나 아즉까지 實史를 得見치못함으로 더욱 渴望하는 恨이있어서 往年 萬國史略을 編纂할때에 朝鮮篇에는 記史치않이하고 에 記入치않이 하노라한 理由는 장차 朝鮮古史가 出現하기를 기다린 所以이다. 但別노 明記할것이 있기로 此篇 然이 等流의 著史는 得見하였으나 可考事가 別無하고 오직 大野勃著史가 있단말은 聞하였으나 아직求見치못하야 一日에 中國人王常春이 一冊子를 가지고왔어 余에게 示하며 曰 此冊이 想必貴國歷史의 一部인듯하니 參考에 供하라 함으로 冊形이 古怖한데 首尾가 鮮落더고 오즉 殘存한 것은 冊述者 及 著述年代는 可考할수 없으나 그 記事로 보아서 朝鮮史의 疑心이 없다. 其後에 同志 李兌珪君이 또한 一冊을 示하여 日 이것이 檀奇古史이니 一部라서 出刊하여 世에 公하라 하는것을 余ㅣ 詳細히 考察하니 著述者는 大野勃、而刊行은 蔭에

彼釋人은張止傑인대그冊形이前日王常春의持來한것과相同함으로 심히奇異하여져循玩熟讀하니그禮典과交誼는舊傳의彛典과彷彿하고 그前後檀朝及奇子史의制法은司馬의通鑑과依稀하고 그精神은尊朝鮮, 攘外族의大義가特立하였으니 實노그雄豪健全한文勢간簡艶, 李朝時代 外儒者로는到底히不及할바이당. 嗚呼라 此書가비록數千年後에著述하였다할지라도 그密考 한것이博識하고 記錄한것이精確하고 그硏究한것이深함으로 그證明한것이的實하니어찌 淺見薄識의尋常小史보同日하여語하리오 惟吾檀奇疆域에何土가그故地가않이며 何物이그古 蹟이않이리오 鳥語蟲聲도傳心의妙訣이오 花英草色도被德의光華로다. 試觀하라 撐石圖 (연들)이白頭山에서始點을起하여 西으로歐洲, 빨칸半島, 東으로日本, 南으로南洋群島까지 뉘가此物의證據를否 認하리오 上으로檀祖聖德을慕하고 下로扶餘民族系統을繼하는마음이 此史를讀할사록더욱 一律的制定으로傳布하여있는갓이 野勃史의內容과名實相符하게되었으니 이에印刷에付하여世에公하겠노라. 敬戴하여지겠는고로

大韓光武十一年三月九日

學部編輯局長 李 庚 稙 識

檀奇古史重刊序

天下의 盛德과大業이 뉘가愛國者보다勝하리가有하리오 眞愛國者는 國事以外에는足히써 介意할것이없는故로 國事를襄하고는 嗜好할것도없고 希望할것도없고 愛患도無하고 競爭도無하고 歡喜도無하고 忿怒도無하도다。眞愛國者는 國事를視務할時는 艱難하다마할바도 없고 危險하다할바도無하고 不可하다할바도없고 또悶憫할바도없을지라 成功하였다할바도無하고 失敗하였다할 바도없고 至혹은그마주다할바도없을지라 또悶憫할바도없을지라 그愛國하는方術이 不同하니 或 은吾로하고 或은血로하며 或은錐도하고 或은銳으로하고 或은機械로써하되 前唱하면後 隨하도다。發射者는시로矛盾치有한시라도 그向하는바鵠은맞춤내同一한目的으로相合지아니 함이無할지라 대개東西의國家와古今의民族이數千이나 그蒸特히保存한者는百의―에 遯하도다 彼□發吹하며鎔成하며綢繆하며莊嚴하며歌하며舞하며感服지아니하리오 愛 國者의心血과努力으로쏘活動한것은 我國이建國以來半萬年歷史上에그可히歌할만하며 泣할만하며可히快樂할만한實이數萬에不止하고 我國의英雄豪傑과忠義烈士가 數千人以上이나 檀奇史蹟에當하여는歷年이太鮮하다하고 因武王이箕子를朝鮮에封하였다하며金富軾같은腐儒 눈炭古히기가 旣罪는不可또僅言은不知鬪라얼였다 彼中華人의群書는自己만奪하고他人은 侮하며同族은褒하고外族은貶하며自國以外는다蠻夷라稱하였으니 그런書籍은비록汗牛充棟이

나도 歷史의 實蹟은 變考키 難하니 참말 此에 至하여는 冊을 덥어 놓고 痛恨치 아니할수 없도다。壬子 歲에 余 安東縣에 至할 時에 忠友 崔華栞이 一卷 山史를 帶來하여 장차 出判할 意로 余에게 序文을 請하거 늘 甚히 異常히녁이라 冊을 펼어 再三 讀覽하니 其 渤海國 安郡 玉野勃의 編纂인데 祚福이 重刊한바이라 冊形은 비록 敝舊하나 그러나 日字 中華各地로 遊歷하다가 偶然히 一冊肆에 入하여 答하기를 女人 柳應斗는 古今 博通의 顧覽이란 此書를 瞥見케하니 於심내 欣感됨이 如得千金이라 鴨來하여 굿하어 생각하기를 柳奇二千年史가 반듯이 十卷을 膽費케하여 장차 重刊할 預定이다한다 嗚呼라 슬프다한 門人 李庶莊(允珏)손에게 附혀 여러 實史가 有할터인데 아직 ㅁ 考處가 無한것은 여러번 兵火를 經過하여 國史를 能히 保存치 못하였 니었지 痛恨치 아니 라오 하였더니 明天이 우리 柳氏의 事實로써 泯然한일이 아니하심으로 柳氏로하여 금 이 原本 熱誠中에서 得來하여 世上에 公現케하였으니 뉘가 喜하여 讀치아니하며 ㅁ가 誦하며 本生에 要求하는 奇二千年史가 다시 此世에 明朗케된즉 참千古의 奇事로다 原著作人公 玉野勃先生은 十三 餘屋籍을 勞 力하여 親히 古跡을 博覽하며 衆史를 參考하여 譜造網ㅁ다 그 百餘年後에 渤海 大文人 皇祚福 은 重刊하여 世間에 廣傳하였으니 兩先生의 우리 民族에게 有功함이 多大하도다 再傳한 事에 關하 어는 柳、李 兩氏의 功도 亦 不少한지마 嗚呼라 大野勃 皇祚福 兩先生은 心과 筆로써 國家를 爲하 여 腦力과 血誠을 다한 眞愛國者요 柳李 兩氏도 心力과 筆力으로써 愛國盡誠者니 彼人이 譏評하여 繼續刊行하여 世上에 廣佈하면 亦是萬古不滅의 功이 되리로다.

壬子 仲春

丹齋 申 采 浩 識

檀奇古史

渤海 太宗 大野勃 原著

第一編 太古史

檀典

檀君朝鮮 桓氏 典에 天下의 東方에 扶餘族이 太白山附近에 散居할세 其中에 桓仁은 寬仁大度 하여 家屋建築및 衣服制度를 始作하시고 아들 桓雄을 生하니 英姿가 豪傑이라 父命을 承하 야 衆生을 弘濟할세 風伯과 雷師와 雲師와 雨師와 公主를 率하시고 天坪(吉林東部)에 至하사 飮食節 次와 婚姻規則을 創設하시고 天符經을 說敎하시니 四方人이 雲集하야 聽講하는 者가 市衆 과 如한지라 桓雄이 아들 桓儉을 生하니 곧 檀君王儉이라 長成하매 非西岬(浴濱爾)河伯의 女 를 娶하여 處를 삼고 아들 夫婁(神仙)를 生하니 이가 扶餘族의 始祖가 되니라.

檀君의 建國 檀君王儉은 第一世檀帝이시니 桓雄의 子요 桓仁의 孫이라 神聖文明하시며 仁愛慈 悲하시고 道가 天地에 通하시고 德이 四海에 被하시며 九族을 親하시며 蒼生을 接化하시고 大宗 敎를 創立하실세 三一神誥를 天下에 布告하시며 三百六十六事의 神政으로 國民을 諄諄히 訓誨 하시니 其德은 天地에 比하고 그 明은 日月과 同하더라 그 化育을 받은 萬民들이 十月三日에 總會

【演奇古史】定價三百圓

原著　渤海國大野勃

翻譯　　　　서울鍾路區清雲洞
發行人　金海花

校閱　省齋 李〇始榮
　　　水色驛前國花園

印刷人　李　華　史
　　　서울東大門區城北洞五番地

印刷所　文化印刷社
　　　서울忠武路四街一四五
　　　電話 ②三二七七番

發賣元　朝鮮福音社
　　　서울驛前東子洞一二番
　　　電話 本局 ②六五四七
　　　電話 本局 ②三五二番
　　　振替口座京 二一五二番

檀紀四二八二年十一月一日　印刷
檀紀四二八二年十一月三日　發行
檀紀四二八二年十二月一日　再版印刷
檀紀四二八二年十二月三日　再版發行

版權所有
不許再譯

3. 1959년 『단기고사』

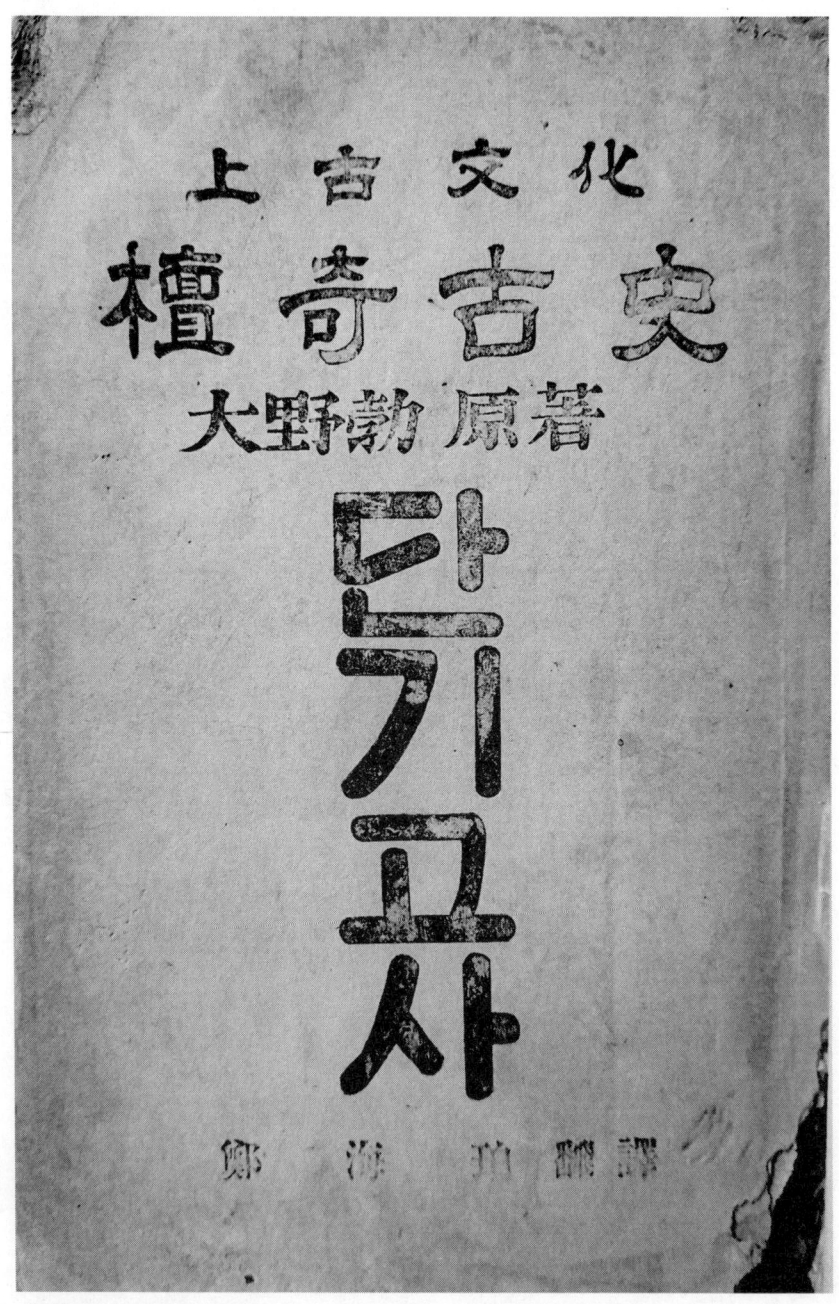

단기고사 (檀奇古史)

정해백번역 (鄭海珀翻譯)

대야발원저 (大野勃原著)

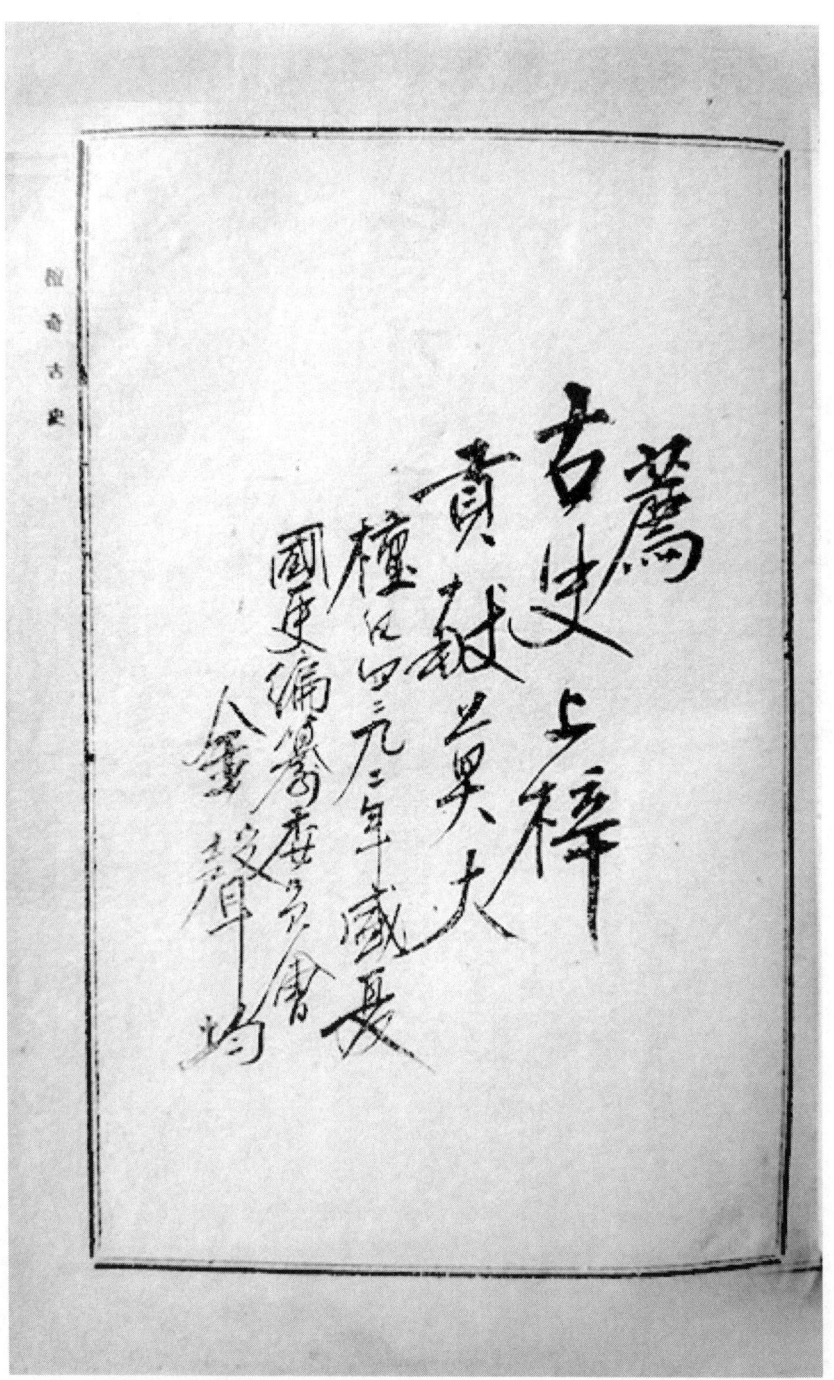

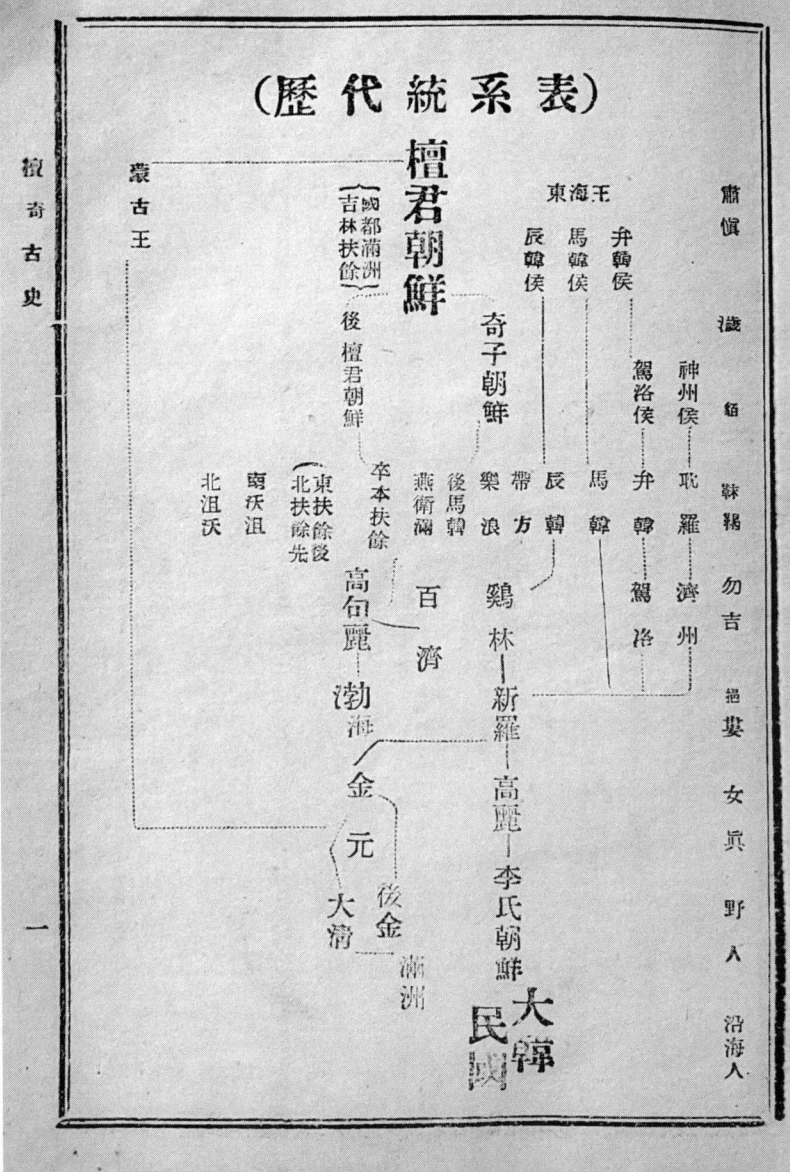

본사출간경노(本史出刊經路)

거금일천삼백여년전 고구려가 나당군(羅唐軍)에게패망한후 국서고(國書庫)까지소실(燒失)되 었으나 고신영걸대조영(古臣英傑大祚榮)장군이삼십년후에 고구려고지(古地)에 발해국(勃海國) 을곤설하고 왕(王)이된후 소실된 단기고사를 문호대야발왕제(文豪大野勃王弟)에게 다시편찬 케하야 수백년간 전해오다가 고려(高麗)조에 이르러 모화유 김부식(慕華儒金富軾)이런등이 삼국사(三國史)등백십구권을 축소(縮少)하야 오국의 광영(光榮)을 절만한 사실은 전부삭재하고 중화의 예속국(隷屬國)이된만한 문구만 적기산사(摘記刪史)한고로 이조후 금일까지 오국민 은 시조부터 정치 문화 산업 경제방면에 중화보다 나오(落伍)된약소국으로만 경과하였다고 오인(誤認)케됨애 승조(聖朝)의 십사까지 알지못하게 되였으니 통탄불이(痛嘆不已)라 연 이나 천우신조(天祐神助)하야 우리승조에 역사를 귀증(歸正)키 위하여 온장(隱藏)되였든 야방사(野榜史)가 천간의의예 출현되이 대한광무(大韓光武)시대 학부(學部)에서 출간하랴 다가 집인(日人)에 내정간섭(內政干涉)으로미간(未刊)되고 또기추 신채호(申采浩) 李觀求 李觀求 양씨가 중국지방에서 출간할야다가 가역시 미간되고 또해방후 기축(已丑)년에 김해 암두화 이화사(金海巖斗和 李羅史) 「註日李雜史는 李允珪의長子」씨등이 국한문으로 번역출간하였다가 기후 六,二五동난으로 거개소실되여 "아는자 희소하온중 금번출간이 우연이 된것이 아니요 우리 승조를 다시금 차저 모읍게된 기회이온즉 사해첨위께서는 무루에독(無漏愛讀)하시와 중화히 시조에 역사를 아시기바람니다 또문구에 근대술어(近代述語)가많은것은 이해용이(理解容理)키 위한것이오며 또한문 문투가 많은것은 한문직역관계(漢文直譯關係)로 한문 문투가 많아오니 서양(恕諒)하시요

단기四二九二年十월　일

발간인 일동

金在衡
鄭海珀
李鍾國

謹告

단기고사(檀奇古史)

발해문호(渤海文豪) 대야발원저(大野勃原著)

제일편 태고사(太古史)

단전(檀典) 제일세단제(第一世檀帝)

단군조선 한씨경(桓氏典)에 이르되 동방에 뛰여독 부여족(扶餘族)이 대백산(太白山) 부근에 흐더지 살새 그가운데에 한인(桓仁)은 관인대도(寬仁大度)하여 가우근축(家居建築)의 복제도(衣服制度)를 시작하시고 아들한웅(桓雄)을 생하니 영자(英姿)가 호걸이라 부명(父命)을 이어 중생(衆生)을 크게건질새 풍백(風伯)과 우사(雨師)와 운사(雲師)와 뇌공(雷公) 등을 기나리고 천부경(天符經)을 설교(說敎)하시니 사방사람이 구름모이듯하야 청강(聽講)하는자가 시층(市衆)과 같은지라 한웅이 아들힌군(桓儉)을 낳니 곤 단군임금(檀君王儉)이라 장성하매 전차와 혼인규측은 창신하시고 천평(天坪)(吉林東部)에 이르사 을시비서압(非西岬)(哈爾濱) 하백(河伯)의 딸 신웅(神熊)을 장가들어 아내삼고 아들 보무(夫婁)(神仙)를 생하니 이가 부여족의시조(始祖)가 되니라

단군의 건국 단군임금은 제일세단제(第一世檀帝)시니 한웅의 자요 한인의손이라 신승문명(神聖文明)하시

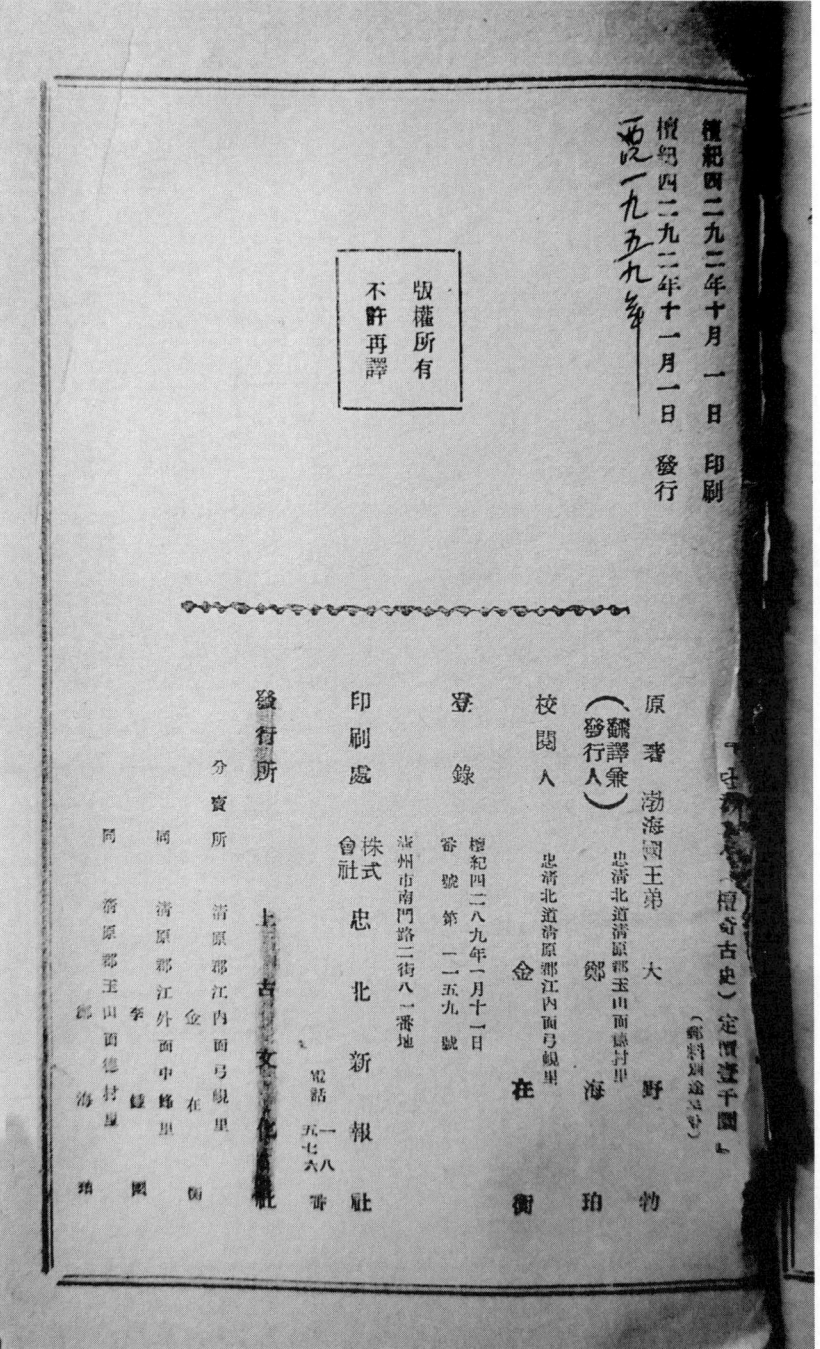

4. 2011년 『화사유고』 제3권 「단기고사」

檀奇古史(檀奇古史)

檀奇古史重刊序

檀奇古史何為而作也吾國
初大文豪野勃先生憂
國史之泯沒於世而作也盖自
檀君聖祖開國以來聖
子神孫繼┌承┘重熙累
客蹕起國政之善不善風俗之美不美少無遺漏皆
統合三韓之志不斷謀之圖之然只以獨力終無勝
記於史詠於詩贊於誦至於麗濟之季世新羅陰抱
等故乃請兵於唐朝則有宿怨欲雪其耻而覘其間
者久矣會應其請而大發兵與新羅合勢併力滅
百濟高句麗猶有不足之心使蘇定方薛仁貴等破國
書庫而焚檀奇古史及麗濟遺史新羅亦欲頭自國
之榮名以抹殺麗濟遺史為行政之一目其歷史宣可
殘存於世乎其史之泯沒莫其時岩也天運循環無往
不復吾太祖高王應天順人而登寶位先憂夫歷史之

泯滅命野勃而編纂檀奇古史及震潦遺史先生受命以來夙夜憂懼恐付託不效以傷御命故十有三年間傾心注力始克成篇以眀夫相傳之系統盖其據之也確故其編之也正其考之也詳故其續之也符至於上書等篇逈脫奴隸之累態以示嚴然獨立之思想使後之者神氣倘爲之旺大文豪之編纂手法非俗儒之所能及也余一讀神氣倘爲之旺再讀神氣愈爲之旺讀者一讀而神氣倘爲之旺再讀而神氣愈爲之旺則列聖之前故自不勝活潑之心以爲重刊將使以後之能使吾扶餘族可以光復古聖代之版圖而王天下可計日而待也

達興八年四月晦日 山陽皇祚福 識

檀奇古史

第一編 太古史

前檀朝朝鮮

總論

欽若稽億君曰壬儉是爲朝鮮開國始祖 蓋自前世扶餘族散居於太白山附近地帶人物之生林林蔥鬱於是神人桓仁首出寬仁慈愛有大度始建家屋製衣服以行部族政治子桓雄英哲文明以承父命私濟衆生率風伯雲師及雷公等眞于吉林天坪定禮儀制婚姻持天符經及神理而設敎四方聽講者雲集成市故曰神市皇生子桓儉神聖明哲立而爲王遂受九夷之推戴爲天帝是爲國祖檀君獻于天帝之娶非西岬(哈爾濱)河伯之女(神熊氏爲妃)生子扶婁敎之朝鮮開國始此

建國及神政

第一世檀帝名壬儉在位百五十年（爲主者五十七年爲帝者九十三年）

檀君娃桓名壬儉第一世檀帝也桓雄之子桓仁（徹雄即恒因）之孫生
而神聖明智仁愛慈悲道通天地德洽四海以親九夷九麥乃
化協和萬方黎民於變是雍
創立敎神敎以三一神誥布德於天下用三百六事之神政諄
諄然敎誨萬民
德配天地明並日月智如天神信如四時就之如日望之如雲
于時萬民簇會於天坪十月三日推戴爲天帝奠定于春林
平壤國號朝鮮
追尊主考公爲天一皇考公爲地一皇立長子扶婁爲太子
封紫府仙人（廣成子）爲桓夫帝（廣明王）太傅
繁府仙人之首通人之奇中華黃帝躬受業於其門典
蠶尤閒新譌爲帝微來桀桀繁府弟子彼受風后文和歸內皇文
者中華道德之被必也以先乾屐之道治平者也
乃命高矢曰汝作司農敎民稼穡時百穀在勤勉周僾
襄民野飯光以一起飯投空中祝曰高天矣者

檀奇古史序

伏惟 昔嘗痛恨於唐將蘇定方薛仁貴者役乎襲滅高句麗百濟改國書庫而焚檀奇古史及鹿渤遺史故也是以 臣 功欲復編國史恭考古之石史及遺蹟而略悉其統序也惟我 聖上 陛下以天縱之姿克紹 檀祖之系統既眞金甌乃垂黃裳爰捧天訓之玻瓊命 臣 緝纂撰檀奇古史及鹿渤遺史 臣奉命而竟其可编纂檀辰輪之寶贊命 臣作三一神誥之序是年又下勅使證之遺事則從致寶述而不作記而不論始成篤鳴呼此書豈其易言哉自神檀祖開國以反扶餘奇子兩朝及高句麗朝聖子神孫繼,承實歷累洽武至于 聖朝神政一致其治天下之大經大法皆載此書而燦然 復明於世淺見薄識豈足以盡發蘊奧哉我 以天下之大聖修天下之大德行天下之大政得天下之大心 神檀祖得其心則大德與大政固可得而行也何者人物同受三真曰性命精真性無善惡真命無清濁真精無厚薄唯衆迷妄失真不知其所遵神壇祖乃以天下之大道建極垂教使各反安賜真九夷乃化羣祥同春祥露彩瞰普天涵照覆幬蒙平實千萬古無彊之景休也臣自奉勑十有三年以來夙夜憂懼恐付託不效輸鬥名地而考諸古碑與石室藏書及散失以殿之往年八千突厥而查考古蹟以補比者奉呈原本而剜之于板藏於國畫庠因之以版本使教國民爲助文學習識之萬一爲

天統十二年三月三日

磐安郡王臣 野勃 奉勑謹序

5. 1922년 『배달족역사』

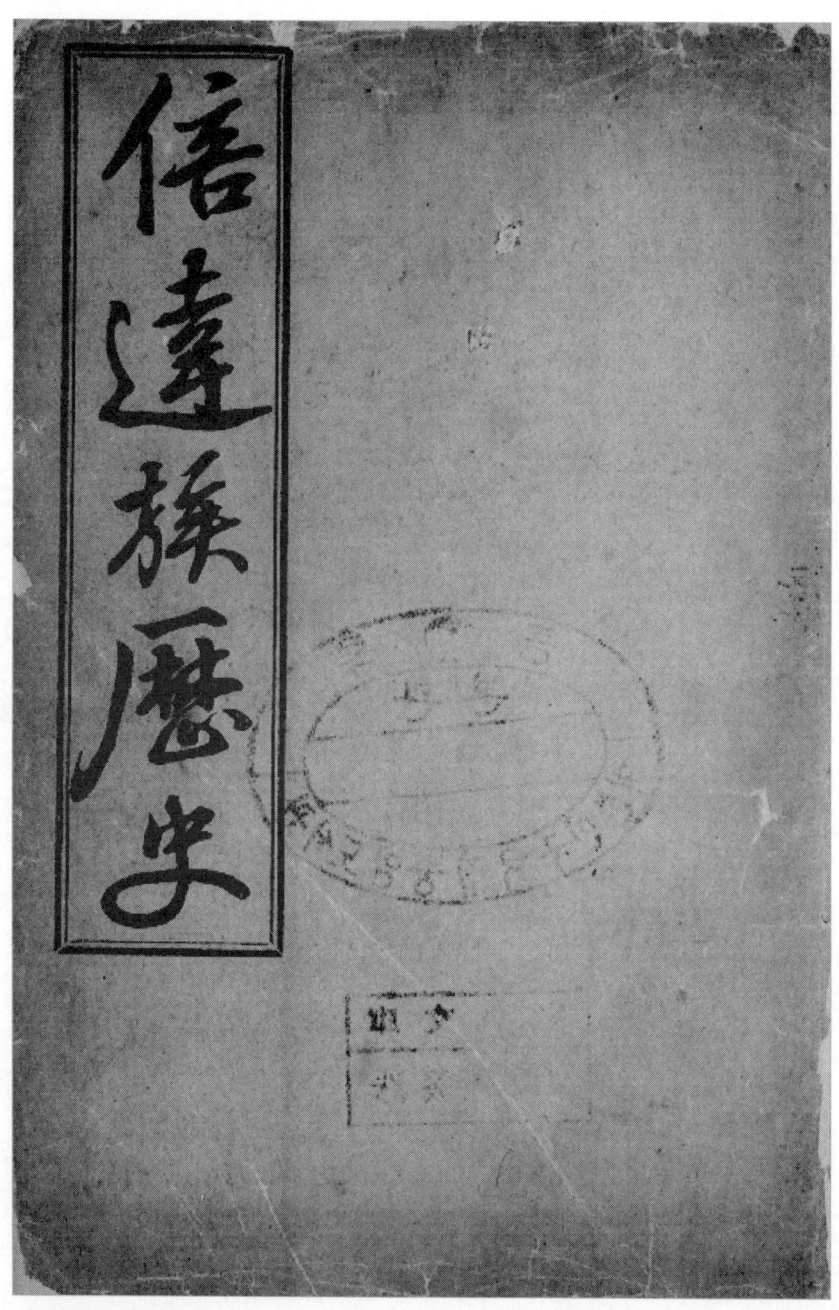

倍達族教科書 上古歷史

第一章 神市時代

第一課 民族의 散居

上古에 우리 民族이 黑水南쪽과 瀚海北편에 散居하야 草를 衣하고 木實을 食하며 夏에는 巢를 構하고 冬에는 穴에 處하야 俗이 蒙昧하며 智識이 幼稚함으로 善을 褒하고 暴虐을 擧벌하며

第二課 神人의 化降

開天子印藏上月에 上帝께서 一符와 三印을 持하시고 風伯과 雨師와 雲師公을 率하시며 人으로 化하야 太白山(今白頭山) 神檀樹아래에 나리사 人類를 化育하시며 神道로 敎를 設하시니라

第三課 神人의 能力

神人이 殺과 命과 病과 刑과 善惡의 五事를 主하시며 人間三百六十六事를 治하시니 於是에 男女와 父子

第四課 團部의 政治

神人이 方區內에 자조 巡行하야 散居하는 民族을 聚居케하야 團部를 編成하시니 區內의 團部가 凡三千이

오 神人이 儉勤하신 政으로 蓬亭과 柳闕에 御하시며 索을 納하시거나 牛를 跨하시고 治하시더라

倍達族歷史

Part.7 부록 437

第五課　神市의 名稱

時에 國名과 君位는 無하나 神人이 區內의 人民을 統治하이며 人民은 神化에 歸來함이 市에 會함과 如하야 神市라 稱하니 神人降世로 自하야 建國하기 前까지 一百二十四年은 神市時代라 謂하더라

第二章　倍達時代

第一課　檀君의 建國

戊辰歲 十月에 人民이 神人을 推戴하야 大君主를 삼고 國號를 建하야 曰檀訪(倍達)이라하며 都를 太白山下에 定하얏다가 二十二年을 歷하야 庚寅歲에 都를 平壤에 移하며 國號를 朝鮮으로 改하니라

第二課　徒都와 治水

壬戌歲에 浿水가 汎濫하야 平壤이 沈하거늘 都를 唐藏京(今文化地)으로 徒하시며 水를 治하실새 北은 黑水로 自하야 南은 牛首(今春川地)에 至하며 東西는 大海에 抵케하고 道를 通하야 民居를 便게하시니라

第三課　築城과 設壇

丙寅歲에 皇子三人을 命하사 穴口(今江華)에 山城을 築하시며 摩尼山(江華山名)에 壇을 設하시고 天祭를 하야 本을 報하는 事를 行게하시니 壇制는 上方下圓하고 石으로 累하얏스며 歷代로 守護하야 尙存하니라

第四課　國界를勘定

甲戌歲에太子扶婁를派遣하야虞國使臣과兩國交界되는塗山(直隷內地)에서會하야國界를勘定하니朝鮮의疆域이東은大海오西는興安嶺을挾하고南은瀚海에至하며北은黑水를越하야其極이荒邈을言限하더라

第五課　名臣과碩輔

元輔彭吳는土地를奠하고史官神誌는書契를撰하고樂官高矢는田事를治하고樂官持提는歌舞를協하고君長余守己와主長神大生은各其民庶를制하고處慎氏는月矢를作하고沃沮氏는弩矢를造하니라

第六課　神后와賢子

匪西岬神后는紡織을勸하시고太子扶婁는陶를治하야器用을備하고皇子扶蘇는藥을營하야疾苦를救하고皇子扶餘는豢犢을주하야獸害를遠케하고皇子扶虞는宴饗을主하야俗尙을敦厚케하니라

第七課　郡國의制度

檀朝의政治가內로는元輔가總管하고外事는君長과主長과民이主掌하는대郡邑으로國을삼고君長이職을世襲케함으로諸侯와如하고稅賦를約케함은後世郡縣과如하니此를郡國制度라謂하더라

第八課　部國의君長

扶餘와 肅愼과 沃沮와 濊貊과 韓은 皆 部國의 君長으로 其國內에 部國君長을 攵攺하게되야 無數한 小國이 産出하고 小君 長이 名을 扶餘는 大加라 濊貊 愼은 大人이라 沃沮는 三老라 韓은 구이라 稱하더라

第九課　檀君의 御天

庚子歲三月에 檀君께서 阿斯達(今九月山)으로 入하사다시 神이되사 天에 御하시니 君位에 在하심이 九十三年이오 人間에 留하심이 凡二百十七年이러라 今九月山頂에 石壇이 有하야 檀君御天壇이라고 指稱하더라

第十課　稱號의

扶婁帝는 賢하시고 福이 多하사 邦內가 安泰하며 子孫이 繁盛하고 世世로 仁惠가 有하야 檀君의 稱號를 襲用하니 政化가 辭美하야 靈瑞가 見하며 鳳凰이 出함으로 選士人의 欽義하야 東方君子國이라 謂하 더라

第十一課　民長의 治才

朝鮮建國四百五十五年壬寅에 土山(平壤地) 八王朝朝이泊(九月山沿海地) 民長이되야 治績이 著하며 粟을 春하야 器를 作하고 土로 民은 앙비 곳茅를 拔하야 屋上에 苫하니 民이 便好라하야 其法을 相

傳不替하니라

第十二課 外地의 殖民

濊國君長이 般主小乙게 獎코 桀에 倡하야 徐州地를 占領하고 揚子江沿岸에 絶大한 土地를 廣拓하야 都를 徐하고 國號를 徐라 하야 民을 移하야 生業을 繁殖케 하니 此는 우리 民族이 外地活動의 始이니라

第十三課 濊人의 遷徙

濊의 一種은 海水(今鹹江) 東岸으로 遡하야 北徙하야 黑水를 跨하야 土地를 開拓하니 此는 寒濊니 一種은 東南海岸으로 至南徙하야 邑落을 成하야 國이라 稱하야 東濊(今江陵)라 不耐 濊(今咸興)의 名이 有하니라

第十四課 扶餘의 發祥

撫松에 君長이 有하니 舊地(今開原)가 窄狹하야 民을 擧하고 北遷하야 扶餘의 地에 徙하고 濊의 遺民을 撫하니 地名은 扶餘나 國號는 然히 濊로 變치 아니하되 扶餘의 盛名이 遂絶하며 扶餘의 舊都(今阿勒 楚喀地)는 丘墟하니라

第二章 檀君時代
第一課 橞稫君의 北遷

朝鮮檀君이 北張을 統治하야 捴督府를 開柝하고 乙未歲에 都를 徙하니 地名은
五臺山國號를 仍稱하니라 其寅으로 始하야 是年至하니 凡一千二十六年을
歷하니라

第二課　箕子의 東來

己卯歲에 殷(支那)이 亡하매 箕子가 周를 避하야 殷의 遺民을 率하고 遼水西平壤(今廣寧)空地에 居하야 地名을……朝鮮이라 稱號하니 他族來化하야 其子孫이 漸强하야 都를 遼水東平壤(今遼陽)에 移徙하니라

第三課　徐의 伐周

徐·熊子·仁穆·和平에 周人이 徐의 偽國을 侵하거늘 穆王이 師를 率하고 周를 伐하니 周穆王이 大慴하야 和를 乞하고 東西로 分하야 東方諸候는 徐에 屬하니라

第四課　徐國의 歷年

徐가 周와 並立하야 東屛이 되고 諸候를 會盟하야 徐의 盟에 預하야……其 徐偃王이 神明을 崇하며 小邦을 侵滅하기를 不好하다가 敗亡하니 徐의 國號가 一千餘

年을 歷하얏더라

　第五課　箕氏의 國土

箕氏가 土地를 大拓하야 東은 濊貊沃沮과 界하고 西는 幽薊에 至하고 西北은 濊貊과 連하고 北은 扶餘와 接하고 南은 滄海에 及하야 韓과 對하얏스니 李世에 至하야 國勢의 地는 二千里를 燕將秦開에게 戰失하고 國이 遂窘하더라

　第六課　濊貊의 勇强

濊의 力士 黎道令은 支那人 張良의 伉를 報하야 中에 諸를 諸하고 一百二十斤鐵椎를 高擧하야 秦皇 政을 博浪沙中에서 擊하다가 副車를 誤中하고 貊의 옷騎는 漢王 劉邦의 諸를 贐하야 西楚覇王 項籍을 廣武野에서 擊破하니라

　第七課　衛滿의 竊據

朝鮮王 箕準(箕子四十一世) 時에 燕人 衛滿이 衆을 率하고 椎髻野服으로 來見하거늘 圭封(地名) 百里를 割與하야 더니 滿이 兵을 引하야 準을 襲하고 其地를 奪據하며 國號를 朝鮮이라 仍稱하얏고 箕氏의 朝鮮은 九百二十九年을 歷하얏더라

　第八課　三韓의 分立

箕準이 遂히 衆을 殺하야 海에 浮하야 南으로 韓의 地에 至하야 金馬渚(今益山)에 都城을 築하고 國號를 馬韓이라 稱하니 於是에 韓의 地가 西와 南으로 分하야 西의 地는 馬韓이 되고 南의 地는 辰韓과 弁韓이 되니 是를 三韓이라 謂하니라

第九課 濊貊의 變革

濊行南閭가 衛氏와 不和하야 二十八萬口를 率하고 漢에 詣하야 內屬하니 漢 武帝가 其地(開原西北)로 蒼海郡을 置하고 路를 發하야 貊의 地를 取하야 蒼海道를 築하며 通하니 工役이 浩大하야 燕齊의 間이 靡然發動하더라

第十課 衛氏의 國革

衛滿의 孫 右渠가 兵盛 財力으로 蘆領 南部와 沃沮 全道를 服屬하며 濊貊 故地를 侵削하야 漢과 戰鬪하다가 畢竟 漢에게 敗滅된지라 衛氏의 國號가 八十七年에 此하야 其地는 樂浪과 玄菟와 臨屯과 眞蕃의 四郡이 되니라

第十一課 四郡의 分裂

漢이 四郡을 合하야 平州와 東部의 二府를 置하고 其邑治를 遷移하니 本地는 空棄를 因하야 無數 舊族이 各自 國邦을 建設하며 扶餘는 此 機를 乘하야 濊의 故地와 衛氏故地를 占領하고 痛慨과 沃沮는

舊彊을回復하더라

第四章 上古文化

第一課 神敎의拜天

檀君께서拜天의事를行케하신後로歷代가相襲하야每年十月과三月에國中이大會하야天에祭하고歌舞鼓吹하며其會를扶餘는迎鼓라謂하고濊와貊은舞天이라謂하고辰韓과弁韓은飮이라謂하며禮儀가甚盛하더라

第二課 神敎의九誓

扶餘古俗에敎徒가春秋로會體를行하며誓辭를讀하니其誓辭는不孝者誅이오不友者黜이오不信者黜이오不忠者誅이오不遜者誅이오勉德業하며規過失하며恤患難하며成禮俗하야同歸于善하라하니라

第三課 神敎의五戒

敎의政律이嚴하야徒가師의戒命을違하고退하는徒라謂하야被하더니其戒가
一, 男女와職業을隨하야有異하나後世에盛行한者는六事君以忠과事父以孝와交友以信과臨陣無退와殺傷有擇이러라

第四課 神敎의 八關

歷代로 神을 時에 誠潔히 齋戒하고 式을 行하고 福을 新하는데 其名을 八關會라 하니 八關은 즉 八罪를 禁함이라 하였음이오 八罪는 즉 殺生과 偸盜와 淫逸과 妄語와 飮酒와 高大床에 坐함과 香華를 着함과 觀聽音自樂함이러라

第五課 文學과 技藝

檀君時에 神誌가 秘詞二卷을 撰著하니 此는 즉 古文藝의 始라 우리 民族의 文明이 此를 嚆矢하므로 是後에 王受兢은 法學生 進하고 少連 大連은 讀學으로 聞하고 璧王은 音樂으로 名하고 曹元理는 數學으로 人을 懾服하니라

倍達族敎科書中古歷史

第一章 列國時代

第一課 南北의 諸國

關二千四百年以後로 七百年間은 猶灃과 竹嶺으로 分하야 南은 新羅와 百濟와 駕洛의 國이 有하고 北은 高句麗와 扶餘와 鮮卑의 國이 有하야 各其 勢近小國을 攻取하야 郡縣을 삼고 五相 爭하니 此를 列國時代라 하니라

6. 1937년 『단군세기』

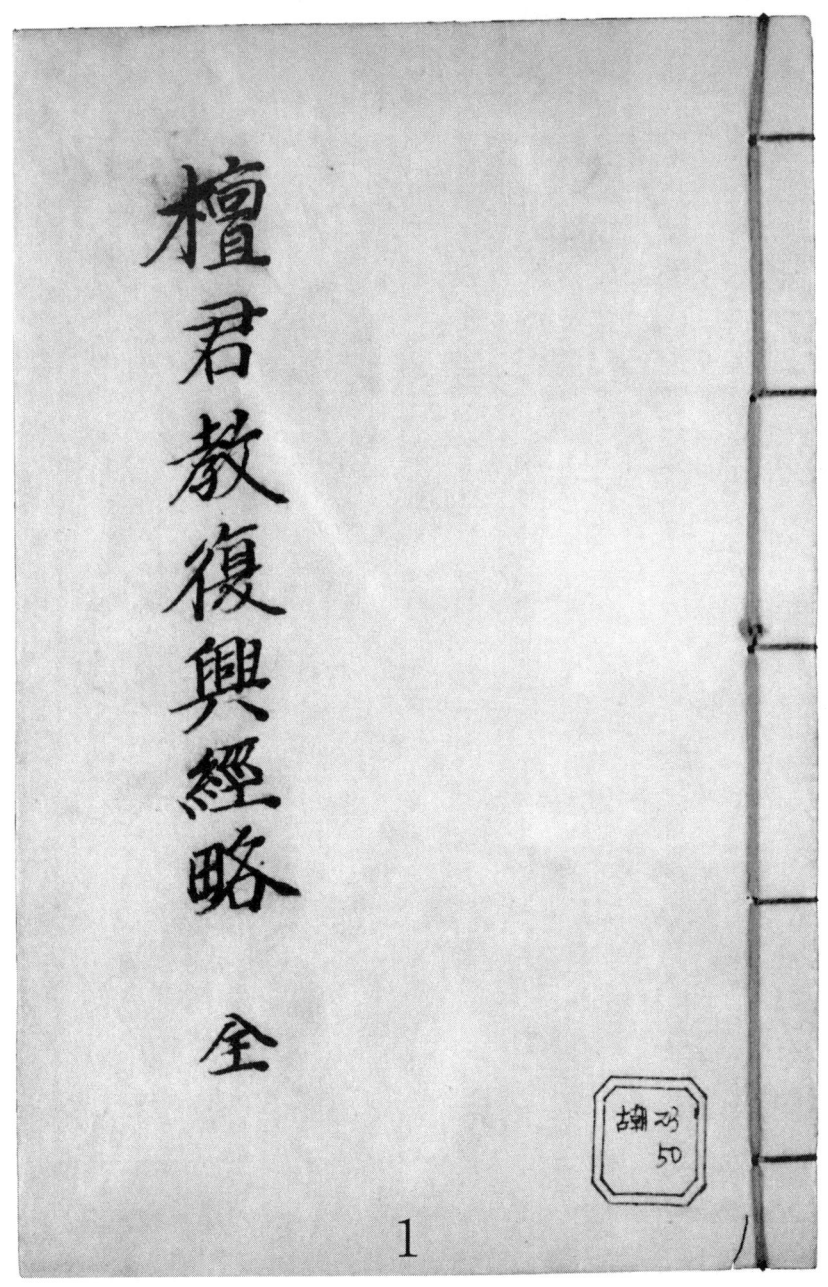

目次

一 檀君降世 …… 七
一 匪西岬氏와 四皇子 …… 八―九
一 檀君世紀 …… 十一―二十三
一 天符經 幷注 …… 二十三―二十八
一 三一神誥 …… 二十九―三十六
一 享祀禮式節次 …… 三十六―四十五
一 贊頌文 …… 四十六―四十九
一 檀聖殿建築 始興 …… 四十九―六十
一 神殿奉贊會發起 …… 六十一―六十四

檀君聖祖御眞

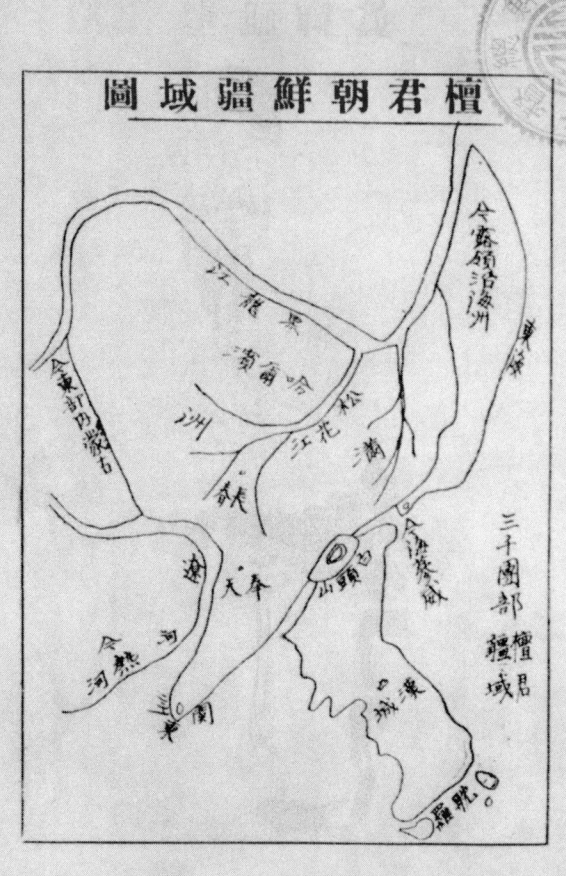

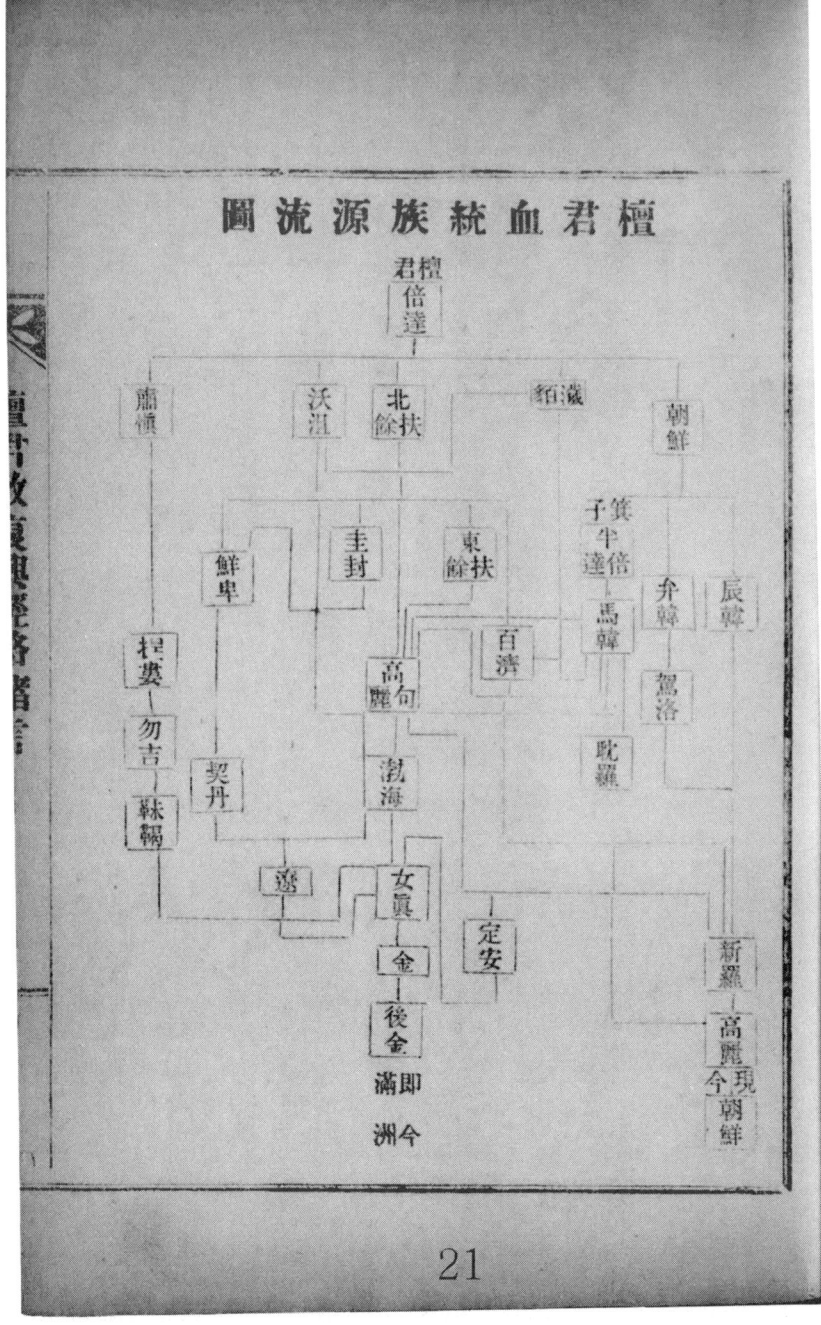

檀君降世

檀君은 神桓儉이시니 上元甲 戊辰十月三日에 神人
으로 天符와 三印을 握하시고 雲師雨師風伯雷公을 將하
시고 太白山檀木下에 降御하시니라
體祖事敍에 曰 稽夫三神하니 桓因 桓雄 桓儉이시
라하고
古今記에 曰 三神은 桓因桓雄桓儉이시니 桓因은 天이
오 桓雄은 神이오 桓儉은 神人이시니 即一上帝시오 桓
儉이 卽檀君이라 하고
神理에 曰 桓因은 位無上之位하야 體無形之形하시고

作無爲之爲하시며 用無言之化하사 主宰大世界하시니 卽上帝시오。桓雄은 以上帝之性으로 造化萬物하시니 卽天王이시오 桓儉은 以天王之命精으로 敎化萬民하시니 卽人宗이시라 故로 三神이 卽一體上帝시오 非各有其神也니 主體則爲一上帝시오 作用則爲三神이라 하니라

匪西岬后와 四皇子

檀君의 后난 匪西岬河伯의 神女이시라 皇子 四人을 誕生하셧시니 第一은 夫婁오 第二은 夫蘇오 第三은 夫虞오 第四는 夫餘니 夫婁난 後에 太子를 封하시니라

東史에 曰 檀君이 娶匪西岬河伯之神女하야 生子 夫婁라 하고 又曰 太子夫婁 賢而有德이라 하고

撲圖史話에 曰 二子 夫蘇로 爲鷹加하고 三子 夫虞로 爲鷺加라 하고 鷺官名이驚이라

東史扶餘世家에 曰 檀君이 封支子 夫餘地하시니 後世에 因自號曰 夫餘라 夫餘난 始封君之名이라 하나니라

政治와 治績

檀君께서 登極하사 人間三百六十六事를 治하사대 事出檀祖 致出
이에 城郭을 築하시고 宮室을 建하시며 主穀主命主兵主
刑主病主善惡主忽 忽은稱이州邦의 諸官을 置하실새 其子夫
婁로 虎加 加의稱은官아皆 를 삼아 諸加를 率케 하시고 神誌로 馬
加를 삼아 命을 主케 하시고 高矢로 牛加를 삼아 穀을 主케
하시고 嵓尤氏 蚩尤의後 로 熊加를 삼아 兵을 主케 하시고 二子
夫蘇로 鷹加를 삼아 刑을 主케 하시고 三子夫虞로 鷺加를
삼아 病을 主케 하시고 余守己로 狗加를 삼아 이에 諸州를
分定케 하시니 此를 檀君八加라 稱하난 것이오 後에 坐緋

天生으로 南海上長을 삼으시라 溝洫을 浚하시며 田陌을 開하시며 農業을 勸하시며 漁獵을 治하시고 民의 餘物은 國用에 補케 하사 大民이 皆熙熙히 樂하난지라 이에 出遊하사 海上에 至하시니 赤龍이 祥을 呈하거날 龍祥을 因하야 虎加를 改하야 龍加라 하시니 檀君의 化가 四土에 洽被하사 北으로 大荒에 曁하고 西으로 獫狁를 率하고 南으로 海壖에 至하고 東으로 海滄에 窮하야 聲敎가 漸次 偉廣하더라 이에 天下의 地를 區劃하야 勳功을 封하실새 蚩尤氏의 後는 南西의 地를 封하시니 曰藍國이니 奄慮忽에 宅케 하사고 神誌로 北東의 地를 封하시니 曰懲辰國이오 亦稱肅愼이니 肅愼忽를 治케하시고 高矢로 南東에 地를 封하시니 曰靑丘니 樂浪忽에 宅케하시고 朱因으로 蓋馬國을 封하시고 余守已로 濊君을 삼으시고 夫蘇夫虞夫餘난 國西의 地를 封하시니 扶餘眞蕃句麗諸國이 是라

檀君傳世圖

第一 始祖 檀君

- 二世 夫婁壬儉
- 三世 嘉勒壬儉
- 四世 烏斯壬儉
- 五世 丘乙壬儉
- 六世 達門壬儉
- 七世 翰栗壬儉
- 八世 于西翰壬儉
- 九世 阿述壬儉
- 十世 魯乙壬儉
- 十一世 道奚壬儉
- 十二世 阿漢壬儉
- 十三世 屹達壬儉
- 十四世 古弗壬儉
- 十五世 代音壬儉
- 十六世 尉那壬儉
- 十七世 余乙壬儉
- 十八世 冬奄壬儉
- 十九世 緱牟蘇壬儉
- 二十世 固忽壬儉
- 二十一世 蘇台壬儉
- 二十二世 索弗婁壬儉
- 二十三世 阿忽壬儉
- 二十四世 延那壬儉
- 二十五世 率那壬儉
- 二十六世 鄒魯壬儉

三七世 豆密壬儉 ― 二八世 奚牟壬儉 ― 二九世 摩休壬儉

三十世 奈休壬儉 ― 三一世 登㫃壬儉

三二世 鄒密壬儉 ― 三三世 甘勿壬儉 ― 三四世 奧門婁壬儉 ― 三五世 沙伐壬儉

三六世 買勒壬儉 ― 三七世 麻勿壬儉

三八世 多勿壬儉 ― 三九世 豆忽壬儉 ― 四十世 達音壬儉

四一世 音次壬儉 ― 四二世 乙于支壬儉 ― 四三世 勿理壬儉 ― 四四世 丘勿壬儉

四五世 余婁壬儉 ― 四六世 音乙壬儉 ― 四七世 吉列加壬儉

檀君世紀

檀君께서 上元甲子十月三日에 降世하시고 百二十五年 戊辰에 壬儉이 되시고 二百十七年 庚子三月十五日에 御天하시니 在位九十三年이러라 _{出檀實記檀} 이에 太子夫婁가 諸加及諸侯를 率하고 御天하신 處에 往祭하고 翌年辛丑은 平壤에서 卽位하시니 二世壬儉이 되니라

(辛丑)은 夫婁壬儉元年이라 夫婁가 卽位함에 父志를 繼하야 天下를 治할새 國中에 巡하야 祭天을 如禮하고 渠洫을 浚하며 道路를 開하며 農桑을 興하며 牧畜을 勸하며 敎를 設하고 學을 勸하니 文化가 大進하고 聲聞이 益彰하더라

初에 夫婁踐位의 際唐虞가 藍國接隣의 地로써 營州를 삼은지 數十年이라 其地로하야 곰 其衆을 盡逐하니 是時諸侯來朝하난 者數十이라이에 阿의 樂을 作하야써 神人을 諧하니 於阿란 것은 喜悅의 詞이라 쓰 朝天의 舞를 作하야 沃沮와 沸流와 道羅와 東武를 封하야써 그 功을 表하니 卒本諸國이라 在位三十四年에 崩하고 子嘉勒이 立하다 (乙亥)는 嘉勒壬儉元年이라 쓰 한 聖德이 有하야 父祖의 道를 能繼하난지라 時에 夏主가 失德하야 其臣에 簒逆하난 者有하거날 이에 息達로 하여 곰 藍과 眞蕃의 民을 率하고 써 征하니 國威가 益彰이라 이에 祭天의 禮를 行하고 諸神

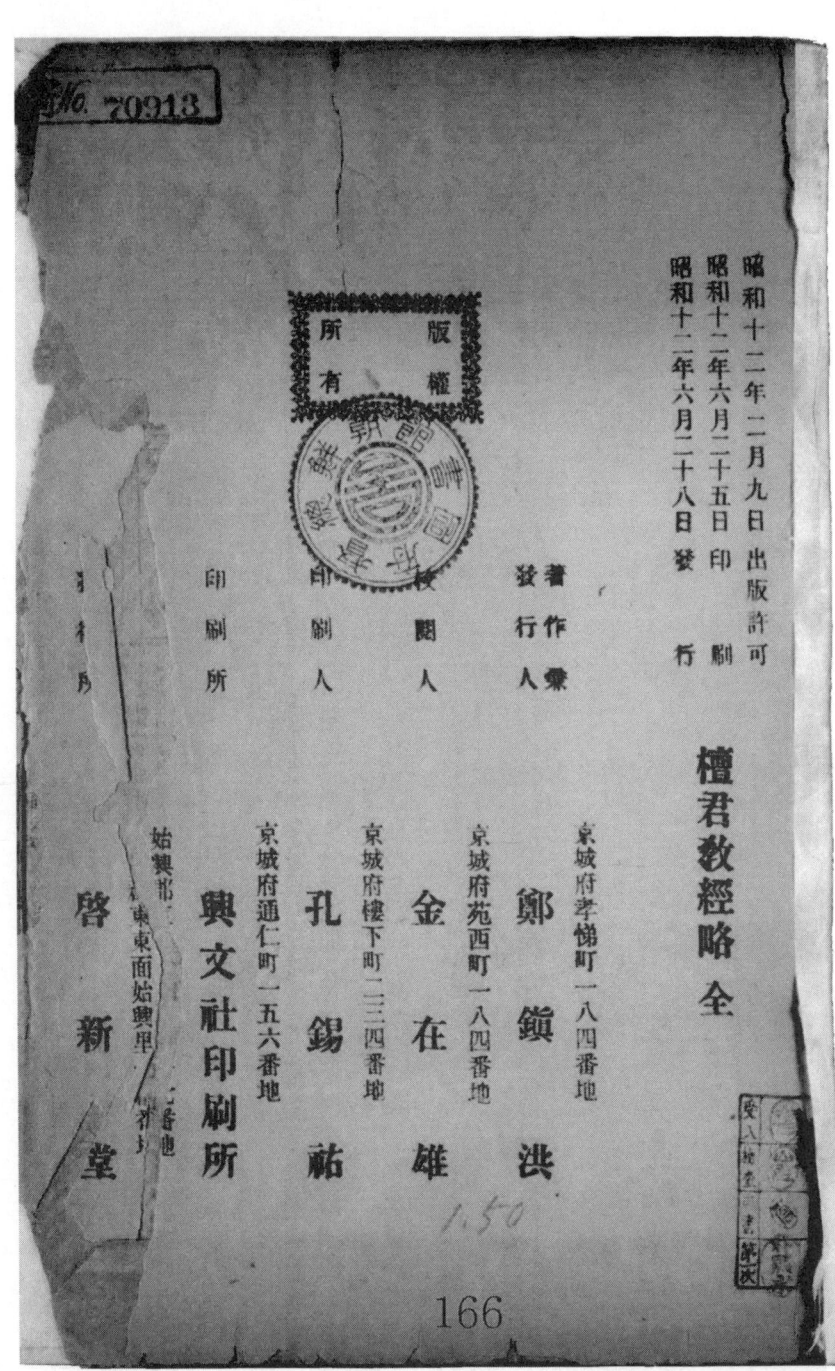

교과서에서 못배운, 세계에서 두 번째로 긴 왕조
단군조선의 역사

초판발행	2024년 12월 18일
지은이	이명우
펴낸곳	도서출판 운룡도서관
주　　소	서울광진구 지양로 43길 85
전　　화	02-454-3431
이 메 일	btclee@hanmail.net
홈페이지	www.dlibrary.or.kr

편집·인쇄 대명피엔피컴
주소 서울시 중구 퇴계로 226, 복조빌딩 405호
전화 02-722-0586, FAX : 02-722-4143

ⓒ 2024 이명우

ISBN 979-11-982556-1-7　　　　　　　　　정가 25,000원

※ 저자와 출판사의 서면에 의한 허락없이 내용의 일부를 무단으로 인용하거나
발췌하는 것을 금합니다.
잘못된 책은 바꿔드립니다.